我的
# 新微商生意经

## 微商创业月入百万之路

方建华◎著

清华大学出版社
北 京

# 内容简介

本书主要以案例的形式进行讲解，做微商首先要提升自己的价值，才能为成千上万的人提供价值，让自己成为成千上万人眼中的明星，吸引百万、千万的粉丝关注，在大众创业、万众创新的时代，企业如何升级转型，借助互联网时代带来的趋势，实现利润快速的增长。

本书主要内容包含：做微商如何给自己定好位、创业者如何打造自己的自媒体、如何玩转微信朋友圈里的微商、如何做好微商打造出个人品牌、如何管理好微商团队、微商创业的正确方法及招商策略、微商成长之路、如何做本地微商及成交顾客、互联网＋——传统企业转型之路。

本书适合微商创业者、传统企业家、企业管理者、自由职业者、移动互联网的爱好者、自媒体从业者，以及对移动互联网感兴趣的朋友。

**图书在版编目 (CIP) 数据**

我的新微商生意经：微商创业月入百万之路 / 方建华著 . —北京：清华大学出版社，2016
(2018.4重印)

ISBN 978-7-302-44580-7

Ⅰ. ①我…　Ⅱ. ①方…　Ⅲ. ①网络营销　Ⅳ. ① F713.36

中国版本图书馆 CIP 数据核字（2016）第 166100 号

责任编辑：张　敏　栾大成
封面设计：望　芳
责任校对：徐俊伟
责任印制：沈　露

出版发行：清华大学出版社
　　　　网　　址：http://www.tup.com.cn，http://www.wqbook.com
　　　　地　　址：北京清华大学学研大厦 A 座　　　　邮　　编：100084
　　　　社 总 机：010-62770175　　　　　　　　　　邮　　购：010-62786544
　　　　投稿与读者服务：010-62776969，c-service@tup.tsinghua.edu.cn
　　　　质量反馈：010-62772015，zhiliang@tup.tsinghua.edu.cn

印 装 者：三河市君旺印务有限公司
经　　销：全国新华书店
开　　本：170mm×240mm　　　印　张：14　　　　字　数：272 千字
版　　次：2016 年 9 月第 1 版　　　　　　　　印　次：2018 年 4 月第 3 次印刷
印　　数：6001~8000
定　　价：49.00 元

产品编号：070529-01

# 前　言

　　很多人都想知道做微商到底是做什么，其实做微商就是做影响力，只有自己拥有影响力，才会有粉丝主动关注你、认可你、崇拜你、跟你做生意，要想影响到一个人，首先你要为他提供价值，帮助他解决问题，一个能帮助成千上万的人解决问题的人，自然就会有影响力。

　　市面上有很多关于微商的书籍，都是讲了一大堆的方法，可是它们忽略了财富的产生定律，在财富产生的买卖当中，只有懂得如何卖得好，才能获得大量的财富，所以本书正好弥补了市面上此类书籍的不足，并能教会读者、企业如何卖自己，如何借助平台、系统来卖自己、卖产品，并且随着互联网的转型，每一个企业都面临着转型，怎样做互联网＋等，笔者都给出了详细的建议。

　　本书得以顺利地呈现在各位面前，首先要感谢这个时代，因为移动互联网，笔者才有机会通过写书的方式与更多的朋友认识，建立联系，使自己的人生更精彩；其次要感谢编辑为本书做出的努力。当然，我更要感谢我的家人及每一位关心我的朋友一直以来对我的事业的支持。最后，特别感谢正在看这本书的你，你的认可与支持才是我前进的最大动力。

　　笔者一直有一个坚定的信念："一个人能走多远，不是看他有多么成功，而是看他真正能帮助多少人。"真心希望本书能帮到您！

# 关于新微商创业

你平常一定思考过这个问题：如何月入百万、千万甚至上亿的财富。

人的一生都需要解决钱的问题。只有解决了钱的问题，人生才不会为钱所困，成为金钱的奴隶。医生为你治病，你拿钱来回报医生，因为他帮助你解决了问题，提供了价值；顾客购买企业的产品，读者购买了这本书，都是因为帮助他解决了问题，给他的人生带来了成长，带来了快乐，获得了财富，这些都是等价的交换。

一个人可以组建一个一千人的团队、一万人的团队，并且只要有一部手机就能做到，进行零成本创业，获得百万、千万的财富，这是传统企业所不能及的。这个世界上的聪明人都知道，只有通过创业才可以获得百万、千万甚至上亿的财富，改变自己的命运。

那么如何才能通过微商创业获得自己想要的财富呢？要做到这点就需要解决三个问题：一是如何让别人相信你，只有让别人相信你，才会从你这里购买产品；二是如何让成千上万的人知道你，因为只有他们知道你，才会从你这里购买产品；三是如何让成千上万的人跟你一起卖产品，从而创造大量的财富。

## 1. 如何让别人相信你

试问：你会崇拜一个产品吗？一定不会。因为产品是一个死物，冰冷冷的，可是你会崇拜一个人，因为人有血有肉，有喜、有乐、有悲、有愁，你可以关注他的微信、微博，了解他的生活，甚至还可以跟他一对一地沟通、私下约个时间一起吃饭、聊天。

所以做微商最好的方式就是先卖自己，再卖产品，让自己充当产品的背书，获得成千上万人的信任，让自己成为产品的代言人。企业之所以愿意花上百万、上千万请明星做代言人，就是让明星、名人充当产品的背书，以取得顾客的信任。

卖产品之前先要把自己卖出去，把自己卖出去了，卖产品就会变成一件非常容易的事情。在移动互联网时代，如果你是企业的CEO，一定要自己充当产品的代言人，为企业的产品做信任背书。人们因为相信企业的CEO，转而购买企业产品，有一百万、一千万的人相信企业的CEO，就解决了一百万、一千万人对产品的信任问题，所以做产品的宣传不如做人的宣传。

### 2. 如何让成千上万的人知道你

解决了信任问题，那么如何把自己卖给百万、千万的人呢？现在很多做微商的人的思维都很固定，只是在朋友圈里卖自己和自己的产品，而一个朋友圈最多把自己卖给5 000个人，因此要通过各种方式卖自己。例如，通过写文章的方式来卖自己，如果你的一篇文章的浏览量达到了1万，那么你就向1万人卖了自己；通过出书的方式来卖自己，如果你的书有10万人阅读，那么你就向10万人卖了自己；通过视频的方式卖自己，如果你的视频有百万、千万的人观看，那么就等于你向百万、千万的人卖了自己。

### 3. 如何让成千上万的人跟你一起卖产品

一个优秀的微商，在借助平台的同时，仅靠一个人卖自己是一件很困难的事情。要想把自己卖得好，只有一个办法，即靠互联网来卖自己、卖产品。

当企业跟互联网进行连接时，企业的创新空间可以被无限放大，一家餐饮企业同时还可以是一家食品店、一家理财中心、一家旅游公司等；一家书店同时可以是一家创业者俱乐部、培训学校、相亲俱乐部等。

所以靠互联网拥有自己的团队，并打造这个团队，借助互联网做微商让成千上万的人帮助自己卖产品、卖自己，只有这样才更容易取得成功。

# 关于本书

如何给微商定位？

如何组建自己的团队，领导成千上万的人，成为微商领袖？

如何成为众人眼中的明星，吸引成千上万的粉丝关注自己？

如何打造出自己的自媒体，解决粉丝的问题，成为创业明星？

如何做本地微商，扩大自己的人脉圈，整合资源做大自己的微商事业？

传统企业如何很好地升级、转型、跨界，实现企业利润的快速增长？

微商创业要具有什么样的创业思维，才能保证微商获得成功，从而吸引更多的代理微商跟自己一起经营自己的事业？

……

针对以上这些问题，本书都提供了丰富的实用案例和行之有效的解决办法，书中每一个技巧、每一个思维、每一个观点都能够用到自己的微商生意上！

编者写这本书的目的，是教会读者如何系统地做好微商，同时告诉传统企业应如何转型，以及如何借"互联网+"这个巨大的风口改造自身，书中对于餐饮、金融、理财、教育、零售等各行各业都做了详细的分析。

本书所讲的方法已被作者的学员使用，并且被证明 100% 有效。另外，作者一直非常注重自己的实战性，所以经常到各个企业中，辅导企业转型，已得到了大量宝贵的经验，并把这些经验写在了书中。

另外，凡购买此书的读者，扫描作者微信二维码，即可成为方建华老师创业的VIP 会员，获得价值 3688 元的 10 堂内部课程、价值 1 万元方建华老师免费私人指导一次！ ①

如果你准备做或正在做微商，那么本书是你最好的武器；如果你的企业要转型，那么本书一定可以帮你的企业尽早转型成功！

---

① 关于本书赠送的方建华老师的10堂内部课程和免费私人指导一次的售后服务，均由本书作者方建华老师提供，请读者直接扫描作者微信二维码与方建华老师联系。

# 友情推荐

**廖思成** （微营销专家）

什么叫成长，成长就是不断突破每一个关卡。当我演讲时，怕别人笑我普通话不标准，于是我坚持练习；当我怕学不好写作时，我又开始坚持每天写作。人不要纠结太多，每个人都有第一次，第一次坚持下来了，后面就顺畅多了，很多大师级的人物都是经过无数次的演练才有他们的作品的。

**刘元明** （新农业专家）

我是一名寒地水稻技术服务员，看了方老师的书让我印象很深刻，书中内容让我有所领悟，拓展了思路。方老师的"一生择一事"的精神，值得我们每个人学习。他还具有耐心、专注、严谨、用心、敬业的情怀，也是我奋斗的方向！

**江浩源** （创拓网络科技有限公司总经理）

微信事业部是我公司的核心部门，我们对此思考了很多，也学习了很多，但拜读方老师的作品后，才发现我们需要提高和改善的地方有太多太多。一日为师，终身为师，在微信事业上，我们公司将继续追随方老师的步伐。

**杨冰** （大四创业明星）

初知其姓名源于书也，拜读其书感受颇多。他无华丽词藻，也不吹嘘自己能力多强，有的只是简单朴实的言语，无数遍的思考后觉有一点令我印象特别深刻。他告诉我们学会"捧人"，当然不是一味地、盲目地去捧，而是看到他人的优点而为其点赞。虽然其书与微商有关，却也道出了做人的态度，正如人们常说的先学会做人，再学会做事儿。做生意得先学会做人，有感情的生意人是鲜活的，有血有肉，有喜有悲，这样的人才会拉近顾客与他的距离，才会被人信任。所以，读方老师的书不止做生意这一点，他是一个有感情的人，写了一本有感情的书，才吸引了一帮有感情的人。

**广告人杨凯　　kevin**

这是微商人和营销人不可错过的一本书，是非常具有实战参考学习价值的一本书。"授人以鱼，不如授人以渔"，从这本书中，不但让我找到了生意，更重要的是念懂了这篇"经"。

**赵举红　　（尚莎588创富部落）**

于微商创业途中，解除困惑，分享实战精华，干货满满。方老师的书让我从一个微商小白成长为微分销专家，他用实战案例教会我：思想决定高度，细节决定成败。

**李小美　　（微营销讲师）**

一直都想能不能有一本书，可以全面学习微商思路及操作方法，直到遇见《我的新微商生意经：微商创业月入百万之路》，方老师独特的见解和丰富的实战经验，让我这个从电商走来的运营人员找到了自己的微商之路。这是传统企业CEO及电商、微商人，都值得细读的好书。

**冯晓珍　　（教育培训专家）**

古人云："富不学富不长，穷不学穷不尽！"作为一名教育工作者，在大众创业、万众创新的时代，遇到了这本书，读之后灵感立显，其书营销策略独一无二，语言通俗易懂，且案例易于操作，好书，你我都值得拥有！

**江沛宸　　（美容养生专家）**

每个时代都有每个时代的产物，微信的诞生颠覆了通信行业；微信的诞生，拉近了人与人之间的距离，让生意变得更简单了，于是微商产生了；李克强总理提出"大众创业，万众创新"，让我们一起把握这个时代的契机。

**项小焱　　（微营销专家）**

一直都很期待方老师的新书，用自己十多年的经验把人类智慧通过自己大脑的"加工"成为一个智慧库，再把这些智慧写在书中，这本书让你看到与众不同的微商世界！

# 目录
## Contents

# 第 1 章
# 做微商如何给自己做好定位

微商是一个巨大的商业平台，很多大企业都准备进入微商领域，一旦企业加入了微商这个大群体，将会有无数渠道帮助其销售产品，并且投入的成本是零，而传统的渠道企业往往需要投入几百万、几千万甚至几个亿才能建立起来，这就是微商给企业带来的渠道红利。

一款面膜仅一年就能卖出几个亿，一个人拥有上万人的团队，这都是微商创造的奇迹。

如何做好微商？这是每一位做微商的朋友，也是每一个企业非常关心的问题。那么，到底如何开始自己的微商之路？如何组建自己的微商团队？要想把微商做好，首先要给自己定好位，因为你人生的定位决定了你能为这个社会带来什么样的价值。

如果你决定做一名医生，那么你能提供的价值，就是给更多的病人治好病，让他们获得健康的身体，减轻疾病给他们带来的痛苦；如果你决定做一位老师，那么你能提供的价值，就是向更多的人传递有价值的知识，获得生命的成长，成为一个有价值的人；如果你是一位企业家，那么你能提供的价值，就是生产出更多人们所需要的产品，帮助他们过上幸福的生活；如果你是一位律师，那么你能提供的价值，就是为人们提供法律服务，帮助他们解决法律上的问题。

一个医生只能提供医生的价值，而不能提供老师的价值；一个企业家只能提供企业家的价值，而不能提供医生的价值。所以一个人的人生定位非常重要，因为定位就决定了他的人生价值。

当一个人定位了自己的价值后，接下来要做的第一件事情就是把自己的价值卖出去，那样他才能与更多的人交换价值，才能获得我们想要的价值，因为人们通过价值的交换，才能各自满足需求。只有让更多的人知道你，你才能把自己卖出去，最好的方法就是把自己打造成一个行业里的明星、专家，拥有自己的个人品牌，才可以吸引成千上万的粉丝关注、崇拜。

我们不可否认的事情就是，人们只会关注比自己厉害的人，人们永远是向上看的，这是人性，是不可改变的事实，全世界都在关注世界首富是谁，而不会去关注这个世界上最穷的人是谁。这也是一件很正常的事情，因为整个社会都是靠财富来推动的。

价值取决于每一个人的需求，所以就产生了交换，对于生活在大都市的人们来说，他们都向往过上农村里田园般的生活，吃上自己种的菜、自己种的大米，有时间出来走走，呼吸呼吸没有被污染的空气，他们认为这是人生中一种美好的享受。而对于生活在农村里的人来说，他们却希望过上城里人的生活，住在高楼大厦里，享受城市里灯红酒绿的生活，所以很多生活在农村的农民都愿意花上几十万甚至上百万到城市去买一套房子。

总之，你要想把产品卖出去，最关键的就是要找对人，只有找对了人，你卖的产品才有价值，找错了人，你的产品会变得一文不值，因为对方没有需求。这些内容在后面将会一一为读者详解。

# 1.1 做微商如何做人生定位

在商业社会里，每个人都成为了一件商品，都被贴上了价格，你能卖出什么样的价格，取决于你的人生定位，有了定位，你的人生才会随着时间的增加越来越值钱，而不是随着时间的增加越来越贬值。

一个人从 20 岁一直在一个企业工作，30 岁重新找工作。跟他一起面试的是一位 20 岁的青年，结果面试完以后他们得到的工资一样都是 1200 元。他跑到公司问这家公司的老板，为什么他有 10 年的工作经验工资还是 1200 元。老板告诉他，在这 10 年当中，他不过是把同一工作经验一直用了 10 年，他在这 10 年当中根本没有提升自己的专业水平，因为这 10 年他一直在做保安，所以每个月的工资只能拿到 1200 元。

一个人可以从这个社会获得到的回报，取决于他为这个社会创造的价值的大小，而不是看时间，一个保安 10 年来每年给公司创造的价值都是相同的，所以他的价格不会改变。

一位 45 岁的中年人和一名 25 岁的小伙子，两人同时应征路口的豪宅举牌员。建筑商对他们说："举牌一天的薪资是 700 元。"中年人听完大喊不公，认为自己有 3 年以上的举牌经验，不该和小伙子领一样的钱，建筑商应该替自己涨工资。"至少要有 800 元吧！"

建筑商不以为然地指了指两人身后一个蓬头垢面、看不出年纪的流浪汉说："论经历，你们谁也不会比他久，至于他的工资，也是 700 元没变过！"

造成这种结果的原因就是他们没能给自己的人生定好位，导致若干年后自己的工资还是和原来的一样。因为他做的工作没有累积性，没有任何的专业技术含量，很多年来一直在做同一件事情，人生没有获得成功。同样，做微商也是一样，你想让粉丝怎样地看待你，都取决于你的人生定位。如果一个微商每天不停地刷朋友圈，刷上两年还只是一个一般的微商，收入不会有任何的增加。如果在这两年当中，你开始认真地学习，组建自己的团队，团队成员达到了 300 ～ 1000 个，那么你的收入一定会增加 10 倍甚至 100 倍。

有一篇在网络上广泛流传的文章讲了这样一个故事：有一次，我开车载着儿子在等红绿灯时，看到一位中年男人模样的广告举牌员站在路口压低帽檐，等红灯车子都停下时，他就把手上的牌子举高。这时，儿子问："为何同样是成年人，有的站在路口晒太阳？有的站在快餐店柜台？有的却站在百货公司里吹冷气？"我回答："这是很正常的事，每个人想站在哪里就会站在哪里，都是自己的选择。"

"选择？"儿子怔了一下又问："那么，为何路口那位先生不立刻选择去快餐店上班，或是去百货公司吹冷气？同样有钱赚啊！"

我叹了口气对儿子说："我所说的选择，不是他们现在的选择，而是他们半年前，甚至是 3 年或 5 年前的选择。"

他们现在想站在什么位置，或不得不站在什么位置，都取决于他们在一段时间之前所做的决定，加上本身努力及时间的累积，他们才能站在这个位置，并不是你现在想做什么就能随心所欲地去做。

### 1. 如何卖自己，卖出亿万身价

做微商其实就是做粉丝的生意，要想吸引粉丝关注，就要在粉丝的心目当中卖出一个高价，只有卖出高价才会吸引更多的粉丝关注，因为每一个人都只会关注比自己价值高的人，并排斥、过滤低价值的人，就像看到明星要和明星合影但遇到乞丐就会躲开一样。

我们知道，一个投资家投资一个企业，不是投资这家企业的现在，而是投资这家企业的未来，他们看重的是 3 ～ 5 年以后可以得到的回报。同样今天你要把自己 3 年、5 年、10 年的价值卖给现在的粉丝，让他们看到未来的你，获得将来的回报。

你现在是一位中国游泳队队员，那么 3 年以后就可能在奥运会上获得金牌，成为世界冠军。当然，一位中国运动员是很难吸引人们的关注的，可是一位世界奥运冠军却可以吸引全世界人的关注。你只需要在朋友圈里展示自己努力训练的结果、参加各个比赛取得的优秀成绩，并且自己正在为参加奥运比赛做准备，那么你卖的就不是现在的自己，而是未来的自己。

人们通过现在的你取得的成绩和表现来推断你就是未来的奥运冠军，从而决定关注你、投资你。投资家通过现在企业的业绩表现判断企业未来的价值，投资家投资京东，其实就是看到京东将成为中国的亚马逊。

你现在是一位创业者，3 ～ 5 年后，企业一旦上市，你就成为了一位亿万富翁。你只需要在朋友圈里展示你已经获得风险投资家的投资，而且 A 轮融资已经完成，获得了 3 000 万美元的投资，那么你卖的就不是现在的自己，而是未来的自己。其实这就是人生规划，把自己的人生规划得最有价值，并努力挖掘自己的潜力，一旦挖掘出来就可以马上让自己的身价百倍，身价高了自然可以卖一个好的价钱。

为什么说人越努力越幸运呢？因为努力的人会有一个美好的未来，因为只要你努力就有人愿意给你机会，支持你，投资你。

### 2. 把自己放对位置

人的一生都要不断地优化自己的生存空间，把自己放在不同的空间里，自己的价值就不一样。

例如，之前刚进一个公司，只是一个小小的销售员，经过两年的努力学习和奋斗，做到了销售总监的位子，这就是一个职位优化的过程。同时在公司获得的回报也不一样，一般的销售员一个月的工资可能是 6 000 元，而一个销售总监获得的工资可能是 26 000 元，就是因为优化了自己的职业化生存空间。

## 案例解析

从前有一座山，山上有个大法师。一天，一个小和尚跑过来，请教大法师："师傅，我人生最大的价值是什么呢？"大法师说："你到后花园搬一块大石头，拿到菜市场上去卖，假如有人问价，你不要讲话，只伸出两个指头；假如他跟你还价，你不要卖，抱回来，师傅告诉你，你人生最大的价值是什么。"

第二天一大早，小和尚抱了一块大石头，乐呵呵地跑到山下菜市场上去卖。菜市场上人来人往，熙熙攘攘，人们很好奇，谁会买一块石头呢？结果没一会儿，一个家庭主妇走了过来，问小和尚："这石头多少钱卖呀？"小和尚伸出了两个指头，那个家庭主妇说："2 元钱？"和尚摇摇头，家庭主妇说："20 元？好吧，好吧！我刚好拿回去压酸菜。"小和尚听了，心想："我的妈呀，一文不值的石头居然有人出 20 元钱来买！我们山上有的是呢！"于是，小和尚遵照师傅的嘱托没有卖，乐呵呵地抱回山上，去见师傅："师傅，今天有一个家庭主妇愿意出 20 元钱买我的石头。您现在可以告诉我，我人生最大的价值是什么了吗？"大法师说："嗯，不急，你明天一早，再把这块石头拿到博物馆去，假如有人问价，你依然伸出两个指头；如果他还价，你不要卖，再抱回来，我们再谈。"

第三天一早，小和尚又兴高采烈地抱着这块大石头来到了博物馆。在博物馆里，一群好奇的人围观，窃窃私语："一块普通的石头，有什么价值摆在博物馆里呢？""既然这块石头摆在博物馆里，那一定有它的价值，只是我们还不知道而已。"这时，有一个人从人群中窜出来，冲着小和尚大声说："小和尚，你这块石头多少钱卖啊？"小和尚没出声，伸出两个指头，那个人说："20 元？"小和尚摇了摇头，那个人说："200 元就 200 元吧，刚好我要用它雕刻一尊神像。"小和尚听到这里，倒退了一步，非常惊讶！他依然遵照师傅的嘱托，把这块石头抱回了山上，去见师傅："师傅，今天有人要出 200 元买我这块石头，这回您总要告诉我，我人生最大的价值是什么了吧？"大法师哈哈大笑说："你明天再把这块石头拿到古董店去卖，照例有人还价，你就把它抱回来。这一次，师傅一定告诉你，你人生最大的价值是什么。"

第四天一早，小和尚又抱着那块大石头来到了古董店，依然有一些人围观，有一些人谈论："这是什么石头啊？在哪儿出土的呢？是哪个朝代的呀？是做什么用的呢？"傍晚的时候，终于有一个人过来问价："小和尚，你这块石头多少钱卖啊？"小和尚依

**5**

然不声不语，伸出了两个指头。"200 元？"小和尚睁大眼睛，张大嘴巴，惊讶地大叫一声："啊？"那位客人以为自己出价太低，气坏了小和尚，立刻纠正说："不！不！不！我说错了，我要给你 2000 元！""2000 元！"小和尚听到这里，立刻抱起石头，飞奔回山上去见师傅，气喘吁吁地说："师傅，师傅，这下我们可发达了，今天的施主出价 2000 元买我们的石头！现在您总可以告诉我，我人生最大的价值是什么了吧？"

大法师摸摸小和尚的头，慈爱地说："孩子啊，你人生最大的价值就好像这块石头，如果你把自己摆在菜市场上，你就只值 20 元钱；如果你把自己摆在博物馆里，你就可以值 200 元；如果你把自己摆在古董店里，你却值 2000 元！这就是你人生最大的价值！"

你将如何定位自己的人生呢？你准备把自己摆在怎样的人生拍卖场去拍卖呢？你要为自己寻找一个怎样的人生舞台呢？你选择怎样的人生平台，将决定你拥有怎样的人生。一个人，要获得更大的发展，就要不断地为自己寻找更大的平台，放大自己的价值。

同样的一块石头，把它放到不同的地方，它的价格就不一样，如果一个人永远把自己放在一个很低的生存空间来卖，那么他得到的将是很低的人生价值。一瓶水放到小卖部只能卖 1 元钱，可是放到五星级酒店里，它的价格却达到了 50 元，价值涨了 50 倍，同样的一瓶水把它放到不同的空间里价格却不一样。同样的道理，同样一个人，放到不同的空间里，他的价值也不一样。

其实现在做微商的朋友思维一直很固化，一直把自己放到微信里面卖，以这种方式卖自己只能卖出很低的价格，所以应把自己放到一个更大的空间来卖，才能卖出一个好的价格。

我们可以把自己的微商创业故事写下来，发到互联网各个平台来卖自己。网上大量的自媒体平台就是为创业者准备的，如人民网、艾瑞、易观国际、派代网、亿邦网、创业家、今日头条等，如果积累到了一定的量，就可以把自己创业的故事写成书，通过出书来卖自己。

如果有机会，你还可以通过接受电视谈访的方式讲自己的创业故事来卖自己，这样你就可以借更大的舞台来卖自己。

那些明星为什么出场费可以高达几十万，甚至几百万，是因为他们借助了电视这一媒体平台，让自己成为了一个名人。在那些明星没有成名之前在小酒店里唱歌时，他们唱一首歌只有几百元，现在却要几十万，甚至几百万，就是因为他们站的平台不一样。

现在视频、音频的影响力也很大，热门的视频、音频每一次都可以达到上百万的播放次数，著名播音主持人青音办的《青音》这类节目就是一个很好的例子，他的每一个视频、音频都达到了上百万次的播放量。

人生有很多舞台，我们不能只是在微信朋友圈、微博、QQ 空间里来卖自己，而要去寻找更大的人生舞台来卖自己，这样自己的身价才能百倍增长。

### 3. 成为老师

要想把自己卖得好，就要精通一行。只有精通一行并成为老师，才会有更多的平台为你准备。要精通一个行业，你就要对这一行业认真进行研究，并不惜花费一切时间和精力去努力。如果易中天不精通《三国演义》，那么他就没有机会站在中央电视台这个大的平台上，也不可能一夜成名。

天下可做的生意数不胜数，每个人一定要找一个和自己的长处吻合的生意。首先要培养自己拥有一个长处，这个长处要能拿得出手并且可以利用它获得收入，用它帮助自己经营生意，不断优化自己的人生。一个画家，只要专心画好自己的画，自然会身价倍增。画家李可染的《万山红遍》拍出 1.84 亿元，就是因为他使自己的长处——专业水平达到了顶峰，一幅画才能值这么多钱。

什么样的人最受欢迎？答案只有一个：一个有价值的人。一个有价值的人，人们可以跟他进行交换，可以从他这里获得自己想要的价值。一个作者能提供的价值，就是写出能帮助人们获得成长的作品，例如《西游记》《三国演义》等。一个企业家能提供的价值，就是创造出人人都需要的产品，帮助他们把生活过得越来幸福，例如苹果手机、微软的操作系统等。

笔者也是研究、实践了 16 年的网络营销、5 年的移动互联网，才有机会站在出书这个平台上，指导成千上万的中小企业开展自己企业的网络营销，使传统企业很好地转型，所以你一定要努力研究一个行业，并使自己成为这个行业里的老师，这样自己才能站在更大的平台上。

每个人的一生时间都是有限的，因此要学会取舍，要把自己的时间投资到一个正确的地方。如果一个人花 10 年的时间研究了 10 门学科，结果对这 10 门学科都是一知半解，达不到精通的程度；如果一位大学生工作 10 年，每年都换工作，那么他在行业里很难得到大家的认可，因为他每年做的工作都不能积累经验，每一年都要从零开始去了解一个新的行业。

我们发现，那些在职业发展上获得一定成功的人，都有一个共同的特征，那就是在自己所熟悉且擅长的领域至少精耕细作10年以上。

那么，现在你要做的第一件事就是找准一个可以让你为之奋斗5年、10年甚至更久的目标。《异类：成功人士的故事》中说道："无论是最优秀的运动员，还是企业家、音乐家、科学家，经调查，你会发现他们至少都为其从事的事情付出了长达10年，每天不低于3小时努力才崭露头角。"莫言从1982年开始创作，写了30年才获得了诺贝尔文学奖；屠呦呦一生研究中国医学，到84岁才获诺贝尔生理学或医学奖。

我永远把自己当成一个小孩子，对于任何新鲜事物都保持着好奇心，并去认真地研究它，因为整个社会都在不断地进步，只有跟上这个社会的步伐，才不会被这个社会淘汰。我每年都到企业中去，指导企业开展网络营销，辅导的企业多了，方法也越来越接地气，我自己每年也都有所提升，增长了见识。

随着社会的进步，营销的知识和方法技巧都在不断地更新，所以只有抱着一颗好奇心去研究新的事物，才能创造出新的商业玩法。你凭什么胜出？未来能够牵动世界大势的是个人之间的竞争，是团队之间的竞争，要锻造他人无法超越的核心竞争力，那么你唯一可以依赖的就是专业。

其实，很多人挣不到钱都是因为没有规划好自己，没有提升自己，也就不能为人们提供更多的价值。对于大部分人而言，就是格局和远见，简单地说，就是你现在做的事情对你3年之后有没有什么帮助。如果你以3年为一个阶段思考问题，你会发现这阵子的不幸其实都是前几年的选择造成的。

例如，3年前你就在认真学习一门专业，那么3年后你一定可以靠这门专长获得收入；例如你开始学写文章，那么3年你至少可以累积200～300篇文章；如果3年前你研究移动互联网营销方案，那么3年后的你一定可以给企业做移动网络营销方案，并获得收入；如果3年前你开始学摄影，那么3年后你可以自己开一个摄影班，教别人怎样摄影并获得收入等。

人的改变和积累从来都不是一夜可以爆发的，大部分都需要一点一滴地积累，而一旦积累到位，就会像雪球一样越滚越快。我强烈建议大家去做一件事情，那就是做积累性的工作，如果放到商业模式上来说就是建立自己的行业壁垒。

例如，我今天在阅读大量关于旅游方面的书籍，其实就是在为我 3 年后做准备，因为我要策划一批学员通过旅游获得成名的机会。现在我要做的事情就是累积 3 年，到时一切都是水到渠成的事情。

今年我到各个县里走访了大量的农民企业家，就是为了写一本关于新农民电商方面的著作，因为随着政府的转型，农业是未来拉动整个中国经济增长的巨大风口，我今天的累积都是为明天而准备的。

现在，你就可以勾画你通过自己的努力获得成功的样子，现在你就是一位成功人士，年收入过千万，住别墅、开奔驰宝马，现在正站在台上分享自己成功的经验：我是一位作家，每天写 8 000 ～ 10 000 字，今年 50 岁，写了 30 年，年收入过千万；我是一位书法家，每天创作两幅书法，今年 60 岁，写了 30 年，年收入过千万……台下的上市公司总裁、政府官员、名人、明星都为你鼓起了热烈的掌声。

做一件事情其实很简单，可是坚持每天都做一件事情，并且做到 10 年、30 年，却是一般人做不到的事情。一个人如果在 30 岁时开始给自己的人生定位，那么等到他 40 岁甚至 50 岁的时候，一定会有很大的收获，他在 50 岁时也一定会有大成功。如果一个人一生都不定位，那么一生很难获得成功。

### 案例解析

我有一位黑龙江哈尔滨的学员，是一位医科大学的毕业生，他叫李建，在哈尔滨医科大学工作了 4 年，在医院工作时得到了领导大量的称赞，可是他总感觉这不是他想要的人生，他想通过创业实现自己人生更大的价值。

于是，他便离职开始自己创业，在大学城里开了一家中医健康保健的理疗店。因为微商的到来，他自己也开始借助微商来推广自己的店，做了一段时间以后发现没有什么效果，就在机场购买了我的《企业微商经营手册》来读。后来他便找到了我，我了解到他刚开始时是吸引那些大学生关注自己的微信，他每天在自己的朋友圈里推广自己的店面，结果前半个月有一些效果，可是一个月后，他发现大量的大学生粉丝都把他屏蔽，他问我怎么办。

经过沟通我了解到，他的演讲能力非常强，声音非常有磁性，非常能吸引人，所以我让他经常在他的分享群里分享一些中医保健方面的知识，分享 2 ～ 3 次就受到了大量群友的好评。

**9**

　　每个人都要把自己放到一个正确的平台上，只有这样才能放大自己的价值，因为微信限制好友人数为 5 000，相比摄影平台这是非常小的平台，且发的内容只有 1/3 的人能看见，其他自动屏蔽。所以我建议他做中医健康知识类的声频内容。声频媒体是一个巨大的平台，并且做声频媒体非常容易，只要自己每天投放 2～3 分钟的时间，就可以做一个自己的声频媒体。现在喜马拉雅移动端用户就达到了两亿，并且对粉丝没有任何限制，在喜马拉雅有很多优秀的自媒体人的粉丝都达到了几十万、几百万。

　　通过录制有健康价值的中医知识的音频内容，帮助那些大学生获得健康养生知识，所以很多大学生都主动把它分享到自己的朋友圈里，通过这样的分享，在很短的时间里，他的粉丝就达到了 1 万人，整个大学城的同学都知道了他这家店。

　　这位学员做音频自媒体以后，做到 3 个月粉丝就达到了 3 万多人，并且有很多粉丝都成了他的 VIP 会员，在学校开的店生意也爆满，现在做了一年的时间，粉丝已经达到了 10 万人。

　　同样做一件事情，因为选择的平台不一样，导致结果大不一样。如果一直在朋友圈发展，那么他做一年粉丝最多只能达到 5 000 人，并且需要自己去大量推广才能获得粉丝，现在很简单，只要专心做内容，每一天都会有粉丝主动关注。做得越久，粉丝就越多，后续他通过做活动的方式已经销售了 10 万多元的产品给粉丝。

　　所以，做微商不要总是想借助微信朋友圈来卖自己的产品，这样就把自己的思想给固化了，移动端有很多平台都可以帮助你经营自己的生意。音频就是移动端一个很好的风口，做音频类的自媒体很容易获得大量的粉丝，我的很多学员都在做，已经取得了非常好的效果。

　　对于微商，各个行业的专家都有不同的看法及定义，到底微商的定义是什么？做微商需要知道哪些特点？如何根据这些特点来布局微商呢？下面我来为大家详细讲解一下。

# 1.2　微商的 4 大特点及定义

　　到底什么是微商呢？对于它，笔者是这样定义的：通过移动社交网络把弱关系转化成强关系所产生的商业行为。微商是通过移动社交工具、平台进行人脉关系的扩展，通过沟通、互动、交流，产生对产品和品牌的认知的信任，将这种信任转化成商业利润。

做生意关键取决于人通过服务、口碑取得顾客的信任，从而带来产品的销售，商业的本质就是信任，有了信任才能产生交易、交换，人成为了信任的背书，生意自然而然就做成了。

例如，我卖一本亲笔签名书给正在读本书的你，是一件非常简单的事情，因为在这里我充当了信任背书。对于移动互联网诞生的平台——微信、微博等，都只是一个移动端的工具，这个工具真正能产生什么样的效果，取决于使用它的这个人会不会使用这个工具，以及有没有正确地使用该工具。

这就好比让你去攀岩，给你攀岩鞋、安全带、动力绳，这些工具可以帮助你攀岩，至于你能不能攀岩到顶峰，那还要看你本人的体力、耐心和技术，还需要靠你使用正确的方法，工具能发挥到什么样的效果取决于使用它的这个人。

做社交生意，关键要了解社交移动端的几个关键点。

### 1. 连接

一个人要想把生意做好，就需要与更多的人建立连接，连接到越多的人，你的价值就越大。一个人为什么能连接到很多的人，就是因为它满足了那些关注他的人的需求。

为什么你关注马云、史玉柱这些企业家？是为了满足自己对名人的崇拜；为什么你关注笔者？是为了满足自己学习成长的需求；为什么你关注美食达人？是为了满足自己吃的需求；为什么你关注旅游达人？是为了满足自己对旅游爱好的需求。

每一个连接后面都代表一种需求，顾客为什么关注企业公众号，是因为通过它可以在线订购自己喜欢的产品或者是产品能带给顾客价值上的需求，没有需求就没有连接。

腾讯 QQ 连接了全中国 8 亿网民，微信连接了全中国 7 亿网民，所以腾讯成为了中国互联网行业里最有价值的公司之一。阿里巴巴连接了全中国几千万中小企业，所以在"双 11"时销售额可以达到 912 亿。这些公司都是靠跟成千上万甚至几亿顾客建立连接建立起了自己的商业王国。

为什么人与人之间会组建成各种各样的圈子？这都是由人的各种需求而产生的。

例如，我买了一个苹果笔记本电脑，那么我会主动关注苹果公司的公众号，跟它建立连接，因为我在使用笔记本电脑过程中可能会遇到一些问题，就希望他们能给解决，对它的关注是因为有服务上的需求。我还没有购买产品之前会关注苹果公司的公众号，是因为我需要买一部笔记本电脑，关注它是想看看苹果公司最近有没有优惠活动，以及了解有关苹果电脑的详细介绍。

别人不在乎你卖什么，也不在乎你怎么卖，他们在乎的是能从你那里得到什么价值，所以关键点就是价值，有了价值就有连接，这个价值最好是别人没有而你有的，且是你的目标客户所关心和所需求的。

### 2. 分享

一个人要想跟别人建立连接，就要不断地主动分享，只有这样才会有更多的人知道你，才会有粉丝关注你，一旦你分享的东西有了价值，就会产生连接。

在电商 2.0 时代，不做搜索引擎推广，你的公司可能会"死"；在电商 3.0 时代，即移动电商时代，你的企业不会分享也可能会"死"。

例如，住在海边的一对渔民夫妻，以往打鱼之后的做法是先将船靠岸，之后就是鱼贩子先上来把鱼拿走放到批发市场，再批发给终端超市。我们每一个家庭再去终端超市买鱼，就是这样一个过程。可是移动互联网改变了一切，海边的渔民可以用另一种方式卖鱼了，他们可以边打鱼边卖鱼，即把打鱼的整个过程分享到朋友圈，就会有粉丝去完成订购和支付，生产和销售的过程逐渐一体化，渔民再也不用担心自己的鱼卖不出去了。

对于大型的渔民公司，则可以运用众筹的方式。例如所有的粉丝众筹一船鱼，这一次收获的鱼很多，粉丝就可以多得到鱼，如果鱼少，就只能得到与自己众筹价格相等的鱼。所以当渔民靠岸以后，每一个上来的不是鱼贩子，而是物流公司，物流公司会将鱼分发到每家，这个行业被颠覆，鱼贩子不存在了，终端也消失了。客户不用再担心自己买到的鱼质量有问题，因为减少了中间商，渔民也不用担心自己的鱼卖不出去，这样就实现了双赢。

笔者的学员，通过直播阳澄湖大闸蟹，边捉边卖，仅几天就卖了几百万。

农民也是一样，可通过分享的方式把自己种的瓜果蔬菜卖出去。对于每一个家庭来说，都不希望自己买来的瓜果蔬菜喷了大量的农药及化学添加剂，因为吃了这些对自己及家人的身体不利，农民也不用担心自己种出来的绿色蔬菜没有人购买了。

因为通过分享的方式，客户可以知道瓜果蔬菜的生长情况，还可以了解什么样的蔬菜是没有被喷农药的绿色蔬菜；同时知道农民们种蔬菜需要付出很多的辛苦劳作，自己才能吃上绿色蔬菜。

笔者的学员当中有一批新农人，他们通过分享的方式很快就把自己家的苹果、蜜橘、火龙果、龙眼、大米、土鸡蛋、蜂蜜卖出去了。

只要你会分享，就会有生意，不分享就不可能有太多生意。只有分享了，别人才能了解到你，知道你的产品质量，才会放心地购买你的产品。

### 3. 个人品牌

一个人把自己的个人品牌打造成功了，就会有人主动找上门跟你做生意，自己有了信任度，做生意就成了一件很容易的事情。

一个人拥有了个人品牌，就拥有了身份标签，让别人一眼就能认出，你是哪方面的人才，能帮助他们解决哪方面的问题，就会吸引那些对此方面有兴趣的粉丝，吸引那些准目标客户关注我们，这样可以大大减少沟通的成本。

对于笔者来说，只会吸引那些对移动互联网感兴趣的中小企业及爱好者，因为笔者写的所有的书都是有关这方面内容的，能为中小企业提供移动互联网咨询、培训方面的价值，而不会为那群投资爱好者提供关于投资咨询类的服务，这一切都是个人品牌起到的作用。

当你不在场的时候，你的亲朋好友、客户是怎样描述你、评价你的？个人品牌就是指个人在他人头脑中特有的一种印象，是他人私下对你的评价，而这个评价映射到品牌的拥有者身上就是给拥有者带来的溢价，是可以增值的一种无形的资产，增值的渠道来自于他人心中形成对品牌载体本身的印象和感受。

竞争不可怕，裁员也不可怕，可怕的是自己没有精湛的专业技能，没有形成独具特色的工作风格，没有具备别人不可代替的价值，而这些正是你的个人品牌。一个人拥有良好的个人品牌，才会让人觉得你值得信赖。

职业价值是个人品牌立足的基石，它主要是指个人通过自己的工作所创造的工作成果而为外界对象所感受到的价值，没有职业价值做基础，个人品牌只能是空中楼阁。

例如，打工皇帝唐骏因为在中国区的微软做过总裁，所以身价不菲；李开复因为在微软做过副总，并在谷歌做过全球副总裁兼大中华区总裁，所以身价也不菲。

### 4. 社群

每个人都希望找到一群跟自己有着相同价值观的人。社群是什么？俗话说："人以类聚，物以群分。"社群就是带有社交属性的群体。在我们整个社交过程当中，找到一些兴趣相同、跟我们认知比较相同的人聚到一起多一些交流就会形成社群。

富人跟富人在一起有聊不完的话题，而富人跟穷人在一起就没有什么话题可以聊，所以富人跟富人就会组成一个社群，穷人跟穷人也会组成一个社群。

喜欢宝马汽车的人组成一个社群，因为他们在一起可以聊自己心爱的宝马；喜欢旅游的人组成一个社群，因为他们在一起可以聊自己到全世界旅游的经历；喜欢读书的人组成一个社群，因为他们可以分享自己读书的心得等。

在互联网时代，无论多小众的兴趣都存在利基市场，让你能够找到志同道合的人并结成社群，就会产生社群经济。

笔者写了多本移动互联网相关的著作，这群读者就可以组建成一个社群，在一起交流、学习，例如如何玩转移动电商、传统企业如何转型、如何相互整合资源等。

### 案例解析

为了追寻自己的美食梦想，90后女生"喃猫和饭书"只身一人来到了法国蓝带厨师学校，学习法国厨艺。每天一篇的《我的蓝带学厨日记》写下了这位女生第一次穿上厨师服的喜悦、一天14个小时厨艺训练的辛苦，以及手指上的水泡和抬不起来的胳膊，构成了"喃猫和饭书"蓝带生活的点点滴滴。很多粉丝干脆把她当成了法国菜的活菜谱，直接在网上询问起来。

千层面皮怎么做，比萨怎么烤等大大小小的问题，粉丝和"喃猫和饭书"一一进行探讨。在有问有答的互动中，使鹅肝酱、法式千层酥、卷心菜肉卷、法式卤鸡配白汁等地道却又做法烦琐的美食，变得不再那么"遥不可及"。"喃猫和饭书"说："9个月的学习结束后，因为我连载自己在法国的学厨日记走红网络，引来大量的媒体报道，获得大量的粉丝以后，现在回国创业，创立了北京企鹅团文化传媒有限公司，并且打造了一档视频自媒体美食节目《喃猫料理日常》，得到了大量粉丝的称赞和好评。

怎样做可丽饼、怎样做鱼排、怎样做法式冰淇淋、怎样做无油炸鸡翅等，每一期播放量都达到了几十万，现在播放量甚至已经达到千万。吸引大量的粉丝关注以后，就开始向粉丝推荐厨房用品、红酒，从而获得盈利。在线下还经常举办活动，组织自己的企鹅团社群，每一个月向会员推荐一款红酒，只要200元就可以加入企鹅团，订购一年的优惠价格是9999元，现在会员已经招募到第四期了。

该案例为读者完全解读了移动电商的玩法：先通过创造高价值的内容满足粉丝的需求，跟粉丝保持长期的联系，建立信赖感，打造出自己的个人品牌，通过制作美食视频能把大量热爱美食的人聚集在一起，组建自己的社群后再推荐产品获取赢利。

这里的关键点在于创造价值并跟百万、千万的粉丝建立连接，后面能够营利就变成一件水到渠成的事情。做移动互联网生意，就是做粉丝的生意，有粉丝才有生意，没有粉丝就没有生意，所以微商们一定要知道通过什么样的方式才可以吸引粉丝的关注。

# 1.3 吸引粉丝的人具备的8大特点

在移动互联网时代，每个人都希望能吸引更多的粉丝关注自己，每个能吸引大量粉丝关注的人，身上都有吸引人的特点，笔者把它归为8点：财富、权力、专业、个性、名声、自恋、外貌、身份。长得帅的人靠脸；经济富裕的人靠生活品质；有名的人靠名气；有个性的人靠性格；有才华的人靠才华；有社会地位的人靠地位、靠气势；有社交的人靠圈子发挥自己的特点、优势，吸引粉丝关注。

### 1. 财富

只要你的财富超过了马云，马上就可以吸引全中国的人，这就是财富具备的巨大魅力。一个人拥有的财富越多，他对人的吸引力就越大。只要财富增加了，自己对外界的吸引力自然也就增加了。

如果你拥有亿元资本，你可以花一千万元雇用这个国家最聪明的一批人为你工作，把你的财富不断地放大，把你的资本从亿元变成上百亿元、千亿元。

每个人的生活都需要财富来支持，没有钱便没有办法在这个社会上生存。

**15**

## 2. 权力

一个人权力的大小取决于其他人对其所拥有的资源的依赖程度。生活在城市里的每一个人，谁不想见见这个市的市长？因为他掌握着这个市里的绝大部分资源。其他人靠近他就有可能会获得自己想要的价值、资源。

例如，我国古代封建社会的皇帝能决定生活在这个国家里的每个人的生死存亡，因为他拥有至高无上的权力。

## 3. 专业

一个人越来越专业，就会慢慢成为一个专家，一旦成为了专家，就代表权威，他说的每一句话都可以影响到整个行业。财富专家对财富趋势进行预测；经济学专家对整个国家、地方经济进行展望。

财经作家吴晓波，因为写了一篇《中国人为何去日本狂买马桶盖？》而得到国家领导人多次接见。对一般人来说，得到国家领导人的接见是一件很困难的事情，全中国 13.7 亿人又有多少人可以做得到？这都是专家身份带来的影响力。那些高端的企业家论坛、财富论坛，都是由专家在那里讲课，论坛也因为有专家的出场，才能吸引大量的人参加会议，这就是专家的价值。

无论你进入什么领域，至少需要两年的学习期，如果你试图省了这两三年的时间，你将付出更多的代价！一个著名的作家，每天早上 5 点起床，写文章到 10 点，风雨无阻，30 年如一日地写作。跟他同时出名的作家，现在要么毫无建树，要么也是新瓶装旧酒，而他呢？他写的内容越来越有特色。为了写一部小说，他走完了中国大大小小的寺院，了解僧侣的生活，花了 10 年的时间写出了一部著作，在中国大卖且拿到了鲁迅文学奖。

你痴迷任何一个专业都有可能成名，即使不能在全中国成名，在你生活的城市也一定可以成为一个小名人。很多人听了很多大道理，却依然过不好这一生，不是我们不懂知行合一，而是没有找到那个让自己痴迷的点，无从发力，有些人一辈子都找不到，有些人后来找到了，早已有心无力。如果你年轻时就静下心来想想自己的兴趣点，就可以把它变成自己的专长，成为一个专家。能把一件芝麻大的事情做上 10 年的人，绝不会是普通人，只要你有一点点追求卓越之心，就会拥有被追随的光环。

"事业"上的明星专家定位让人明白你的价值，"娱乐"上的专家定位让人觉得你有品位，"兴趣"上的专家定位让人觉得你有"深度"，这 3 种不同的专家印象可以帮助你吸引不同的人，同时也可以制造层次感。

### 4. 个性

人是群居的动物。由于整个社会都用共同的价值观来约束大家，所以很多人在这种约束下失去了自我的个性。没有鲜活的个性，就没有人格魅力。看每一部电视剧，你通常只对两类人产生很强烈的印象，就是好人和坏人，对于坏人，你恨不得把他杀了，对于好人你想保护他。

在《新白娘子传奇》这部电视剧里，人们都非常讨厌法海，因为他破坏了白素贞和许仙一家的幸福生活。当时演法海的演员乾德门只要走到街上就会遭到毒骂，因为他把"法海"这个人物演得太好了。在《还珠格格》这部电视剧里，观众都非常讨厌容嬷嬷，有一个小孩子看见扮演者李明启时说："我要把你打成肉酱，让我爸爸把你扔到水里去！"有一次她在出租车上，司机突然问："你是演容嬷嬷的吗？"李明启说："是呀。"司机说："如果一开始知道是你，我就不载你。"李明启听了之后哈哈大笑，说："你可真够傻的，到现在还没从戏里出来呢？"司机如梦初醒："那个容嬷嬷可真是气死我了，当年我看《还珠格格》时，差点把电视机给砸了，多亏我媳妇劝我说那是演戏呢！"这说明，一个演员只要演得个性鲜明谁都会记住他。一旦一个人拥有了个性，自然会吸引很多人的注意力，因为他做到了很多人不敢做的事情。

### 5. 名声

一个人，仅有才华还不够，还必须有知名度，才女张爱玲曾说过："出名要趁早，来得太晚，快乐也不那么痛快。"这句话说明了出名对于一个人的重要性，一旦有了知名度，成为公众人物，社会资源就会主动向他倾斜。例如，所有的商家代言差不多都喜欢找明星，就是因为他们是公众人物，知名度高，一次代言费哪怕达到百万、千万，商家们也在所不惜，尽管明星们做的工作仅仅是露脸而已。

在你出名之后，就能体会成名带给你的价值，在你尚未取得世人公认的成就之前，你说得再有道理，也没有人用心理睬你，甚至有可能包括你的父母。

对于一个人来说，成名比创业更重要，一个人成名了可以操作无数个项目，因为你是名人，卖什么都会有人买，并且都是别人求着从你那里购买产品。深挖自己的特长，就有机会成名。成名可以使一个人如虎添翼，最少也是锦上添花。很多人拒绝成名，但又拼命地推广自己的产品。他无非就是想让产品成名，但推广自己的产品也是为了让更多的人知道自己，让自己成名。

### 6. 自恋

自恋最好的方式就是通过社交工具晒自己的照片，并且照片要能最直观地展示出价值，展示你的生活方式和你个性的照片最能吸引粉丝的关注。例如，旅游照、宠物照片、书法照片、献爱心照片、做菜的照片、学习的照片等。

我们有时可以在一些明星的微博里看到他们经常秀自拍照、卖萌照、工作照、旅游照、美食照等，这些都是明星自恋的表现。明星每发一张照片，都会吸引大量粉丝来围观，这也可以说是自恋的一种表现。

一个旅行达人非常自恋，经常在微博、微信当中分享自己在全世界旅行的照片和游记，读者也为这些内容所吸引，对于他所晒的内容也都一字一句地阅读完了。

### 7. 外貌

在移动互联网时代，我们每个人都有两个身份，一个是我们线下物质实体的人，另外一个就是我们在社交网络上的那个 ID，第二个身份比线下的身份还重要，因为线下的身份每天接触的人是有限的，可能仅接触几十个人，公司大一点的可能有几百个人。但是你在线上分享，你的朋友圈可能影响到几百人甚至几千人，你在公众号分享又可以影响上万甚至上百万的人。

所以你一定要花时间去拍一张形象照，让人一看就知道你是一位成功人士。有的人拍出来的照片头像模糊、长得也不好看，肯定不会吸引更多的人。"爱美之心人皆有之"，在我们身边就可以发现，那些长得漂亮的女生更容易受欢迎。

### 8. 身份

一旦你拥有了一种身份，就具有了高价值，如专家、作者、作家、老师、画家、收藏家、国家主席、市长、首长等，自然就有了吸引力。拥有身份就拥有了社会地位，看那些电视剧里的男主角，在学校是学霸、学生会的主席、大侠、智者，吸引了大量女粉丝的追求，都是因为他们拥有高价值的身份和地位。

人们会从你的衣食住行判断你在哪个社会层次，并决定要不要关注你，例如，你在北京朝阳区国贸喝下午茶和在地摊吃碗凉皮的照片展示；你骑自行车旅行、住在青年旅社和去巴黎自由行、住在希尔顿总统套房的照片展示，人们从中就可以判断出你的价值，并决定要不要进一步了解你。

根据自身的特点，让自己具备这些特质，自然能吸引大量的粉丝关注。当我们知道了粉丝都会被什么样的人吸引后，接下来我们就要知道我们做什么样的事情，才可以吸引成千上万的粉丝关注。

# 1.4　如何拥有成千上万的粉丝，玩转粉丝经济

要想玩转粉丝经济，就要拥有大量的粉丝，有了粉丝才可以实现商业化，一个人没有粉丝就没有任何影响力，从而很难实现经济效益，很难吸引粉丝的关注。那些明星为什么拥有大量的商业价值？就是因为他们拥有百万、千万的粉丝。

一个人不会毫无理由地关注你，每个人做每一件事情都是有一个动机在驱动他，笔者写这本书的动机就是希望看到本书的你能获得成长。

### 1. 做到别人做不到的事情

一个人只要做到别人做不到的事情，就能吸引大量的粉丝关注，只要成为中央电视台的主持人，就能吸引很多人的关注，因为中央电视台是国家最有威信的电视台，中国 13 亿人有多少人能成为中央电视台主持人？ 1 亿人当中也只能选出几个人。

为什么你记住了刘翔？因为他是奥运会世界冠军，他做到了别人做不到的事情！为什么你记住了姚明？因为他是全球最有潜力的 NBA 运动员，他做到了别人做不到的事情！就跟中国首富一样，13 亿人当中才出现一个，13 亿人只有一个人才可以做到，他就能立刻吸引 13 亿人的注意力，拥有百万、千万，甚至几亿的粉丝。

对于一个成长在农村的孩子来说，如果有谁上了电视，周边几个村里都会像热水

开了锅一样，这个人就会成为众人的焦点，因为在几十年里可能就只有一个人做到了。

对于一个已经旅游了全世界的人，可以马上吸引全世界人的注意力。一个人能旅游全世界，要有很好的精力，同时需要大量的财力才可以做到，这是一般人不可求的事情。现在笔者身边有好多人都借旅游来出名，对于那些没有出过国的人，见到了那些出过国的朋友，立刻会产生崇拜之心，因为在他们眼里，出国旅游是一件很难的事情，其实这都是因为他不了解事实。就如同总有人觉得去国外遥不可及，其实去欧洲旅游一趟也不过一万元。我有一位媒体朋友，他们夫妻去欧洲旅游一趟之后就出了一本书，并且这本书卖得非常好，自己也靠这本书出了名，各大电视台都争相采访这对 80 后夫妻。

其实很多人认为做不到的事情，都是因为自己不了解，所以一定要去认真研究，一旦做到了，马上就能吸引大量的粉丝关注自己。如果到现在你还没有做到别人做不到的事情，那么就要好好规划一下自己了，用几年的时间做一件大多数人都做不到的事情。

## 2. 经历过别人没有经历过的人生

如果一个人经历过别人没有经历过的人生，就能吸引大量的粉丝关注，现在的中国企业家都非常佩服史玉柱，因为史玉柱能在负债两亿的情况下反败为胜成为亿万富翁，这样的经历是一般人都不会拥有的。这也是很多企业家不能做到的——在负债的情况下反败为胜。有很多企业家不佩服马云，却很佩服史玉柱，就是因为马云没有史玉柱这样的经历。

很多中小企业主都非常崇拜马云，因为马云的创业故事非常传奇，18 个朋友凑了 50 万元来创业，在创业的当天马云喊出了这样的宣言："我们要建成世界上最大的电子商务公司，要进入全球网站排名前十位！"你有这样传奇的创业故事吗？拥有这样传奇的人生经历吗？

笔者就有很多学员，通过写自己的创业故事吸引了大量的粉丝关注，并且吸引了大量的投资人投资自己。其中一个写的是自己在大学里就开始创业，赚到了自己人生的第一桶金，结果合伙人都把钱卷跑了，在自己负债 40 万元时重新创业。

我们要尽量去挖掘自身令人感动的故事，去打动每一个人，才能获得大量的粉丝关注。

### 3. 把一件事情做到极致

一块金子与一块泥巴相遇，金子不屑地对泥巴说："你看你，灰不溜秋的，你有我闪亮的光芒吗？你有我高贵吗？"

泥巴摇摇头说："我能生出花、生出果、生出草、生出树木、生出庄稼、生出万物……"金子无言以对！

生命的意义，不在于自己值多少钱，而在于自身创造了多少价值！一个作者，坚持每年写一本书，写上 30 年，可能并不能让他拥有很多财富，可是因为有很多的读者读了他写的书，过上了幸福的生活，人生从此改变，这都不是用财富可以衡量的，所以就有了作者到全世界旅游都有粉丝专车接待的事情。

一天一篇文章坚持写 10 年，就可能拥有 10 万铁杆粉丝；一天录 60 分钟的语音，就可能 4 年吸引了 400 万的粉丝……这些自媒体人都在新媒体当中做到了极致，才能吸引大量粉丝，得到粉丝的认可。

#### 案例解析

我有一位留学美国耶鲁大学的学生，因为自己对红酒的热爱，在美国一家餐厅打工，并且报了各种红酒班来了解红酒的相关知识。因为微商的到来，她认为红酒是一个巨大的市场，且了解到利用微商这个渠道很容易销售，所以找到我咨询如何运作。

根据她的实际情况，我给她制定的创业策略是：先成名，再创业。因为她本人现在在美国，这就是一个很好的优势和亮点。对于一般人来说，生活在美国是一件让人羡慕的事情，放到网络的世界里就能吸引大量粉丝的崇拜。

"喃猫和饭书"的张喃就是一个很好的案例，如果张喃在国内学厨艺、写日记，则可能很难吸引人的注意力，因为这是一件很多人都可以做到的事情，可是放在法国，却是很多人都做不到的事情，就是这么简单。

所以她先通过制作品红酒的视频来打造个人品牌，如怎样醒酒、怎样品红葡萄酒、怎样品白葡萄酒、了解红酒酿造过程等。通过视频的方式获得了大量的粉丝关注，最后再推出红酒销售，这就变成了一件很容易的事情。到现在品红酒视频的播放量已经过千万，获得了百万美金的风险投资。红酒视频能走红网络，就是因为她做到了很多人都做不到的事情，自然吸引了大量粉丝的关注。

对于想创业的人来说，一定不要急于创业，要先策划让自己成名，这样再创业就会变成一件很容易的事情，因为当一个人成名以后，就可以吸引无数粉丝来关注自己，当一个人拥有 10 万、100 万、1 000 万的粉丝时，他就是行业内的明星了，做什么都是一件很容易的事情。

我们想获得大量的粉丝，方法只有一个，就是让自己拥有明星一样的影响力和光环，现在很多明星之所以开火锅店、做手机都取得了成功，都是因为他们是名人，例如孟非的面店、李冰冰的火锅店等。

# 1.5 做最好的自己，你就是明星

在这个世界上，人人都在想做别人，男人都想成为马云、李嘉诚；女人都想成为范冰冰、赵薇。向成功者学习并没有错，可是很多人都忘记了做自己，因为每个人都是独一无二的，每个人身上都有闪光点，找到这些闪光点，再借助新媒体去做传播，你就能取得成功，从而拥有成千上万的粉丝，成为明星。

想成为明星，最重要的是自己必须拥有自己的媒体。当然，平民百姓很难拥有自己的媒体，可是因为互联网的到来，人人都可以利用互联网拥有自己的媒体，主流媒体的优势越来越弱了，而那些优秀的自媒体，仅仅靠自己一个人的力量就可以拥有百万、千万的粉丝，并且它的成本是零。

一个做服装搭配的自媒体一年的利润能够达到 3 000 万元，仅一个人运营即可以让自己活得好好的。可是一家传统的媒体，员工几万人，即使公司一年的利润有 3 000 万元，也还是养不起所有员工，这是真实发生在传统媒体和新媒体上的事实。

自媒体运用得好，人人都可以成为明星，你只要做最好的自己就行了。

## 1. 发现自己身上的亮点

在互联网上，每一个人都可以成为老师，人人都可以利用互联网找到自己的学生。例如你会打字，对于那些不会打字的人来说，你就是他的老师。任何小的事情，拿到互联网上来做都可以成为一个巨大市场。

我的学员当中，就有很多宝妈，我问她们身上有什么亮点，她们说自己身上没有什么优点。其实她们的优点就是她们是宝妈，对于那些刚刚有孩子的妈妈和还没有做妈妈的家长来说，她们拥有的经验是最宝贵的，不断分享培养宝宝的经验，就能吸引大量的粉丝关注。在你居住的小区里可能没有很多做妈妈的人，可是互联网上这样的人数可以达到百万、千万甚至上亿，这就是一个巨大的市场。

到现在，还有很多朋友不知道怎样注册公众号、怎样创建微信群、怎样发微信朋友圈。这方面的知识对于有些人来说非常简单，所以我上课根本不分享这些内容。可能有些读者不知道，所以笔者先要分享一下这些基础内容。

如果你是有车一族，那么你可以教人如何考驾照、教人如何给汽车做保养、教人如何选车。在你的眼里，可能会开车不是自己的优点，公路上全部是会开车的人，可是在驾校里却可以看到正在考驾照的人，对于他们来说，你就是他们的老师。同样，做一个关于汽车的自媒体，一定可以吸引大量的粉丝关注，在笔者的学员当中，就有做汽车自媒体的人，粉丝达到了百万，估值就达到了几个亿。

你自己认为简单的事情，其实有很多人不知道，如果你能去教这些知识，你就是老师。

每个人身上都有闪光点，只是自己没有发现它并好好地利用它。利用自己身上的优点，就能吸引大量的粉丝，使你成为众人心目中的明星。

## 2. 利用新媒体放大这些优点

当你发现自己身上的优点以后，就要利用新媒体不断地宣传自己，放大自己身上的优点就可以吸引粉丝的关注，让成千上万的粉丝知道自己，成为人们心目当中的明星。

现在有很多达人秀都是很好的平台，例如，利用《中国好声音》秀自己的声音；利用《超级演说家》秀自己的口才；利用《爸爸去哪儿》秀明星亲子关系等。

邓紫棋就是因借助了湖南电视台的《我是歌手》放大了自己会唱歌的特点，才从原来的出场费几万，到现在的出场费几百万，从原来只有几万的粉丝变成了今天拥有 1 700 多万的粉丝，都是借助媒体放大了她本身的价值。如果没有媒体这个平台，你根本不知道谁是邓紫棋，更不知道她会唱歌，而且唱得非常动听，并且她还是一个 90 后美女。

朱之文，一个地地道道的农民，因为在山东电视台演唱了《三国演义》的主题歌《滚滚长江东逝水》一夜成名，2012 年登上中央电视台龙年春节联欢晚会，一夜之间由一位农民变成了名人，拥有百万粉丝，从年收入 5 000 元增加到了年收入达到几百万甚至上千万，都是因为媒体放大了他本身的优点。

新微商时代，我们每个人都可以利用微信朋友圈、微信公众号、音频电台、视频自媒体做自己的媒体，从而获得大量的曝光度。你只能从成功走向成功，你的下一个成功必须建立在你现有的基础上，而不是在你成功边缘的弱点区去寻找你的机会，你的机会来自于你现有的成功，也就是你的优点。时间并不重要，关键是你做的事情得有价值，我们需要在别人的价值杠杆上去发挥作用，这样我们对别人的贡献就会非常大。

### 3. 发表自己的观点要原创文章

一定要发表自己的观点，写原创类的文章，才能得到大量粉丝的认可，写原创文章可以塑造独一无二的价值，只有拥有独一无二的价值，才没有人可以取代你，如果你是宝妈，可以写上 20 ～ 30 篇的文章，建立自己的专家地位。

很多人模仿张学友、刘德华唱歌，模仿得非常像，不管他多么努力都没有办法成名和获得更多人的认可，因为他没有自己的原创作品，一直在做张学友、刘德华的影子，怎么能获得成功呢？

我知道很多人抄袭别人写的文章，因为这样不需要花费任何时间，但即使你抄袭 3 ～ 5 年，在别人的眼里也都没有价值，因为你没有创造出独一无二的价值。如果在一年的时间里，你认真写上 100 篇甚至 200 篇文章，那么你就变成了独一无二的你。

### 4. 养成批判思维

一个人只有养成批判性思维，才不会人云亦云，从而写出独一无二的批判性文章，吸引很多人的关注，有关注才有粉丝，同时你为这个世界提供了独一无二的价值。说到这里，很多朋友一定会问："那怎样才能养成批判性思维？"最好的方法就是去大量阅读批判性文章，阅读得多了，自己就能找到灵感了。

在自媒体最火的时候，自媒体大咖建议，企业可以到报社、杂志社花 100 万挖一个内容编辑做企业自媒体，获得大量的粉丝点赞，大咖纷纷拿小米来举例。其实小米是一家站在风口上的公司，成为了众人的焦点，每天都可以炒作热点获得全民的眼球，并且有大量的自媒体人帮助他们宣传。对于传统企业来说，你哪里来的这些资源呢？你就是一个卖机器的企业，你就是一个餐饮企业，每天哪来那么多创作内容，因为你是一个卖产品的企业，不是一个媒体企业，即使花 100 万请一个内容编辑，他也做不到，因为没有素材可以写。

现在有很多人脉大师都教人怎样去建立高价值的人脉关系，其实没有用，因为你不能满足对方的需求，相互没有交换的价值。在你还没有足够强大、足够优秀的时候，先别花太多宝贵的时间去搞社交，还是先花点时间去读书提升一下自己的专业技能吧。我们都有过参加一个聚会却发现无话可说甚至不知道做一些什么的经历，因为这个群体不属于你，只有等价值交换才能换来等价值的人脉。

一旦你养成批判性思维，就能发现很多真理，而不是听一些人云亦云经不起考虑的谎话。如果你能写出与众不同的观点，那么自然可以吸引成千上万的人关注你。

## 5. 展示自己真实的生活

每一个人都可以展示真实的自己，一旦展示真实的自己，就可以快速跟大家产生共鸣，关于工作、孩子、事业、成长、学习，这些都是很好的沟通话题。

《爸爸去哪去儿》为什么那么受欢迎？因为它真实地展示了明星们在农村生活的全部过程。

因为人与人之间的信任、交易都建立在真实的条件下。

为什么粉丝会喜欢上你？因为你分享的是一个人真实的生活。你分享到朋友圈里的内容，获得点赞最多的都是自己真实的生活照、工作的照片、跟家人在一起的照片、学习的照片、旅行的照片等。

## 6. 不要太在意别人的评价

我们在做很多事情时，都会有一小部分人不认可我们，因为我们每个人都生活在各自的世界里，有自己的价值观，观点自然也会有分歧。要让每一个人都喜欢自己，这是连总统都做不到的事情，只要我们做到的事情大多数人赞成，就大胆地去做吧，只要你做一个最真实的自己。

看一看那些名人、明星微博下面有多少负面评论，如果那些名人都非常在意这些评论，他会累死。如果有很多人骂你，那么恭喜你，说明你红了，你已经被成千上万的人关注了，如果你没有红，不会有一群人骂你、媒体报道你。

只要自己坚持做一个善良、正直、遵守社会规则的人，就不要在意别人对自己的评价。

### 7. 成为价值输出者

一个人只要成为价值输出者，就会得到更多人的认可、称赞，就会成为众人的焦点，吸引大量的粉丝关注，因为越来越多的人会从你身上得到大量的价值，你已经成为他们心目当中的领袖。

一个作者为什么能拥有百万粉丝？就是因为他写了一部小说，卖出了几百万册。赵薇为什么能拥有7 000万的粉丝，是因为她演了一部火遍全国的电视剧《还珠格格》。

为什么几百年来，人们都记住了孔子？因为写孔子的人写了一部《论语》；为什么你知道李白，因为李白写了《望庐山瀑布》，写出了千古名句"飞流直下三千尺，疑是银河落九天"；为什么你知道鲁迅，因为鲁迅写了《呐喊》等。他们向你输送了价值，你才会知道他们。

### 8. 努力地坚持着

一个人要想把一件事情做成功，就要坚持不断地去做一件事情，写一篇文章没有人会认可你；写10篇文章，照样没有人认可你；可是你坚持一年，就可能会有无数人认可你，因为你已经成为了这个行业里的专家；坚持两年就可能成为明星；坚持3年，就可能成为领袖。当你做到了别人做不到的事情时，别人就会开始崇拜你，努力地坚持着，你就会获得成功。

时间花在哪里，收获就在哪里，钱就在哪里，如果你把所有的时间都用来做一件事情，所有的收获就在这里。

我比较欣赏那些一步一个脚印，确立目标坚持到底的创业者。他们看起来很笨，走得也慢，但是往往最后摘到胜利果实的就是这些笨人，其实他们才是真正的聪明人，他们一直坚持往前走。

#### 案例解析

雷殿生，徒步行走10年，完成了个人徒步中国之旅，行走81 000余千米，相当于绕地球赤道两圈，打破了徒步行走的世界纪录。在目前国内户外探险和徒步圈中享有盛誉，各大媒体争相采访。十年风雨行，他先后走掉了 19 个脚趾甲，穿烂了 52 双鞋，遭遇 19 次抢劫；他探密神农架，生吞蛇肉充饥；罗霄山路遇巨蟒，惊险逃生；夜宿西藏阿里无人区，孤身战群狼；茫茫戈壁，靠喝血和尿求生……正是他的执着和坚持铸就了一段不平凡的人生。

雷殿生花 10 年时间去行走世界，坚持徒步行走 10 年，以走成名，获得了百万、千万粉丝的关注，获得杨利伟、斯琴高娃、倪萍、藤华涛等众多名人的称赞和推荐。

如果雷殿生不坚持做自己，现在只是一个邮递员，只是因为做自己才成为了千万人关注的明星，成为 2008 年北京奥运会火炬手，被中央电视台报道。

用 10 年换来一生的幸福是一件很值得的事情，努力一阵子，幸福一辈子。

# 1.6 在这个"抢"钱的时代如何"抢"钱

马云在杭州上课，气场十足！他说，在'抢'钱的时代，哪有工夫跟那些思想还在原始社会的人磨叽。只要是思想不对，或者看不到商机的人，直接忽略。我们要找到的是合适的人，而不是把谁改变成合适的人。我们改变不了谁，鸡叫了天会亮，鸡不叫天还是会亮，天亮不亮鸡说了不算，问题是天亮了谁醒了？你醒了吗？

这段话在微信朋友圈里疯传，马云告诉了大家现在是一个大众创业的时代，可是他没有告诉你怎样才能在这个"抢"钱的时代"抢"到钱。

一个人如果能为 100 万人提供价值，一个人给他 10 元，那么他就能获得 1 000 万元。富人都是这样变富的，通过创造更多的价值，从别人手中交换到更多的财富。而穷人只能为一个人创造价值，这个人就是富人，但只能获得很少量的钱。这就是富人越富、穷人越穷的原因。

富人能变富是因为他有无数"替身"，通过"替身"为 100 万、1 000 万人提供价值，交换价值，裂变自己的时间、裂变财富 100 倍、1 000 倍甚至 1 亿倍。富人的"替身"、老板的"替身"就是产品，富人都拥有让自己变富的产品，例如比尔·盖茨、李嘉诚、马云等。所以一个人要想变富，手里就要拥有让自己变富的产品，只有产品转化成价值，才能从别人手中换来钱，就是这个道理。

人们对于这个产品的需求越来越大，这个公司或个人就越能快速地变富，就像现在大家都买苹果手机一样，所以苹果公司在很短的时间里就成为了这个世界上最值钱的公司之一。因此，一个人手里没有产品是很难变富的，变富最好的办法就是拥有产品，并且正是人们所需要的产品。

### 1. 制造产品

你可以开一家可以制造产品的公司，通过经营这家公司生产出人们需要的产品，用产品跟更多的人交换，获得自己想要的价值，这样自己才可能变富。所以那些经营企业拥有产品的老板成为了富人，现在看一看你使用的那款产品后面都站着一个老板，你用的笔、电脑、笔记本、桌子、椅子、穿的衣服等，均是如此。

为什么王健林能成为中国首富？一套房子价值上百万，100套房子的价值就达到了1亿元，万达企业现在在中国建了128座万达广场。

马云、马化腾现在做移动支付，就是光明正大地、合法地向全中国人"抢钱"，把银行开到你的手机当中，仅2015年"双11"一天马云就"抢"走两亿元，销售额达到912亿元。

### 2. 借别人的产品

你如果没有产品怎么办？最好的办法就是借别人的产品来卖，以获得价值，自己卖得越多，就得到越多，这就是大家常说的做一个好产品的代理，通过卖别人的产品来获得财富。通过借别人的"替身"让自己变富，获得自己想要的利润，自己制造"替身"通常需要投入大量的人力、物力和财力，对于一般人来说很难做到，所以最好的办法就是借别人的"替身"，这样还可以减少自己投资的风险。

笔者一个朋友，因为10年前成为了联想的代理商，到现在身价已经达到上千万了，因为他借了联想的"替身"，所以自己变得越来越富，尽管他小学都没有毕业，一直在中关村卖电脑。笔者的一位高中同学，拿了一个县级的酒总代，现在已经是亿万富翁了。

### 3. 投资别人的产品

通过投资别人的产品自己取得产品的收益，这样的方式也可以让自己变富。

为什么这么多人选择创业？因为进入大众创业时代，人们对财富的追求越来越强烈，在一个商业高度发达的社会，只有拥有足够的财富，才能让自己的家人过上幸福、快乐的生活，在朋友圈疯传这样一句很现实的话："没有钱，你拿什么维持你的亲情、稳固你的爱情、联络你的友情，靠嘴吗？"

一个人只有通过创业才能实现自己的财富暴增，投入 5 万元获得 50 万元、500 万元，投入 50 万元获得 5 000 万元甚至 1 亿元。现在我拿出资金，跟你一起来经营你的产品，使你的产品越来越好，原来你每年的销售只有 100 万元，现在我投入资金，把原来销售的 100 万元变成 1 000 万元，甚至 1 亿元，这样我就可以获得企业产品利润的分红。

产品是一切的根本。因为顾客付钱购买的是创业者的产品，产品质量不行，没有特色，也是很难取得成功的。

虽然微商是依托社交关系的生意，但关系不等于生意，真正长久的生意应该是基于产品和服务的价值。关系能够让首次成交更容易达成，但是后续用户是否愿意再来持续购买还推荐他人来，靠的是产品和服务，而不是所谓的关系。但凡不能基于产品与服务价值的生意，恐怕不能长久，苹果公司创始人吸引了全世界人们的关注，可是顾客再次购买产品都是因为苹果手机给人们带来的价值。

下面有一个很好的故事，能说明穷人和富人之间的区别。

有个穷人，因为吃不饱穿不暖，而在佛祖面前痛哭流涕，诉说生活的艰苦，天天干活累得半死却挣不了几个钱。哭了半晌他突然开始埋怨道："这个社会太不公平了，为什么富人天天悠闲自在，而穷人就应该天天吃苦受累？"

佛祖微笑地问："要怎样你才觉得公平呢？"

穷人急忙说道："要让富人和我一样穷，干一样的活，如果富人还是富人我就不再埋怨了。"

佛祖点头道："好吧！"说完佛祖把一位富人变成了和穷人一样穷的人，并给了他们一家一座山，每天挖出来的煤当天可以卖掉买食物，限期一个月之内挖光煤山。

穷人和富人一起开挖，穷人平常干惯了粗活，挖煤这活对他来说就是小菜一碟，很快他挖了一车煤，拉去集市上卖了钱，他用这些钱全买了好吃的，拿回家给老婆孩子解馋。富人平时没干过重活，挖一会停一会，还累得满头大汗。到了傍晚才勉强挖了一车拉到集市上卖，换来的钱他只买了几个硬馒头，其余的钱都留了起来。

第二天，穷人早早起来开始挖煤，富人却去逛集市。不一会儿带回两个穷人来，这两个穷人膀大腰圆，他们二话没说就开始给富人挖煤，而富人站在一边指手画脚地监督着。只一上午的工夫，富人就指挥两个穷人挖出了几车煤去，富人把煤卖了又雇了几个苦力。一天下来，他除了给工人开工钱，剩下的钱还比穷人赚的钱多几倍。

一个月很快过去了，穷人只挖了煤山的一角，每天赚来的钱都买了好吃好喝，基本没有剩余。而富人早就指挥工人挖光了煤山，赚了不少钱，他用这些钱投资做起了买卖，很快又成为富人。

结果可想而知，穷人再也不抱怨了。成功，不在于你能做多少事，而在于你能借多少人的力去做多少事，要学会靠投资生钱，投资别人来生财。当我们拥有产品以后，那么我们接下来讲我们应该怎样利用网络来创业，最好的方式就是打造自己的自媒体，让成千上万的人知道自己，跟成千上万的人做生意。

## 案例解析

我有一个学员是福建的李芳芳，现在做农产品做得非常好，她和很多新手微商创业者一样非常兴奋，自己遇到了一个很好的机会，自己可以创业，可是又非常迷茫，不知道如何选择合适的产品进行创业。最终，因为参加一个微商类的培训，在培训师的引导下她选择了一款面膜。

所以她天天在朋友圈里发一些关于面膜的信息，因为自己在一家公司做人力资源的副总，所以人脉非常广，在很短的时间就有大量的朋友跟她购买面膜。

可是一个月都没有到，就有很多人跑过来骂她，因为用过一段时间面膜以后，脸上起痘痘了，使用面膜有不良反应，质量很差，紧接着越来越多的朋友找她"算账"，她把所有的钱都退给了自己的朋友，自己向上家反映这些问题，上家却找出各种理由不给解决，问多了就把她删掉了。

她跑来向我诉苦，告诉我自己想做微商，可是不知道怎样选择适合自己的产品，这是一件让人很头痛的事情，怕再次遇到不好的产品卖给朋友，最终连朋友都做不成了。

跟她沟通以后，我发现她是福建人，在自己家乡有非常多的农产品，并且自己拥有农庄，自己的爸爸一直在经营，所以建议她卖自家的农产品，并且给她取了一个名字"芳芳果园"，销售自己家的蜜柚，并且不用担心产品质量问题。福建有非常多的特产，如枇杷、龙眼、荔枝、菠萝蜜、坪山柚、文旦柚、橄榄、天宝香蕉、凤梨，她还可以参观这些庄园，采取直播的方式把产品卖出去。

农产品是未来一个巨大的风口，并且拥有巨大的市场，产品不贵，人人都可以消费得起，借助微商渠道很容易把产品销售出去。许多优质的农产品都是农民辛辛苦苦种出来的，结果销售不出去，你就可以帮助他们把产品销售出去。

对于那些想做微商的朋友，笔者建议选择做农产品，不用担心产品的质量，不用担心市场，现在社会正在进行全面的转型，最有中国特色的农业起来了，中国人民将会全面走进小康社会。

# 第2章
# 创业者如何打造自己的自媒体

创业者最大的痛苦是什么？答案是推广。再漂亮的姑娘养在深闺也会无人识，酒香也怕巷子深。为什么许多创业者不做推广或做不好推广呢？就是因为没有自己的自媒体。

要做投入成本最少、见效最明显的推广方式之一，就是打造自己的自媒体，通过自媒体解决推广遇到的难题。在互联网出现之前，人们不敢想象自己也可以拥有自己的媒体，因为媒体都是被权力中心控制的，普通人要在媒体上露个脸，都是一件非常困难的事情。现在人人都可以利用自己的媒体每天宣传自己，把自己打造成自媒体当中的明星，拥有自己的品牌。例如凤姐现在创业，一定是一件很容易的事情，因为她拥有自己的个人品牌，拥有530万的粉丝，解决了产品的宣传问题自然容易了；那些名人创业就更容易了，孟非开的孟非面店，就是利用自己的名气开创的自有品牌。

## 2.1 创业者拥有自媒体的 4 大好处

移动互联网时代的到来，给每个人都带来了创业的机会。创业是一件很容易的事情，可是要想创业成功，却是一件很困难的事情。首先要解决的一个问题就是，如何让顾客主动上门跟自己做生意，而不是自己每天都在为招揽顾客发愁，有了源源不断的顾客才能保证自己创业取得成功。

想让顾客主动上门，最好的办法就是创业者打造自己的自媒体，这样创业者可以借助自媒体获得源源不断的顾客。传统的创业者解决顾客来源的办法是投放很多钱去做推广，而这笔费用对于刚刚创业的人来说，是很难承担得起的，一旦投入很多钱去做推广，就很有可能导致自己的资金链断裂和创业失败。

创业者打造自己的自媒体好处很多，它不仅解决了顾客来源的问题，而且令创业者拥有了自己的自媒体，这样就使得创业变成一件很容易的事情。自媒体的好处具体有以下几点：

### 1. 获得顾客的信任

商业的本质就是信任，一旦产生了信任，做生意就会变成一件很容易的事情。创业者拥有非常高质量的产品，想利用网络来卖产品，这时需要解决的首要问题就是如何获得顾客的信任。如果创业者不能获得顾客的信任，那么不管其产品有多好，顾客都不会从其手里购买产品。而创业者拥有自媒体后，就可以借助自媒体平台来展示自己，跟顾客建立信赖感，取得顾客的信任，自己充当产品的背书，销售产品就变成一件比较容易的事情了。

你是一个美容专家，利用互联网帮助了很多爱美的女性，现在你向她卖一款化妆品，是不是一件很容易的事情？因为你帮助了大家，大家认可了你，认为你是一个可信任的人，从而把对你的信任转嫁到你卖的产品上。解决了信任问题，产品自然非常容易销售。一个情感专家，经常帮助粉丝解决情感问题，那么他卖自己的书也就变成了一件很容易的事情。"罗辑思维"公众号，一年就靠罗胖在那里说书，一年卖出 1 亿多的销售额，都是因为罗胖充当了信任背书；财经作家吴晓波频道公众号，卖高端的南极旅游，高达 12 万元却销售一空，都是因为吴晓波充当了信任背书。

### 2. 获得更多的媒体曝光

只有获得大量的媒体曝光，才会有更多的人知道我们的产品及产品的质量。对于一个创业者来说，没有大量的媒体资源，是很难获得大量的曝光的，现在拥有了自己的自媒体，随时都可以曝光，因为这一媒体是自己的。

之前你在自己家门口开一个美食店，你做的就是周边人的生意，为什么？因为你没有办法让更多的人知道你这个美食店。现在你拥有了自己的自媒体，因为你的宣传，全世界人都可能会知道你这个美食店，他们可能下次旅游时就会到你的美食店来享用美食，如果店里的美食非常有特色，他们可能会专程来品尝。

为什么你从小就知道孔子、老子、李白、王维，因为我们在从小读的课本当中就学习了他们写的文章或与他们相关的文章，并且老师还要求我们把这些文章背下来，所以我们能记住他们，也都是靠媒体的曝光做到的。

只有当更多的人知道你后，你才能获得机会，自媒体则为我们解决了这个问题，当很多人知道我们以后，我们想做的一件事情就是如何让他们支持我们。

### 3. 获得更多人的支持

借助自媒体可以获得大量的支持，在产品还没有上市之前就可以预售产品，或者通过众筹的方式获得大量投资者的支持。

如果企业要推出一款新产品，且企业拥有 1 000 万的粉丝，那么对于企业来说就不必担心销售的问题，因为企业拥有 1 000 万粉丝的支持。企业如果要造势做活动，也不用担心没有顾客来参加，因为有 1 000 万的粉丝支持自己。

例如，你有一个好的项目现在没有启动资金，那么你可以通过众筹的方式来解决启动资金的问题，一个人只要出 1 万，100 个人就可以众筹到 100 万启动资金。现在有很多作者为了解决出书的销售问题，就通过众筹的方式来运作，这样就不用担心书写出来销售状况的问题，因为书一旦出版，就已经被粉丝买走了。

### 4. 创造更多的利润

一旦创业者用自媒体获得大量的粉丝，就可以创造多种营利模式，通过后端提供更多的后续产品，获得大量的利润。拥有自媒体，就可以维持和顾客之间的关系，一旦用户量达到 100 万、1 000 万，就可以利用这些顾客去获得更多的投资了。

走进新时代，每一位创业者都应打造自己的自媒体，我们看到那些拥有上百万、上千万粉丝的大咖，利用自己的自媒体销售产品就可以达到百万、千万的利润。

吴晓波靠自己的自媒体卖传统企业转型课程，一年的利润就达到了两亿；罗振宇靠自己的自媒体卖会员，一年的利润就可以达到千万。这是自媒体给创业者所带来的价值，创业者拥有了自媒体，可以说就已经成功了一半。

一个公司的 CEO 要根据自己的情况打造自己的自媒体，一定要以自己的名义做，可以以团队运作的方式做自己的自媒体，可以做音频自媒体、视频自媒体、文字自媒体等。不管运作方式和自媒体形式是什么，对于新时代的创业者来说，拥有自己的自媒体都是非常必要的。

创业者经营自己的自媒体，对自己创业会有很大的帮助，当然需要掌握正确运作自媒体的方法。

# 2.2　白天创业，晚上经营自己的自媒体

对于创业者来说，更多的时间是拿来做自己的项目，根本没有时间经营自己的自媒体，所以最好的做法就是白天工作，晚上写作经营自媒体。要写作就需要素材，那么白天的工作内容就是最好的素材，即可以把自己白天的创业经历写下来，这样经营自媒体就变成了一件很容易的事情。

自媒体打造的是个人品牌，用个人品牌做信任背书解决信任问题，从而把自己卖出去。自媒体的自定位：我擅长做什么？我喜欢做什么？我可以做什么？每个人最容易成功的就是做自己擅长做的事，然后重复去做！你擅长的，不一定是人家擅长的，这样，你就有了竞争力，如果你是一位创业者，这就是你的优势。

佛山司机玉璞华白天做公交车司机，晚上写小说，月收入已经过万，并且已经写了 3 部小说，点击率已经过亿，写的都是自己在东莞打工的经历，这就是一个最好的例子。就写自己的生活，自己的生活就是最好的素材，自己看到的就是自己的世界。

一个机器工程师，白天工作，晚上写情感小说，结果在豆瓣发表，写了 3 个月后，就有导演要把他写的小说拍成电影，他的小说出版半年就卖出了 60 万本，成为了超级畅销书，最后他也一举成名。

很多创业者可能不知道写什么，其实对于一个创业者来说，有很多东西可以写。例如可以写一写自己是怎样服务好顾客的、自己是怎样经营自媒体的、创业的心得，以及创业者如何做营销、怎样管理自己的公司、如何融资等，只要你去写，就有写不完的主题。

创业者经营自己的自媒体还要注意以下 4 点：

## 1. 选择好平台

创业者要想做好自媒体，首先要选好平台，可以根据各个平台的特点，打造组合自媒体平台。

微信公众号或者 QQ 空间是用来写文章的，微信朋友圈、微博主要是用来分享图片的平台，视频平台主要是用来录制创业者视频真人秀的。

现在网上有大量为创业者准备的写作平台，只要自己认真地去写就行。

例如百度百家、腾讯大家、创业家、品途网、36 氪网，都是不错的平台，每一个平台都可以帮助自己获得一定的曝光度，在一个平台的曝光度达到了 10 万，10 个平台就达到了 100 万的曝光度，所以要在多个平台发布自己写的文章。

### 2. 坚持写作

写作看起来是一件很容易的事情，可是要坚持下来却是一件不容易的事情，年复一年、日复一日地写，只要能做到这一点，那么他一定可以取得成功。笔者身边就有很多这样的朋友，写了 6 ~ 10 年，获得 10 万多的粉丝，拥有两万铁杆粉丝，年收入过百万，仅通过每天的写作即跨向成功。

他每天的工作就是接待他的读者，再把读者的故事写成文章发表出来，吸引粉丝阅读，所以他的人气每天都非常旺，阅读量都可以达到 2 万~ 3 万，采用自愿付费的方式阅读，如果你喜欢他写的文章，可以随意打赏。现在很多平台都开通了自媒体打赏功能，从而使这些认真写作的作者有了一份不菲的收入。

如果你是一位导游，那么到了晚上就可以把旅游的地方、每一位游客的故事写下来，长期坚持写下去，写过一段时间以后你一定可以成为一个著名导游，因为你做了别人做不到的事情。

如果你是一位理财专家，那么到了晚上就可以把自己每天服务的客户写成案例分享出去，这样将会有更多的人了解你，转而成为你的顾客。

张嘉佳从 2013 年在微博上写睡前的故事，坚持写了一年，并且他把自己写的故事出版了，还得到了王家卫的赏识，从而导演了自己写的故事《摆渡人》。

### 3. 做好传播

如果自己写了很多的文章，就一定不要只在自己的平台上推广，应该发布到更多的平台上，获得更多的曝光率。

你要知道我们的目标客户在哪里，你能提供什么样的产品或服务；你要弄清楚你的客户是谁，他们在哪里。传播有时比写作更重要，没有人阅读，写得再好也没有用。你写了 100 篇文章，只有 100 个人阅读，还不如写 10 篇文章达到 10 万、100 万的阅读量给你带来的价值要大。

### 4. 出版成书

当文章达到一定的量以后，就可以拿去出版，因为有很多创业者都想知道关于你创业的故事，对于那些想创业或者正在创业的人，都是很好的教材，可以帮助创业者避免走太多弯路。

一旦书籍出版就等于为自己又多增加了一个传播的平台，更多的人会通过读你的书了解到你。其实书籍就是一个媒体，那些名人的自传就是一个很好的证明。一旦你写的书出版，就代表你的价值得到了这个社会的认可，通过书籍出版的渠道可以让更多的人知道你。

自媒体对一个创业者来说非常重要，因为现在是一个自媒体时代，人人都可以拥有自己的自媒体，并借助自媒体帮助自己创业。创业者应该把自己当作一个作品，只有让更多的人知道你，才会有更多的人购买你这个作品，自己也才会有更多的机会。当一个创业者拥有自己的自媒体以后，他就很容易成为创业者当中的明星，那些明星之所以成为明星，是因为他们都有自己的自媒体及大量媒体的曝光。

### 案例解析

王龙是一位搜索引擎公司的部门经理，一直关注笔者，有 3 年的时间了，之前他一直不敢自己写文章，在笔者的影响和鼓励下，从 2015 年他开始自己写关于互联网类的相关文章。因为他之前的工作经常跟媒体人打交道，在大量的媒体平台上都开通了专栏，在很短的时间里，他写的文章就获得了大量的曝光，获得了大量的粉丝支持。现在很多创业论坛都邀请他去做演讲，现在他自己也在出关于互联网著作相关的书籍。

这就是坚持写作给王龙带来的好处。因为写作就是一个输出价值的过程，即把自己的知识、方法、观念分享出去，帮助别人。你帮助的人越来越多，自然就会有人主动帮助你。

笔者身边有很多二十多岁就出名的大神级别的人物，很多都是靠在网上写文章而出名的，笔者也是靠在网上写文章才被更多的粉丝了解和认识的。

## 2.3　如何成为创业明星专家

其实，创业者打造自己的自媒体就是为了让自己成为创业里的明星专家，所有人都会把自己当作榜样来学习。当你写的文章越来越多以后，便形成了知识体系，你把写的文章进行分类，例如创业篇、管理篇、营销篇、新媒体篇等，这样大家就会把你当作一个创业专家。因为你已经总结了一套创业的方法，只要按照这套方法做就能成功。当然，要成为创业专家、人们心目当中的明星，有以下 3 个秘诀：

### 1. 成为明星秘诀一：做到与众不同

要想自己的专业能得到更多人的关注，并且获得大量的曝光度，就要做到与众不同。在你所创业的城市，创业者千千万，为什么媒体会关注你？那是因为你的创业做到了与众不同。

为什么 90 后张天一创业就被大量的媒体报道？这是因为他是北大毕业的大学生，拿他跟其他北大学子相比，他毕业后不是选择去跨国企业做一个白领或者是出国留学，而是选择了独立创业，他就做到了与众不同。他开的是一家卖米粉的店，还获得了风险投资，并且还准备把这家店拿去上市。这样的一个北大"异类"，媒体、电台当然不能错过报道他的机会了，媒体也要靠"异类"获得成千上万人的注意力，吸引人们的眼球。

请问你创业做到了跟别人与众不同了吗？如果你能做到行业里的创业自媒体第一人，所有的生意都会来自于自媒体，做到了与众不同，自然会吸引大量眼球。"罗辑思维"其实就是一个很好的例子，它成为了自媒体第一品牌，所以所有的生意都来自于自媒体。

笔者在移动互联网创业培训这方面就做到了与众不同，很多关于移动互联网的书籍都是在写别人的成功案例，笔者写的案例都是自己辅导的企业，所以受到了大量粉丝的青睐。

### 2. 成为明星秘诀二：为别人解决问题

要想成为专家，就要帮助别人解决他们遇到的问题，这样别人就会把你当作这个行业里的专家，所以就要经常写一些与创业者遇到的问题相关的文章，帮助别人解决问题，当你帮助的人越来越多，认可你的人越来越多时，你就成了这个行业里的专家。

笔者每天都帮助大量粉丝解决创业路上遇到的创业问题，所以自然就树立了专家的威信，现在有越来越多的企业在创业路上遇到问题时会主动找我咨询。

如果你懂心理学，你就可以利用心理学来帮助人们解决他们遇到的心理问题；如果你是情感专家，你就可以利用自己的专业知识帮助人们解决情感方面的问题；如果你懂法律，就可以利用自己知道的法律知识帮助人们解决法律方面的问题；如果你懂会计，就可以利用自己知道的会计知识帮助人们解决会计方面的问题；如果你懂营销，就可以利用自己知道的营销知识帮助人们解决营销方面的问题。

### 3. 成为明星秘诀三：成为行业第一名，细分行业

要想成为行业的第一名，创业之前就要细分市场，只有细分市场自己才可以成为第一名。以旅游为例，现在没有人做"名人旅游"，这将是一个巨大的市场，因为现在是粉丝经济，会出现越来越多的名人。粉丝都希望有机会跟名人接触，跟他们一起学习旅游，享受旅游的美好：对创业家推出企业家三日美国游，他们可以通过游玩来学习和交流；对自媒体可以推出自媒体人庐山三日游；对作家可以推出孔子学府三日游；对网络红人可以推出网络红人英国三日游；对主持人可以推出主持人日本五日游；推出各行各业里的名人旅游路线，成为名人旅游行业里的第一名。因为每一个人都希望有机会跟行业里的名人、专家在一起交流、学习，得到他们的指点。

人的一生都要不断地优化自己的生存空间，成为专家是人生优化当中最重要的一步，一瓶水在超市里只能卖 1 元钱，可是把它放到五星级酒店里，却可以卖 10 元、30 元钱，这都是因为放的位置不同，物品放在不同的地方其价值会不一样，我们就是要使人们的人力、产品、资源发挥到最大价值。

同样是人说出的话，价值却不一样，一个是专家、一个是普通人，一个拥有身份、一个没有身份。同样的东西，价值也不一样，人如硕鼠，不在粮仓即在厕，命运不一样，说明我们人生的空间位置不同，我们的价值就不一样。把自己放到专家这个位置，你就超越了普通人的价值。由于你的空间不一样，你掌握的社会资源不一样，你的权利不一样，你的财富价值也不一样，我们的一生是空间优化的一生。一个人能够调度这个社会多少资源，不取决于他有多大的能力，而取决于他的社会位置。

## 2.4 做生意如何玩转圈子

当你成为了行业里的明星，你就有资格混圈子，才能得到圈子里的人认可，明星、名人是一种高价值的身份象征，人人都愿意跟这些人成为好朋友，如果有机会遇到范冰冰、赵薇、成龙、刘德华，你可能会主动跑过去跟他们合影，为什么？就是因为他们都是名人，如果你成为了行业里的名人，在行业里自然就可以得到这样的待遇。

每个人都生活在各式各样的圈子里，富人有富人的圈子，穷人有穷人的圈子，人们通过圈子可以找到和自己有着相同爱好的人，通过圈子相互整合资源，通过圈子找到另一半，通过圈子把生意做成。

何谓圈子营销？在中国人的社会生活中，圈子是个非常关键的词语，小到个体，大到企业、社会，圈子无处不在。每个人都有自己的固定圈子，这使消费者碎片化地分布在了不同的圈子里。物以类聚，人以群分，就是圈子最好的定义。圈子里的人是因为具备某些共同的特性而走到了一起，或共同的爱好，或共同的利益，或共同的品位，或共同的目标。所以，在他们中间开展营销，对症下药，将会大大节省成本，取得爆破性成功。

玩圈子还有一个特点，因为一个圈子就是一群人，如果你的圈子里有 100 个人，你就可以认识这个圈子里的 100 人。平时你一个一个地去认识 100 个人，要花好多时间，如果你做生意加入一个圈子就可以增加 100 个粉丝，这些粉丝都是见过面的且相互交流过，如果有 10 个圈子就可以有 1 000 个粉丝。

笔者有一个学员就是因为加入到了高质量的人脉圈子，使得他一年的生意都来自于这个圈子里朋友的支持，一年很轻松地挣到了 100 万元。

当然，做生意要把圈子玩好，需要具备以下 4 个硬性条件：

### 1. 拥有一技之长

自己必须拥有一技之长，才能体现自己的高价值。什么样的人最受欢迎？就是拥有高价值的人，因为只有高价值的人才能给人提供价值，大家可以相互交换价值，获得自己想要的价值，圈子的本质就是大家相互交换、整合资源。

一定不要加入那些跟自己的价值不相符的圈子，因为你不能满足别人的需求就是在浪费自己的时间，一定要加入跟自己价值相符的圈子，因为相互都有需求，才能帮助到对方。

一技之长就是说自己要有交换的价值，不是说自己要去学一门手艺。你是创业者，拥有雄厚的资本也是一技之长。你拥有的技能越高超，你的价值也就越大，就会吸引更多的人跟你主动进行交换。如果你认真研究一下，还会发现在你的生活圈子里最受欢迎的都是那些拥有一技之长的人，例如老师、医生、律师等。

### 2. 写作提供价值

在网络时代做生意一定要学会写作，只有自己会写作才能给圈子输送价值，才能得到圈子里成员的认可。如果你是一位创业者，可以写一写关于创业类的文章，写一写如何做新媒体营销类的文章，写多了就成为了这方面的专家，你就可以加入更多高质量的圈子。

其实每个人之所以加入这个圈子，动机就是获取价值，现在你满足了他们的需求，在圈子里当然会受到欢迎。笔者就经常把自己写的文章发到自己加入的创业圈子里，受到了大量朋友的喜欢、认可。

### 3. 公众演讲提供价值

学会公众演讲，就能通过公众演讲输出自己的价值，如果这个圈子里有300个人，就可以通过公众演讲一次性向300个人输出自己的价值。如果300个人让你一个个地去认识，你需要花费多少时间才可以认识这300个人？现在你通过演讲一次性就可以认识所有的人，并且为他们提供价值。

如果你会公众演讲，会有很多平台为你准备着，《超级演说家》就是一个很好的平台，这个平台捧红了很多公众演讲者，刘媛媛因为在《超级演说家》演讲寒门贵子而一夜成名。

笔者就经常在几百个群里讲课，就可以为几万人提供价值，影响到几万人，会演讲就有演讲的平台，会写作就有写作的平台。

### 4. 强者社交扮演

如果你想玩圈子，一定要扮演一个强者，你能为圈子提供价值你就是一个强者。

如果你是一位创业者，你需要扮演的是，一位创业者如何通过创业改变自己的命运，拥有百万、千万的财富；如果你是一位农民，也一定要是一位农民企业家，拥有8 000亩庄园，通过自己的经营成为了农民企业家，A轮融资已经达到3 000万美元，评估价值达到了6亿元；如果你是一位投资家，要明确自己是如何帮助企业成功上市，获得大量的回报。

中国的历史就是最好的证明，在中国非常弱的时候是没什么社交的，反而是八国联军侵略中国，谈什么社交？现在中国强起来了，越来越多的国家都跟中国建立了很好的外交关系。

别急着吃棉花糖，放松点融入圈子，要知道我们是来充实生活交朋友的。如果你参加活动确实是你热衷的事，那就大方地把你的热情表现出来吧；如果你很享受自己做的事，别人也会想靠近你。

一般来说，如果你参加的是一系列的课程，那么同学之间不怕以后见不着面，你就可以在上过一系列的课程之后再交换联络方式，前面开口打招呼以说笑为主已留下好印象，这样经过长期的接触了解以后，做生意自然就成为了一件很容易的事情。

**案例解析**

我有一个读者，毕业于南京大学，现在自己创业，因为读了笔者写的《微信营销与运营解密》这本书而找到笔者，他给全公司每人买了一本，让全公司的员工都学习。他在做一款移动端的企业查询APP，他是一个团队执行力非常强的人，开始做了一个公众号，在3个月的时间里拥有了20多万粉丝，卖了30万元。

我们知道对于做APP的企业来说，前期必须大量"烧"钱才能抢占市场，前期投入很大，需要大量的资金才能做起来，所以他想进行融资，一直找不到合适的投资人。经过一段时间的接触后，我发现他是一位非常优秀的创业者，我建了一个群让他来管理，并且管理得非常好，所以决定帮助他。我经常让他在群里分享自己的创业经验，等他分享得非常好以后，就建议他混圈子，经常到一些创业群、线下的创业家交流会上分享自己的故事。这样更多的人注意到了他，所以在不到3个月的时间里，他的企业就获得了A轮融资3 000万元。

我们想找什么资源、整合什么资源，就要进什么样的圈子并且为圈子提供价值，这样就可以吸引大量人的注意力，吸引我们想要的资源。为什么很多企业家都去读长江商学院，尽管学费高达90万元？其实就是为了进圈子里去整合资源，因为中国所有成功的企业家都在那里。

在那些创业圈子里，有很多的风险投资家，因为他们都在寻找优秀的创业者、优秀的创业项目进行投资，所以在创业圈里分享自己的创业经验、故事是一种非常好的融资方法。当我们拥有圈子以后，我们就可以用圈子来展示自己丰富的生活，展示自己的高价值，你在什么样圈子里，就代表你是什么样的人。

# 2.5 用圈子丰富自己的生活

人只有加入一些圈子，才能丰富自己的生活，才可以认识更多的人，建立起长久的关系，一个人天天宅在家里，生活一定很单调无味。在你的朋友圈里，看到的都是大量转载别人的文章和密密麻麻的文字，没有自己的生活照、跟好朋友在一起的照片、参加圈子活动的照片，生活一定过得非常平淡。一个人单身是因为没有自己的圈子，除了工作还是工作，很难接触到优秀的人，生活在一个很小的空间里。

做微商需要做大量的价值展示，圈子最能展示自己的高价值，人们从圈子判断你这个人的生活品位、人际关系、社会价值，你跟什么样的人在一起，你就是什么样的人，你长期跟一个乞丐在一起你看别人怎么看你，长期跟首富在一起你看别人又会怎样看你。

### 1. 扩大自己的兴趣爱好

每个人都有很多兴趣和爱好，可以根据自己的兴趣爱好加入到相应的圈子：创业圈、健身圈子、读书会、车友会、作者圈、交友圈子、新媒体圈子等，通过加入到这些圈子既能丰富自己的生活，同时还能结识大量的朋友。

同时你还要积极参加圈子里的活动，并且把活动的全部过程分享到自己的社交朋友圈，这样你的朋友圈就会变得越来越丰富多彩了。

#### 1）先认识圈主

加入一个圈子先要去认识圈主，一般圈主在圈子里是最有权威和资源的，得到他的认可和帮助，自然会受到圈子里群友的欢迎，所以一定要想办法跟圈主搞好关系，可以给圈子里的圈友发一个小小的红包，增加一下相互之间的感情。很多人加入到这个圈子，都是因为圈主的个人魅力及影响力，一个圈子的圈主如果没有影响力，是很难把这一群人很好地组织起来的，就跟一个国家一样，如果皇帝没有威信，大臣是很难一心一意为皇帝工作的。

一般圈子里的规矩都是圈主制定的，要想获得圈主的认可，就一定要遵守圈规，遵守圈规就是在尊重圈主。笔者建的圈子都是由笔者的读者组成的，都是被笔者个人人格魅力吸引过来的，当然群规也是先由笔者制定的，发展到一定的规模还可以让圈子里的所有成员参与到圈子里的规则制定。

#### 2）一定要给圈友带来好处

刚开始加入圈子，可以给圈子里的好友送一些小的礼物，或者自己家乡的特产、自己卖的产品。如果你卖苹果，那么你可以送一些苹果给圈友，圈友发觉产品好的话，也会主动跟你购买产品。这样关系就很容易建立起来，你来我住，今天我送一些礼物给你，明天你送一些好吃的给我，关系就这样地建立起来了。

每个人都有趋利性，这个利不单纯地指钱，如果满足不了别人的需求，那么就会被圈子抛弃。

### 3）换高价值圈子

当自己的能力提升以后，就要去换圈子，不要再在原来低价值的圈子里混，应加入更高能量的圈子去提升自己。人都是往前走的，原来的圈子已经不能满足自己发展的需要，所以要寻找更高价值的圈子来提升自己。

其实每个人做任何事情，都是为了使自己变得更好，很多小时候的朋友现在都不怎么联系，不是因为自己冷漠，而是因为跟之前的朋友没有交集，即使在一起也没有什么话可以说。

### 2. 请朋友介绍圈子

除了通过兴趣爱好加入一些圈子以外，还可以请朋友介绍一些高质量的圈子，要加入一些高质量的圈子是有相应的要求的，所以自己平时要注意提高自己的能力，只有自己具备一定的能力，才能加入相应的圈子。

一个人在社会上获得机会的多少，与他的社交圈子结构有很大关系。如果你只跟亲朋好友交往，或者认识的人都是与自己背景类似的人，那么你大概就不如那些三教九流什么人都认识的人机会多，建立人脉的关键不只是自己融入的一些圈子，而在于你能接触多少圈外的人，也就是进入跟自己的事业、行业不相关的圈子。

越是富裕的人，其交往的"多样性"越明显，这意味着越是富人越容易跟不同阶层和不同地位的人建立关系。而穷人的圈子一般很单一，只是跟自己同阶层的人交往，获得的社会阅历越来越少。

### 3. 让自己充满正能量

你要做一个充满正能量的、乐观的、积极向上的人，因为人都会追求美好的未来，你拥有的正能量能感染到别人，让别人快乐，给人带来希望，没有谁喜欢跟一个充满负能量的人交往。

圈子能让我们的生活丰富起来，朋友越来越多，微友越来越多，生意自然就好做了。其实我们更多的是想利用圈子来开拓自己的生意，在大家对你不是很了解之前，先不要急着推销自己的生意，这样目的性太强会让所有的人感到你对整个圈子造成威胁，这样你在圈子里会成为一个不受欢迎的人。所以混圈子一定不能急，当你给圈子提供了价值以后，更多的人会主动来认识你，同时也会带来生意。我进入一个圈子，都会给整个圈子里的人做一次企业网络营销，所有的圈友都会主动来认识我。因为每一个人都喜欢跟一个有价值的人交往，并且能从他那里获得自己想要的价值。

### 4. 用圈子拓展自己的人脉

现在任何人都认为人脉越来越重要，很多创业者、成功人士都把拓展人脉当成一件重要的事情来抓。只有加入圈子才能认识更多的人，一个人在什么样的圈子里，就代表他在这个社会上的实力。很多人都是通过圈子来判断这个人的实力的，或者值不值得长期的交往。你拥有很多高价值的圈子，便可以通过圈子把自己的事业做得更大，所以说建立自己的圈子很重要。

圈子也是人与人之间的阶级划分，相同阶级的人都生活在相同的圈子里，一个人是很难融入跟自己阶层不相符的圈子的。

#### 1）建立你的价值

这里的"价值"，换个更贴切的说法，就是"被利用"的程度。在盘点人脉关系前，冷静地问问自己你对别人有用吗？你无法被人利用，就说明你不具有价值，你越有用你就越容易建立坚强的人脉关系。

能被人利用，就说明你拥有高价值，高价值放到哪儿都是很重要的，是必修的内功。人在每个阶段的能力和目标，都有不同的价值定位。当你还是一个大学生时，你的价值可能在于你的成绩很棒，或者是足球踢得特别好、成为了学生会的主席。可是当你走入社会，你的高价值可能是因为你是一个品牌专家、能为人出谋划策或你认识很多媒体、善于用笔杆子为人解决问题，或者你在生产制造方面很有经验，或者你是一位医生，可以帮人治病。当然，如果你有很多钱，那么恭喜你，你处于食物链的顶端，最有价值。

#### 2）向他人传递你的价值

一个老好人固然有趣，但毫无用处；一个总不愿被人利用的精明人，也难以建立真正的人脉关系。

在人际交往中，要善于向别人传递你的"可利用价值"，从而促成交往机会，彼此更深入地了解和信任对方。

#### 3）向他人传递他的价值，成为人脉的关键点

你很有价值，你身边也有很多朋友各有自己的价值，那么为什么不把他们联系起来，彼此传递更多的价值呢？

如果你只是接受或发出信息的一个终点，那么人脉关系产生的价值是有限的，但是，如果你成为信息和价值交换的一个枢纽中心，那么别的朋友也更乐意与你交往，你也能促成更多的机会，从而巩固和扩大自己的人脉关系。所以要寻找并且建立自己的价值，然后把自己的价值传递给身边的朋友，并且促成更多信息和价值的交流，这样你就越来越有价值了，就会有越来越多的人愿意跟你交往。

其实自己加入圈子，目的只有一个，就是拓展自己的生意，做圈子生意，先要做朋友，再做生意，生意要建立在良好的关系基础上。

### 案例解析：如何用自媒体卖土鸡蛋

笔者有一位湖北襄阳的学员，现在在一家土鸡场上班。章程，湖北襄阳人，现定居长沙，职业是全职太太，职位是销售。来自张家界丛林土鸡场，因为欣赏老板的魄力与理念，他坚持做散养草鸡，保证无添加、无农残。为了让孩子们都能吃上安全绿色的食品，因此她决定在这家鸡场做销售，具体工作方式是在微信上打广告，也就是做微商。

下面是学员的自述。

其实一开始我也不知道该怎么办，我接触微商这个概念应该是从大部分人开始刷屏做面膜时开始的。当时我的一个同学代言了一款面膜，我因为人情也想试一试，结果拿回来就觉得这个产品的确有一点问题，后来就没有继续做下去，刚开始就对微商的印象不是很好。但后来通过读老师的书以后，觉得O2O的确是一个非常不错的形式。

因为以前我们要买东西，例如买粉，可能就是一个厂家一个品牌，就以湖南为例，可能是湖南总代理，然后从湖南再到长沙、株洲、湘潭这样一层一层地代理下去，然后收取中间的一些流通费用和办理费用，其实对我们消费者是极为不利的。那么如果能从厂家直接到消费者手里，我们可以得到真正的实惠。

在玩微信的时候，我看到越来越多的人把自己家里生产的东西，例如山东大樱桃、山东苹果，还有海南大芒果，这些地域性比较强的、在外省不是很容易购买到的东西通过在微信上展示，然后买家付款卖家直接发货，我觉得这个模式非常好。所以说，我也想通过微信把大家比较有优势的资源，如一些农产品、技术，通过微信带给千家万户，而不是通过找一些地区代理层层代理下去。

我先说说我是怎么做的，以鸡蛋为例，首先要分析它的优势，可以让客户选择我们而不选择别人。其次分析我们的品牌客户群体在哪里。例如，鸡蛋定位可以是月子鸡蛋、儿童辅食鸡蛋，无污染、无添加。我们的鸡都是在大山上散养的，吃的都是一些虫子、大白菜、小草，喝山泉水长大的。鸡蛋是由人工用扁担挑下来的，所以说是非常绿色、非常健康的。再次就是客户，我们就盯住那些 80 后、90 后的妈妈们，因为她们再舍不得而为孩子也是舍得的。这大概就是我们的客户群体。

除了以上三点，还要分析客户从哪里来。我一直觉得现代大城市其实就是一种社区，有一定的团体性，而且因为好多东西聚在一起，例如收入和文化大概差不多，我就觉得如果把我们的鸡蛋下沉到每一个社区，这样去做宣传会比较好，这个启发了我们利用电信、联通，以及长城宽带，因为他们经常会到我们的小区做活动。我发现一个小区一个小区地营销，小区里的人有一定的共性和信任能力。

例如妈妈们经常在小区里面聚会聊天，就会聊你们家孩子吃什么牌子的奶粉，辅食是怎么做的，你会在哪里买菜，然后我就会不经意地从鸡蛋这方面引导，因为在孩子的成长过程中，鸡蛋的消耗量还是比较大的，我就会建立两个信任中心。例如小区里面比较活泼热心的一些阿姨，或者年轻的宝妈，都有一定的号召力，跟这样的宝妈商量订购一个季度、半年或者一年的鸡蛋有优惠，而且推荐朋友订购鸡蛋也有优惠。这就是线下的一种模式——主要是通过各社区攻破。

现代农业产品跟互联网进行连接，就是一个巨大的市场，关键是拿什么跟顾客进行连接，跟更多的人进行连接，最好的连接就是自媒体，通过自媒体秀的方式，把自己的土鸡场展示给更多的顾客。自媒体秀的方式，不单单只是展示土鸡场，还可以展示创始人及在土鸡场的工作人员，这些都是土鸡场很好的亮点，根据学员的情况，笔者给学员提供了以下解决方法：

（1）利用土鸡场自媒体宣传企业

土鸡场应跟互联网进行全面连接，把土鸡场的原生态展示出去，让更多的顾客知道土鸡蛋的质量，价格为什么卖不上去，都是因为顾客不了解土鸡场的情况。你跟顾客说，坚持做散养草鸡，保证无添加、无农残，顾客不相信，因为顾客只相信自己的眼睛。

所以通过自媒体的方式，让顾客自己亲眼所见，土鸡都是散养的，吃的都是一些虫子、大白菜、小草，喝山泉水长大的，然后由人工用扁担挑下来。把这些真实的情况写成文章、拍成照片、做成视频，分享到各个展示平台上面，在微信公众号、QQ 空间、微博或各个互联网评论的平台上进行传播。

这样顾客就知道了产品的质量，对于土鸡场坚持做绿色的土鸡蛋是需要投入大量成本的，要一直保持这样的品质，土鸡蛋的价格自然要比一般市面上的那些鸡蛋贵。要把产品卖上价格，就要告诉顾客贵的理由，并且让他们亲眼所见，这样顾客才会接受，因为两个产品质量不一样，自然价格不一样，好的产品自然要卖得贵一些。

（2）对土鸡场进行全面的升级变成农家乐

土鸡场要把土鸡蛋卖得更好，就要对土鸡场进行全面升级，把土鸡场变成农家乐，这样土鸡场的价值就更大了，同时可以吸引大量的目标客户来游玩，从而了解土鸡蛋的价值。变成了农家乐以后，可以为企业创造大量的利润。家长可以带孩子来农场进行采摘、品尝土鸡蛋全餐、品尝地道的土鸡。

这样把顾客吸引进来就解决了产品的销售问题，同时也为企业创造了大量的利润，又为自媒体提供了大量的展示内容，能够吸引更多的粉丝关注。

（3）宣传创始人

笔者所在的这家企业，公司创始人是一位非常有理想的老板，坚持做绿色的土鸡蛋，所以应尽量挖掘创始人身上感人的创业故事，这样的顾客一定可以吸引大量的粉丝关注，并且帮助主动传播。

例如，可以写一写创始人为什么坚持做绿色环保的鸡蛋、在创业过程当中遇到了什么问题、遇到这些问题自己又是怎么解决的等，这样就为自媒体提供了大量的写作内容。

（4）打造出差异化的产品

对于土鸡场，需要打造出一款非常有特色的爆款，使它成为行业里的第一品牌，公司应重点推广这个产品，并且要把产品的特色做出来，例如月子鸡蛋，要说明跟其他的鸡蛋有什么区别、坐月子的产妇需要什么营养、吃月子鸡蛋能补充什么营养等。

（5）经营妈妈社群

买土鸡蛋的都是那些妈妈群体，土鸡场现在做的都是线下社区活动，忽视了线上社区活动。其实线上社群的人群都非常集中，且集中在一些妈妈群里，线下社区人员却很分散，在QQ、微信里，有大量的这类群，可以加入进去，通常一个群的人数都在200～300以上，多的达到上千，找到10个群，人数一般就可以达到3 000人以上，100个群就达到了30 000人以上，并且这样的妈妈群都非常活跃，她们每天都在群里讨论自己的孩子、怎样培养自己的孩子等。

进群后要先跟群主保持很好的关系，送一些土鸡蛋给群主吃，再让群主安排自己做一次创业经验分享，通过这种方式分享自己的经验，认识更多的群友，就可以得到群主的支持。通过分享的方式，就把自己的产品介绍给了群里的宝宝们，自然就把产品卖了出去，并且有时间在群里经常发一发红包，这样这些群的妈妈们就记住了你，有需求自然会跟你购买。当发展到一定的人数以后，就可以组织企业的妈妈 QQ 群、微信群，这样自己就掌握了主动权，就可以邀请在群里的妈妈们参加企业组织的活动或者享受优惠的活动促销。

建立起了企业巨大的客户鱼塘，保证了每一次活动的成功，就可以保证企业的利润。

（6）线下活动

在线上经营的社群，必须在线下升级关系，才能长期维护和粉丝之间的关系，如果在本地，就可以邀请粉丝来农家乐玩，品尝新鲜的鸡蛋。

如果不是本地的粉丝，可以组织一些讲座，例如关于怎样培养出聪明的宝宝、怎样教育那些不听话的宝宝，并且让粉丝邀请身边的好朋友来参加，吸引更多的目标客户参加活动，在会议室的旁边就可以，放上关于土鸡蛋的详细介绍，吸引顾客购买。

（7）做品牌加盟店

要形成自己的品牌，就要做企业的品牌店，这样的品牌店不需要做得非常大，可是要非常有特色，让人一走进去就有不一样的感觉，这样顾客购买产品也非常容易，直接到门店购买就可以了。

在加盟店里放上土鸡蛋和饲料鸡蛋做对比，让顾客马上就能区别哪些是土鸡蛋，哪些是饲料鸡蛋，并且把那些顾客来店里购买土鸡蛋的照片分享到朋友圈，吸引更多顾客的关注和购买。

对于农产品，我们可以很好地利用社交软件进行销售，并且农产品土鸡蛋的顾客都会多次重复消费，这样企业可以长期地获得利润，有了利润才能生存下来。

当我们有了自己的圈子时，接下来我们就很容易玩微信朋友圈，因为有了内容可以分享，自然能够吸引大量粉丝的注意力。

# 第3章
# 如何玩转微信朋友圈里的微商

■■■■■■■■■■■■■■■■■■■■■■■■■■■■■■■■■

要在移动端做生意、创业取得成功，就需要注意到三大核心要素：人、产品、品牌。

消费者在成熟，也在改变，伴随着消费升级时代的到来，消费者已经从 10 年前的广告转向了口碑推荐、理性判别，消费者不再盲听、盲信、盲从了，不再是由知名度推崇美誉度，也不是由知名度决定忠诚度了，他们越来越以口碑相传来判定产品的好坏。

一个品牌值不值钱，是不是知名品牌，不是这个企业花了多少钱来做广告，而是由消费者的口碑决定的，消费者说你的产品好，是一个值得信赖的品牌，那才是一个品牌。

现在做微商生意主要靠的平台就是微信朋友圈，即利用朋友圈打造个人品牌及销售产品。

## 3.1　建华手把手教你打造高逼格<sup>①</sup>的朋友圈

每个人都要学会如何展示自己，你不展示自己，没有人愿意关注你，跟你成为

---

① 逼格，bigger的谐音，泛指等级。

朋友，你会变得越来越孤独，没有人缘、情缘，这个世界也没有人会记住你，所以想做好微商，就要学会自我展示。在这个社交时代，人与人之间的关系都是通过社交来相互认识、维持相互之间的关系的，如果不展示自己，自己就会没有人脉关系，并且不能维持自己现有的人脉关系。

每个人都希望跟一个充满正能量的人交往，热爱工作，热爱生活，所以所有的展示都要是美的、好的东西，因为这些是别人希望看到的东西。自己是一只潜力股，每天都在进步、成长，今天是一位创业者，明天是一位企业家；今天是一位演员，明天是一位导演。这就跟你征婚一样，如果你是女士，你一定想找一位热爱生活、非常自信、事业有成的男士。

**1. 形象展示**

展示一个真实的自己，一个好的形象就能给自己加分，人靠衣装佛靠金装，所以穿着一定要得体，这样自己才会越来越受欢迎，现在走到你家镜子前照照，你的形象拍出的照片能吸引人吗？你喜欢自己的这个形象吗？如果连你自己都不喜欢现在的自己，那么凭什么去吸引粉丝关注？走到大街上，你一定会注意那些美女、帅哥，这是人性，谁也改变不了。

如果你是一位作者，也可以用自己的作品作为自己的头像，树立自己的专家地位，笔者就是用自己的新书封面来作为自己的头像的。

所以在朋友圈分享的照片一定要让人看起来你就是一位成功人士，对生活充满信心，是一只潜力股，3 ～ 5 年内身价暴增 100 倍。

**1）要取一个好的名字**

一个名字就是自己的品牌，顾客会把自己的信任都转载到你的名字上面，如果你换了一个名字，顾客就不会相信你，所以取一个名字非常重要，要打造出一个自己的品牌，就需要一个好的名字，让人记住、让人信任。

要取一个相对高贵的名字，这样才能得到粉丝的追捧、认可，一定要让自己的名字带贵气，最好的办法就是借力，在笔者写的另一本《企业微商经营手册》中就有详细讲解，笔者认为借力是一种最好的方法，也是最容易学的方法。

笔者有一个学员卖苹果，我就给她取了一个名字叫"苹果西施"。我们知道西施是古时代的四大美女之一，每个人都知道，西施是一个很高贵的词，跟自己的产品进行连接，给人的感觉就会是一个高档的产品。并且网上出现了各行各业里的美女西施，例如豆浆西施、炒饭西施、猪头肉西施、公交西施、豆腐西施等。所以假如你是一位女性，用"西施＋产品"来命名，是一种很好的借力方式，例如西施蜜桃、西施ＸＸ。我有一个男学员卖猪肉，取名为"猪肉唐僧"，因为唐僧肉人人想吃，并且让他穿上唐僧一样的衣服，照了照片作为自己的头像。

这些名字非常吸引人，在朋友圈里很多人看到了，就会点击进去看看，就可能购买他的产品，因为他们的名字都是独一无二的，所以成为朋友圈里的亮点。

### 2）个性签名

个性签名非常重要，它其实就是告诉关注你的粉丝你是一个什么样的人，你想吸引什么样的人，并且跟你产生共鸣，笔者的个性签名是：创业一生，相遇是缘分，人生只有一次，为自己而活。笔者要吸引的就是创业者，创业者看到这句话都会跟笔者产生共鸣，自然增加了笔者的吸引力。

如果你是做美容产品的，那么应怎么写个性签名呢？写的签名一定要跟自己从事的事业相关，不要简单地写上一句"为梦想而奋斗"。"做自己的女王，我是女人，我要变美！"格美ＣＥＯ的这句话就是很好的个性签名。因为你是卖面膜或者护肤品的，卖的产品就是为了帮助人变美，"做自己的女王"其实就是告诉女人要爱自己、怎样爱自己及让自己变美，再加上自己的职位，马上表明了自己的身份价值。

如果你卖农产品，例如卖大米，那么你应怎样写个性签名呢？"一个农民一辈子只做一件事，就是种出好吃的大米"，一下子就把大米的潜在价值提了出来。农夫大米 CEO，这一名称马上把自己的价值观传递给了顾客。

一定要根据自己的事业特点来写个性签名，并且要向潜在的顾客传递自己的价值观，将自己做事的态度告诉顾客。

### 2. 相册封面

笔者相册的封面只是用了自己的新书封面，如果你想招代理，那么可以设计专门招代理的相册封面；如果你想卖产品，那么就设计专门卖产品的相册封面。

一定要做到两点：一是要体现自己的高价值，就是背影图片一定要彰显自己的高逼格，你跟拿着自己产品的名人合影，或者是你参加一个很高逼格的会议照片，自己坐在名车、别墅里的照片，或者是自己去国外旅行的照片，例如跟自由女神全景、大英图书馆的合影照片等；二是自己手里一定要拿着自己的产品，这样才能提升产品的价值，把产品放到什么样的空间里，它就具有什么样的价值，把产品放到皇宫里和自己家里，其价值是不一样的。

### 3. 展示自己的事业

展示自己的事业非常重要，一个人的事业代表他的生存价值，你要用积极的态度看待自己的事业，你在山里放羊，不只是一个农民，而是一个农场主，在经营自己的"农业帝国"，因为这个农场帮助很多人解决了就业问题，并且为很多人提供了大量的农产品。农场做大了还可以拿去上市，用资本来玩转农业。褚时健也是在山里种橙子，成为了亿万富翁。

一个人一定要放大自己的格局，你不只是一个码字工，也是一个作家，用自己的思想改变这个世界，让这个世界变得越来越好，让人们过上幸福快乐的生活。

认真工作的照片，表明自己是一个很有事业心的人，为了自己热爱的工作每天都在辛苦工作，每个人都喜欢跟一个努力工作的人交朋友，因为他能够给人正能量和美好的明天；坐飞机头等舱的照片，表明你的工作繁忙，事业在快速地发展；在公司开会的照片，表明你是一个具有领导力的人；和团队在一起游玩的照片，表明你和团队的关系很好；跟顾客签约的照片，表明你的生意兴隆；跟顾客的合影，表明你跟顾客的关系很好。展示就要展示好的结果，通过展示这些结果，可以让别人知道你的价值，认可你、支持你。

### 4.展示自己的生活

要想让粉丝相信自己，就要展示自己的生活，让人感到自己是一个真实的人，而不是躲在社交软件背后的一个隐形人，你是一个高价值的人、不枯燥的人、生活丰富的人，这才能吸引人关注。

#### 1）旅游

展示自己是一个很会生活的人，非常注重生活品质的人，经常到世界各地旅游，在哪里都留下自己的身影。每个人都喜欢旅游，世界那么大，谁都想到处去看看。

对于旅游，你自己最好有一个很好的计划，例如6年的时间走遍30个国家，并且写两本旅游日记出版，那么自己每年至少要走5个国家，每3年就要出版一本关于旅游方面的著作。如果你想免费旅游，你还可以开始拉赞助商，在你的游记中把他的企业写进来，这样你就可以免费在世界各地旅游。如果你有大量的粉丝，你还可以跟旅游公司合作，你来招聘旅友，自己拿利润的分成，一个人分成2 000元，10个人就两万元，这样不仅可以让自己免费旅游，还可以让自己赚到钱。

笔者就有很多朋友是这样操作的，每年走5～6个国家，平均每两三年出一本书。

#### 2）朋友、名人的合影

跟跟朋友、名人的合影，说明自己跟周围的人关系很好，跟名人合影代表你是一个具有高价值的人，否则名人也不会跟你合影。因为一般人很难跟名人接触，其实有些名人都是很容易见到的，例如马云、马化腾经常会出现在一些企业家峰会上，很容易地就能跟他们合影。一些明星也很容易见到，在这些明星举办演唱会或者新片发布会时，也很容易跟他们合影。

当然，如果你跟一两个人合影，没有人会注意到你，如果你跟100位名人合影，一定会有很多人佩服你，就有这样的一个合影哥跟100多位明星合过影，包括国际明星舒马赫、贝克汉姆、成龙、范冰冰、赵薇、刘德华等。

名人是一种稀缺的资源，任何平台都需要名气来撑场面，有名人就有人气，有人气自然有生意会主动找上门，要想捧红一个电视台，先请名人站台，如《中国好声音》《非诚勿扰》《超级演说家》《我是歌手》等，这就是《中国好声音》花费1000万请章子怡做导师站台的原因。

### 5.运动

滑雪、冲浪、攀岩、骑马、打高尔夫、射箭、打球等运动，表明你充满活力，身体健康。一个成功的创业者，一定要有一个非常棒的身体，这样他才能成为商场上的常胜将军。

### 6. 看书培训

看书、参加培训，表明你是一个很有上进心的人，非常热爱学习，现在社会上有很多培训，如书画、茶艺、英语、美食等。

对于参加培训最好也有一个好的计划，例如通过 3 ~ 5 年成为一个多才多艺的人。一年学一种才艺，3 年自己将会有 3 门才艺，那么你的人生也将会有一个更大的舞台，将能认识更多优秀的朋友，到那时你在自己的朋友圈里就可以尽情地秀才艺。

### 7. 参加高端会议

参加高端会议不仅能表明你是一个上进的人，还能说明你是一个充满智慧的人。现在全国各地经常举办这样的会议，例如世界移动互联网峰会、互联网＋城市转型峰会、企业家创业峰会等，参加这些峰会既可以增长知识，还可以开阔眼界。

### 8. 秀手艺

自己亲手下厨，表明自己是一个很爱家的人，并且是一个有才的人。

所有人都知道展示面的重要性，那么展示面到底该展示些什么呢？上面已经分析了，结论就是"扬长避短"地展示"我是谁""我有什么""我的生活是怎样的"，有钱展示钱财，有文化展示内涵，有品位可以展示品位，什么都没有的，展示自己丰富的工作内容和生活就可以了。

展示面主要由 3 部分组成，即头像、背景墙、常规朋友圈。头像就是告诉别人你是谁，是男还是女，你是一个真实的人；背景墙是告诉别人你的价值，你能为跟你交往的人提供什么样的价值；常规朋友圈是让别人更深入地了解你是怎样的一个人，值不值得信赖。通过这么多的展示，就是告诉别人你是一个高价值的人。

**案例解析**

我有一个黑龙江学员，卖自己家种的五常大米，之前在做淘宝，现在看到微商做得非常火，就想利用微信朋友圈来销售自己的大米，大米的质量非常好，笔者吃过他赠送的大米，可是他一直销售不出去，就跑过来问我。我一看他的朋友圈，发现了太多的问题。

### 问题一：头像不能给人正面形象

自己的头像用的是卖萌的猫，要想更多的人跟自己做生意，首先要解决一个问题：取得顾客的信任。如果别人不信任你，就不会跟你做生意，谁会跟一个自己不认识、不信任的人做生意？一张充满正能量的个人照片，能增加他人对你的信赖感。

卖大米，拍一张自己在农田里干活的照片，是不是可以马上吸引目标客户的注意力，并且取得他们的信任呢？这还能向潜在顾客传递产品的相关信息，传递将给顾客带来价值。

### 问题二：没有自己的信息

在自己的朋友圈里，只知道转载别人的文章，里面没有自己的相关信息。每一个准备关注你、想跟你做生意的人，一定想更多地了解你，例如你是谁、在做什么工作、身边都有什么朋友、拥有什么样的社会地位等。

首先可以展示自己的生活。作为一个农业创业者，可以分享自己生活的农村，例如种稻谷的照片、稻谷生长的照片、收获稻谷的照片、和家人在一起玩的照片、和朋友聚会的照片、自己参加创业峰会的照片等。

其次可以展示自己的生意。展示顾客从自己这里购买产品的照片、自己发货的照片、顾客好评的照片、秀产品的照片等。

### 问题三：朋友圈死气沉沉，没有创造顾客购买的气氛

用微信朋友圈卖产品，如果你不分享顾客购买产品的照片，顾客怎么知道原来有这么多人跟你购买产品，并且产品得到了这么多顾客的称赞？人是社会性的动物，他会根据别人对你的评价来做出要不要跟你购买产品的判断。没有人愿意去一家没有人气的饭店里吃饭，同样道理，如果你的朋友圈没有人气，也就没有人愿意跟你购买产品。利用好朋友圈，就很容易把自己的产品销售出去。

## 3.2 做微商先做朋友，再做生意

要想跟对方做生意，先要获得对方的认可，很多人都想把微商做好，可是他们却急于求成，希望在极短的时间内就能暴富，可是微商却非常重视关系，只有把关系做好以后，才能把生意做好。要把相互的关系做好，需要花大量的时间，不花大量的时间是做不好微商的。

做微商，要先做朋友再做生意，不能成为朋友根本不要去谈生意，先要想办法把一位陌生的人变成朋友。一般情况下，要把一位陌生的人变成一位好朋友，需要做到以下 4 点：

### 1. 你是谁

一定要让对方了解你，只有让对方了解了你，你们才能成为朋友。一定要让他知道，你是哪里人、在哪里工作、身边有什么朋友、你的生活情况是什么样的。就跟自己相亲一样，双方都会了解对方的详细情况，看对方是否符合自己的要求、在一起聊天有没有可以聊的话题、人品怎样、工作怎样、家庭环境怎样、周围的人对他的评价怎样、他跟家人的关系怎样、他跟朋友的关系怎样，即对对方的情况做一个全方位的了解。

### 2. 你拥有什么价值

没有一个人会跟一个没有价值的人交往，友谊是建立在双方互惠的前提下的，没有人愿意去跟一个乞丐交朋友，因为相互之间不能互惠，展示自己价值的最好方式就是让对方知道自己是做什么工作的，因为你的工作代表收入，同时代表着你的身份价值。你的收入越高，代表你的社会地位就会越高，能给人更多的价值。

不怕被利用，就怕没有互相利用的价值，有能被利用的价值是最基本的交往前提，因此知道如何去利用这个价值才是最重要的，聪明人都很明白怎样才能被利用，所以他们能在食物链的阶梯上步步高升。就像古代的医生，一开始给县太爷看病，随着医术的提高又去给太后看病、给皇帝看病，从而成为御医，这就是一个食物链因被利用而逐步提高的过程。

### 3. 你拥有什么样的价值观

两个人能不能成为好朋友，要看相互的价值观是否趋同，一个人喜欢创业，一个人喜欢老老实实找一个公司上班，两个人之间的价值观是相互冲突的，一般很难成为朋友。所以做微商的人一定要多吸引和自己有着相同价值观的人，你们很容易成为朋友。因为你们都想改变自己的命运，想创业，想拥有百万、千万的财富，想成为一个受人尊敬的人。

### 4. 把时间浪费在对的人身上

每个人的时间都是有限的，我们只有把时间花在正确的人身上才能得到我们想要的结果。如果你微信里有 5 000 好友，你应把自己的时间花在正确的人的身上，在你的朋友圈里一定有着以下几类人：

**1）竞争对手**

对于竞争对手，他不是来跟你建立关系的，而是来超越你的。如果你发现竞争对手做得很好，你要去研究他，而不是删掉他，因为你可以通过竞争对手了解整个行业的情况，以便于自己把握整个市场。对于那些不入级的竞争对手，发现后尽早把他删掉，因为你把时间浪费在这类人身上，不会有任何价值。

**2）没有沟通过的人**

加你为好友后从未相互沟通过，并且还天天群发垃圾信息，这样的人一旦发现就马上删除，因为他在浪费你宝贵的时间。不沟通且还发垃圾信息的人，说明他们根本不想跟你交朋友，加你只是为了给你发垃圾广告，把产品卖给你。

**3）点赞、写评论的人**

对于那些经常给你点赞并且写评论的人，这是最好的粉丝，他们给你点赞、写评论，说明他们认可你，并且想跟你建立起很好的关系，跟你的人生观、价值观都有相同之处，对每一件事情的看法都可以产生共鸣。把时间花在这些人身上是最好的，他们会成为我们的好朋友，并且会从我们这里购买产品。

所以自己有时间时应尽量给这群人点赞、写好评、私下多沟通互动，了解对方的情况，成为好朋友。

**4）分享文章的人**

对于那些分享你文章的人，一定是你的铁杆粉丝，他愿意主动在朋友圈分享你的文章，说明他非常认可你，并且让他的朋友也知道你，就是在主动帮你做宣传。对于这些点赞、写好评、分享你文章的人，你可以给他们发一个小小的红包或者送一些小的礼物，跟他们建立长期的关系。笔者的做法，就是赠送自己亲笔签名书给他们，维持很好的关系。

当我们知道做朋友圈营销以后，接下来我们需要知道如何做好微信朋友圈的运营，这样才能很好地维护和粉丝之间的关系，创造更多的利润。

# 3.3　朋友圈运营 36 计

微信朋友圈其实就是自己真实生活的记录，你想让自己的朋友怎样看待你、怎样评价你，就在朋友圈里怎样展示自己。通过展示这些内容，跟自己的朋友进行沟通交流，建立长期的关系，并且在朋友圈里树立自己的正面形象，就能够获得朋友的喜欢、认可。

如果想用朋友圈经营自己的生意，就要知道如何才能吸引粉丝的注意力、如何获得粉丝的信任、如何跟粉丝产生共鸣、如何快速成交。当然，在你运营自己的朋友圈时，一定要学习一些正确的运营方法，这样才能把微信朋友圈运营得非常好，才能受到粉丝的青睐。

### 1. 塑造正能量的生活

每个人都向往美好的生活、幸福的人生，每个人都喜欢跟充满正能量的人交往，而不喜欢跟一个有着负能量的人交往。因为正能量的人能带给别人希望，每个人只有活在希望当中，才会辛苦努力地工作，如果没有明天，谁会对生活充满希望？正能量就像太阳一样能给人带来温暖，每个人都需要。一个人越成功，他的正能量就越强，就能吸引越多的人关注，马云就是靠自己的正能量在微博上吸引到了两千万粉丝的关注。

鸡汤是一种很好的正能量，人人都需要，在朋友圈里分享的内容中有 1/3 是心灵鸡汤。

如果你认真研究就会发现，那些成功人士都写了很多心灵鸡汤，就是我们常说的名人名言，例如孔子的"三人行，必有我师焉"、拿破仑的"不想当将军的士兵不是好士兵"、伏尔泰的"读书会使人心明眼亮"等。

分享自己的人生感悟，代表你是一个非常上进的人，因为你在做人生总结。一个分享自己生活感悟的人，给人的感觉是一个非常热爱生活的人，是一个很会生活、有思想的人。笔者就经常在自己的朋友圈里分享很多正能量的知识，例如关于个人品牌的打造、怎样经营自己、怎样成名、怎样做营销策划等，都得到了大量好友的点赞、好评。

### 2. 我就是明星

朋友圈就是一个展示自己的平台，通过这个平台展示自己，自己就是明星，所以在朋友圈里的内容，99% 以上的内容都是关于自己的，而不要在朋友圈里大量转载别人的内容。笔者看到好多人的朋友圈里都是在转载别人的文章，这样自己的朋友圈就成了别人的展示平台。

如果你看到一个朋友圈，转载的全部是别人的内容，你对这个人会有什么样的看法？答案是：这是一个没有自己的思想主见的人。如果打开朋友圈，里面全是自己的内容，你又是怎样评价这样一个人的呢？你一定认为这是一个非常自信的，拥有高价值的人。

如果你身边有一位同事，别人说什么是什么，请问你怎样评价这位同事？在你的心里一定认为这位同事是一个没有思想主见的人。反之，请问在你公司最受老板喜欢的同事是不是那些做什么事都有自己的想法，能拿出一套完整方案的人？只有这样的人，才会得到老板的喜欢和称赞。

你买了一本书，结果书里面讲的内容都没有作者自己的观点，全部抄袭的是别人观点，请问你会怎样评价这位作者？如果你关注了笔者，就会发现笔者朋友圈里的内容，有 99.9% 都是有关笔者自己的生活内容和成长历程。因为朋友圈就是用来输出自己的价值的，这是笔者树立自己专家地位的平台，怎么能放太多别人的东西呢？

### 3. 用自己的风格写朋友圈

一定要养成自己写朋友圈的风格，千万不要去复制别人的图片和文案，只有自己的朋友圈拥有了自己的风格，才能树立它独一无二的价值。我的朋友圈的风格就采取了正能量和幽默相互结合的方式，从而也树立了独一无二的价值。因为每个人都是独一无二的，你也一样，所以你的朋友圈一定要有自己的风格，做到独一无二。

### 4. 走进他的世界，写出他的梦想

一定要走进对方的世界，才能跟他产生共鸣，产生了共鸣就能很快地把信任感建立起来，所以一定要去感受他现在的情况、现在他做的工作、他的渴望是什么、他希望满足自己哪些需求，以及他的梦想是什么。只有你了解了他，才能发布相应的内容，跟对方产生共鸣、建立关系。例如，一位宝妈，她最关心的是自己的孩子，她的梦想是拥有自己的事业，她的渴望就是提升自己的能力，她的需求就是挣到钱；对于一位创业者，他最关心的是自己的事业，他的渴望是自己创业之际能得到高人的指点，他的需求就是把自己的事业做得越来越大，拥有百万、千万的财富；对于一位农民，他最关心的是如何通过自己的努力把自己家里的农产品卖出去，让家人过上幸福的生活。所以只有走进对方的世界，去了解他的生活情况及他的梦想，相互之间才更容易沟通，产生共鸣，取得对方的信任和支持。

### 5. 你是什么样的人，就能吸引什么样的人

每个人都是一个能量场，自己拥有多大的能量就能吸引多少人，一个人的能量过低是不能吸引别人关注的。如果你是一位打工仔，你是很难吸引一群创业者的，因为你们相互之间没有可以建立关系及利益点的话题，但是你可以吸引一群爱工作

的打工仔，因为你们生存的环境相同，相互之间的能量场都差不多；如果你是一位创业者，最容易吸引的人群就是创业者；如果你是一位白领，最好去吸引白领关注自己，因为你们相互之间有很多可以沟通的话题。

### 6. 抓住热点吸引粉丝关注

每个人都会对热门事件感兴趣，一旦热门事件出来，就马上疯传朋友圈，现在所有人的注意力都为这 1% 的热门事件所吸引，其他事情则基本没有什么人关注。

对于这些热门事件，一定要把握好时间段，一般越早越好，热度一般都在一两天的时间内，要借力做营销，就要在发现之初即开始操作。关注热点，制作内容，就能快速吸引大量粉丝的关注，因为在这段时间里大家都在大量传播热点事件。

### 7. 适时发布，不能暴力刷屏

笔者发到朋友圈里的内容都是来自于自己的灵感，所以一定会去适时发布，如果不及时发布，可能过一会儿自己就不记得了，同时在自己的灵感来时心情最好，发朋友圈自己也感到很快乐。如果当时不方便，也要把灵感记下来，有时间时再分享到朋友圈。

当然一定要做到不能强力刷屏，暴力刷屏得到的结果就是朋友把你拉黑，一般 2～3 条内容即可，一定不能超过 6 条。笔者就经常把那些长期暴力刷屏的粉丝删除。

### 8. 创造不可预期以制造惊喜

如果一个人的朋友圈里一直在发同样的内容，会让人感到厌倦，所以要时不时地给粉丝创造一些不可预知的惊喜。这就好比一个男孩两个星期中天天都约一个女孩去看电影一样，你一定会感到很无聊，因为没有什么新鲜感。如果自己交了一位女朋友，一定要去创造一些不可预知的惊喜，例如带她去看自己刚买的新房、带她去国外旅游、带她去做公益活动、带她去看电影、带她去学习、带她去看演唱会等。

每个人都不希望自己每一天过着同样的生活，生活需要一些小小的惊喜，只有这样生活才会变得更有意思。

### 9. 过上别人梦想中的生活

每个人都希望过上自己梦想中的生活，可是一旦梦想实现就失去了它的价值。

人们永远不会珍惜自己现在拥有的，认为得不到的东西才是最好的，一旦你过上了别人梦想中的生活，那么会立刻吸引他们的注意，并且使他们对你产生崇拜。就如我们对成功者所产生的崇拜一样，因为一个成功者一天获得的财富可能就达到了1 000万元，可是对于一般的普通百姓而言，一辈子都很难获得1 000万元的财富。

对于一个白领来说，他梦想中的生活是每天不需要上班，过上每天都可以到世界各地旅游的生活；对于一个创业者来说，他的梦想生活是创业成功，成为一位成功的企业家，建立起自己的商业帝国；对于一个刚毕业的学生来说，他梦想中的生活是拥有自己的事业，开奔驰、住别墅。

根据自己的情况去塑造别人梦想中的生活，那么你就可以吸引大量粉丝的关注。

### 10. 能帮助人们解决问题，成为领袖

人们会把那些能帮助他解决问题的人，当成心目中的领袖，所以你一定要去认真研究一个行业，并努力使自己成为这个行业里的专家。如果你能成为一个细分行业里的领袖，你就会吸引大量的粉丝关注，因为人们都愿意跟着领袖走，并且从心理上对领袖产生崇拜。成为一个行业里的专家，你就能帮助人们解决一些问题，你帮助了别人，别人也会想着如何能帮助你，这样你的微商生意自然就好做了。

如果你能帮助人解决营销方面的问题，人们会把你当成营销专家；如果你能帮助人解决投资理财方面的问题，人们会把你当成理财专家；如果你能帮助人解决健康方面的问题，人们会把你当成一个健康专家。

### 11. 制造一些有争议的话题

一些有争议的话题，是很容易吸引别人的注意力，并且会产生大量的讨论。例如有一个非常容易产生争议的话题：到了30岁还不结婚就违法，你就可以针对这个话题谈一谈自己的看法。现在的人压力越来越大了，并且追求婚姻的高质量，不会随随便便就找一个人结婚，过完自己的人生。他们更注重的是婚姻的质量，他们都希望找到彼此相互欣赏的人结婚，并且这个人要能带给自己幸福。结婚是要有经济基础的，连自己都养不活，生了孩子又怎么养活？不是他们不想结婚，只是现在结婚的成本越来越高。

现在一些专家大谈自己的高论，建议现在的80后、90后不要买房，可以租房，对于这样的观点也大有争议。你问一问这些专家他们有没有买房，其实他们早就买房了。一个人没有房就如同没有家一样，长期在北京租房，你会认为北京是你的家

吗？你一定不会这么认为，你只是北漂一族。可是当你在北京买了房以后，你就会感到自己在北京有一个家，因为在中国人的眼里，有了房子才是有了家，这是中国人根深蒂固的观念。

对这样有争议的话题，你就可以发表一下自己的观点。

### 12. 提一些顾客感兴趣、遇到问题的话题

对于创业者最感兴趣的话题，就是关于如何做好销售、如何做好微商、如何获取顾客，这些都是创业者感兴趣的话题，自然也能吸引创业者参与互动。

对于女性最感兴趣的话题，就是如何变得更漂亮、如何知道自己老公是不是有外遇、如何培养自己小孩让他变得更聪明等。

感兴趣的人会主动跟你进行互动，跟你进行互动就很容易跟你建立关系，有关系自然可以带来生意。

### 13. 用见证好评做人格的背书

在线上做生意就需要解决信任的问题，把信任问题解决了，生意自然就好做了，解决信任最好的办法就是用顾客的好评给自己做人格背书。

人都是从众的动物，当他看到一群人认可你时，自然也会认可你，笔者就经常在朋友圈里分享粉丝对书好评的见证截图，不用笔者自己称赞自己的书有多么好，借学员的评价就可以做到。

### 14. 热爱生活，热爱事业

热爱生活，每天都去感受精彩的生活，珍惜每一分每一秒，热爱自己的事业，认真做好每天的工作，一个人只有做好了自己的工作，才能得到整个社会的认可。所以你要把自己热爱生活、热爱事业的照片，以及自己认真工作的照片、自己跟家人在一起的照片分享到自己的朋友圈。

### 15. 没有线下就没有线上

很多朋友做朋友圈，一直在做线上，在线上获得粉丝，在线上发布产品广告，这些都是错误的做法，因为线下才是真实的社会。要把线上做好，先要把线下做好，分享自己线下的生活才能取得粉丝的喜欢、认可，线上才容易成交。一直在线上沟通，关系一直很难升级，只有通过线下关系升级，才能在线上很好地维持相互之间的关系。

现在很多微商，都从线上转到线下，在线下开实体店，这样线上、线下相互结合才更好做，也便于维护和顾客之间的关系。

### 16. 了解自己，了解产品

只有了解自己，才知道如何利用朋友圈展示自己，只有自己了解产品，才能把产品能带给顾客的好处传递给顾客。如果自己都不了解产品，没有用过产品，顾客一问三不知，这样顾客会把你当作一个不专业的销售员。对自己的产品不了解，还想把自己的产品卖给其他人，这是一件非常难的事情。

### 17. 融入情感，才能打动人心

多发一些能打动人心的内容，例如亲情、爱情、父爱、母爱、感恩等，这些内容都能快速打动人心。因为每个人的一生都在追求这些东西，一旦你分享这些内容，就会马上和粉丝产生共鸣。

每个人都希望找到一位自己心爱的女孩，好好保护她；每个人都希望让自己的家人过上幸福快乐的生活。这些都是最能打动人心的内容，所以每个微商都要好好地利用这些内容。

### 18. 展示你的高价值

每个人都会关注比自己价值高的人，为什么每个人都关注马云？因为马云是中国首富，拥有高价值，所以我们一定要展示自己的高价值。

如果你是一位创业者，那么你一定要去展示自己高价值生活圈里具有高能量的人；如果你是一位投资家，那么你一定要展示你是一位非常成功的投资家，投资了很多项目都取得了非常好的回报；如果你是一位理财专家，那么你一定要展示你在帮助非常成功的人士理财。

### 19. 坚持输出高价值

只有坚持输出高价值，才能得到粉丝的关注。你自己擅长什么，就输出什么，如果你擅长做策划，那么你就输出策划方案；如果你擅长理财，那么你就输出投资理财；如果你擅长做设计，那么你就输出设计。

### 20. 真正爱自己

一个人只有爱自己，才能吸引更多的人来爱自己，一个不爱自己的人，是很难得到很多人的爱的。爱自己就要好好经营自己，把自己经营得非常好，才能吸引别人来爱你。

走上社会，努力创业，成为了千万、亿万富翁，整个社会新闻媒体都会报道你，有机会跟名人成为朋友、跟总统聊天，因为你爱自己，把自己经营好了。一个人只有真正地喜欢自己、爱自己，才能经营好自己的人生，才值得被人爱。

### 21. 忘掉产品，卖自己

很多人一旦有一个好友关注了自己，就想把自己的产品卖给他，这样做的结果就是连朋友也做不成了。所以请暂时忘记你是一个卖货的，要先把自己卖出去，你把自己卖出去了，自然会有人跟你买产品。

当对方不了解你时，他是不会跟你购买产品的，因为在朋友圈里买产品是引导需求，也不是顾客的硬性需求，要引导顾客购买时需要一个过程。一般去淘宝买产品的都是硬性需求，可在朋友圈里的好友顾客都是潜在性的，假如你分享的苹果照片让你的好友产生了想吃苹果的欲望，他就会想从你这里购买苹果。你若经常在朋友圈里分享摘苹果的场景，并且很多顾客在购买你的苹果品尝以后都给了很多的好评和称赞，这样顾客就对你产生了信任感。

先把自己卖出去，并让自己充当产品的信任背书，卖产品就变成一件十分容易的事情了。

### 22. 不要争论

千万不要跟任何人争论，因为每个人都有自己的观点，并且每个人的价值观不一样，因为任何事情都没有绝对的对与错。对与错都是由每个人的不同价值观造成的，在互联网上你发布的内容，因为有大量的人阅读，所以有人反对是一件很正常的事情，那些热门的文章不管是好事还是坏事都有人支持和反对。

现在每个人的时间都很宝贵，没有人有时间去理睬那些跟自己观点不一样的评论，只要自己的出发点是好的，做好自己就可以了，你又不是人民币，怎么能让人人都喜欢你？所以不要去跟人争论。那些跟你争论的人跟你了解的世界都不一样，所以跟你争论就是一件很正常的事情。

### 23. 适当地自嘲

可以适当地自嘲，这样可以让粉丝感到更真实，例如，自己下雨天没有带伞被雨水淋湿的画面，或者自己忘了带钥匙的囧事。

美国总统奥巴马在这方面就做得非常好：开会时，奥巴马与幕僚撞拳（在美国，撞拳相当于握手，是平民化的握手礼）；正课时间玩橄榄球。这些亲民照，让人民感觉他很真实，总统也是一个人，跟自己一样，而不是高高在上、高不可攀的，是一个十分可爱的人。

### 24. 想让别人怎样对待自己，就怎样对待别人

自己想让别人怎么对待自己，就要怎样对待别人，想得到别人的赞美，就要先去赞美别人，想得到别人的评论，就要先去评论别人。其实每一个人都希望别人对自己更好，可是他却没有主动对别人更好。每个人都希望得到别人的支持，可是他从来没有帮助过别人、支持过别人，怎么会有朋友支持他呢？

你想别人怎么对待你，你就怎样对待别人，你帮助的人越来越多，就会有越来越多的人来帮助你，成就别人就是在成就自己。那些主动帮助别人的人，一定可以得到更多人的帮助，这都是他愿意主动帮助别人的结果。

### 25. 让产品变得稀有

一定要让你的产品变得稀有，不要天天在自己的朋友圈里发自己的产品。笔者从来不在朋友圈里发布任何产品，顾客反而会主动要求购买我的产品，因为越是得不到的东西，人们越想得到。一旦你的产品变得稀有，人人都会想购买，任何产品都一样，一旦一件产品在市面上变得稀少，价格马上会上涨。1996 年，在中国香港，水如黄金，因为闹水灾，水变得稀少了。大熊猫为什么能成为中国的国宝？就是因为它稀少。红木家具为什么那么贵？也是因为它稀少，物以稀为贵。

市场上产品的价格也是根据市场上产品的拥有量来定价的，之所以会出现天价大葱、天价苹果，是因为商人把所有大葱都收走了，造成市场上的大葱十分稀少，自然就出现了天价大葱。

## 26. 注意你的形象

在自己拍照时，你一定要注意自己的形象，拍出来的照片要能给人正面的形象。不要什么照片都拍下来，都分享到朋友圈，拍完照片自己要看一看是不是很美观，拍出来的照片可以先修饰一下，再分享到朋友圈。

因为爱美之心人人有之，谁都喜欢看美女、帅哥。当你走到大街上看到美女时，你的眼睛会马上一亮，因为这本来就是一个看脸的时代。这就是为什么很多网红在微博上秀一秀自己，就可以获得百万的粉丝关注，一年的收入可以达到两亿销售额的原因。

## 27. 给自己贴上标签

一个人一旦被贴上了标签，就成为了一个非常优秀的人，人们只要提到你的名字，就知道了你的价值。

一提到莫言，你就会想到作家、诺贝尔文学奖获得者；一提到赵薇，你就会想到知名演员、亿万女富翁；一提到马云，大家就会想到成功企业家、中国首富；一提到方建华，大家就会想到营销专家、作者，这就是他们的身份标签。请问：当别人提到你时，你的标签是什么？

努力给自己打造拥有高价值的身份标签，拥有这个高价值的身份认证，就很容易跟他人成为朋友。

## 28. 拥有自己的圈子

拥有自己的圈子，并能更好地展示自己，说明自己是一个拥有高质量社交的人。每个人每天都生活在各种各样的圈子里，在前面，笔者已经详细讲解了拥有自己的圈子的好处，在这里就不再赘述。

## 29. 好玩、互动

玩移动互联网一定要做到好玩、互动，这样才会有更多的人愿意跟你一起玩。你做的活动能不能变得好玩、有趣，决定了是否有更多的人愿意跟你一起玩。

笔者就经常在朋友圈里发起一些好玩的活动，例如，为了祝贺笔者的新书上市，就发起了写新书大卖的祝福语，获得笔者新版签名书的活动，结果得到了大量粉丝的支持，笔者的新书得到了大量的好评，所以笔者的朋友圈能一直保持很高的活跃度。

跟你一直保持很好关系的那些朋友，就是那些和你经常玩在一起的朋友。同样，要想跟粉丝保持很好的关系，你也一定要跟粉丝玩在一起。

### 30. 保持适当距离

朋友圈是社交平台，更是一个私人圈子，大多数人都是利用自己碎片化的时间阅读朋友圈，了解朋友的最新动态和生活情况的。要想拉近朋友之间的距离，就要了解最近最热门的新闻或者利用碎片化的时间来学习提升自己。这就好比我们用电话来维持和朋友、恋人之间的关系一样，每个星期或者每个月给对方拨打一次电话，如果错误地使用就会影响朋友和恋人的生活，每天都要拨打 3 ～ 4 个电话给对方就成了垃圾电话，对方都不愿意接你的电话，不但不能维护好关系，还会让你们的关系恶化。

很多人天天使用微信助手群发，每天发"早上好"、心灵鸡汤，影响了好友的生活，接到这种群发的信息，我只做一个动作，就是马上删除，所以一定要跟粉丝保持适当的距离。

### 31. 不可预期

人生因为未知而精彩。如果你知道自己 10 年后的人生是什么样子，那么人生又有什么意义？所以人生需要去折腾，越折腾就越不知道自己 10 年后的人生是什么样子的，因为未知，所以你每天的工作都非常兴奋。

试想，如果强迫你在以后的人生中每晚都看同一部电影，那么你一定会十分讨厌这部电影，即便它本身很精彩。同样，跟交往的朋友、粉丝相处的原则也是一样的，如果你在朋友圈里，每一天都发同样的广告，一定会让人很快厌倦你，因为你每天都在做机械化的动作，即在朋友圈里不断地发广告。

不知道接下来会发生什么，在很多人看来是一件让人兴奋的事情。玩过赌博机的人都知道，之所以这种简单的机器会让人上瘾，是因为每次投入硬币，你都不知道会是什么样的结果，就在这种间歇性的奖励刺激下，人们一次次地往赌博机里投注。

所以，在朋友圈里制造不确定的预期，就可以吸引大量的粉丝来阅读。

### 32. 找一位靠谱的导师教你

每个人的时间都是有限的，所以不能浪费大量的时间去摸索，没有那么多时间允许自己在犯大量的错误后，才知道自己做得不对。最好的方式就是找一位靠谱的导师教你，因为导师把你犯过的错误都犯过了，他在这个行业里已经待了 5～10 年，对于一个新手来说有非常大的帮助。

其实做生意，经商是实战的课程，跟打篮球、踢足球一样，你得上场比赛，和其他人一起竞争、战斗。你学习了基本的运球知识、游戏规则以后，就要披挂上阵，我们都知道起跳、投篮，但是不经过千百次的练习都不可能百投百中，偶尔能投进去，偶尔投不进去，都是因为练习不够。

如果你想当一个篮球业余爱好者打打篮球，那么和你院子里的朋友娱乐一下即可，不需要去上篮球课。但是随着你有更高的要求，便不想只局限于打篮球娱乐，那么可能你就要去找一群高手一起玩，去大学球场，去更专业的地方。如果你想更进一步，那么这个时候你需要一个专业的导师，就像我们考大学一样。我们都知道，一般情况下，人们都需要读高一、高二、高三，才能考大学，那么为什么我们都要去拼命考北大、清华呢？归根结底还是老师不同。清华、北大是中国一流的学府，一流的老师更能教出一流的学生。

当你在朋友圈里做了一段时间以后，你就会发现朋友圈的活跃度有所下降，这时你就需要借助微信群来升级和粉丝之间的关系了，以保持朋友圈里的活跃度。

# 3.4　如何用微信群激活朋友圈

自己运营朋友圈一段时间以后，活跃度会慢慢地下降，因为现在大家都在不停地刷屏，已经有很多人都不怎么看朋友圈了，这是很多微友都会遇到的问题。要解决这个问题，最好的办法就是根据不同的朋友组建相应的微信群。因为在群里可以更深入地沟通，并且能给他们提供价值，还可以升级关系，粉丝就会主动每天阅读朋友圈里的内容。

### 1. 组建不同的微信群

把那些经常跟自己互动沟通或者已经购买过产品的顾客统一拉到一个群里进行服务，并且为粉丝搭建一个可以相互认识的平台，有着共同爱好、兴趣的朋友在一起交流、沟通，一定可以找到共鸣，并且产生更大的价值。

笔者就为自己的粉丝组建了一个相互交流的读者群，因为这些粉丝都是看过笔者书的读者，所以他们遇到问题以后通过交流、沟通解决。在群里，读者相互交流关于自己做微商的经验、创业的心得、生活感悟，共同学习，共同成长。另外，笔者还经常组织读者在群里分享自己创业的故事、创业的经验，分享的话题很广泛，例如理财、健康、投资、会计、法律、心理学、金融、营销策划等，简直就是一所社会创业大学。

### 2. 通过群沟通升级关系

当把这群粉丝拉到群里以后，要统一安排一个时间，大家相互之间做自我介绍，让大家相互认识，便于交流、沟通，并且可以经常发起一些话题让大家相互讨论，针对的是近期最热门的话题，例如，传统企业如何转型、如何开展自己的微商之路、如何利用互联网成名等。

笔者就经常在读者群里，发起热门话题，大家相互讨论、学习，很快就把群里的学习气氛提升了一个档次。群里的气氛有了，那些忠诚的粉丝自然会经常看笔者朋友圈里的内容。

### 3. 组织线上、线下活动

针对线上，可以组织一些活动，例如在节日里给顾客发红包或者搞有奖竞猜等活动，对于线下，则可以组织读书会、创业交流会或者在店里举办各种活动。社交是在任何一个环节都能让用户找到参与感和成就感的。消费过程是一个传播体，买了或卖了，你都愿意跟朋友说，从而让朋友参与进来，所以消费过程本身就应该是一个传播体。

例如，让作者和读者一起参与编写一本书，那么到这本书上市时，这些读者一定会主动帮助宣传这本书，因为他参与了这本书的创造，他会告诉所有的朋友这本书是自己写的。如果你请到了 100 位读者，就等于整合了 100 位读者的资源。

把自己的商品、自己的服务包装成一种文化，一种情调，有消费者愿意去传播它——我买了你们家的东西我觉得非常高兴，非常荣幸，我自愿在朋友圈里分享。要靠人的传播、人的互动，把人作为最大的变量来产生效果。未来品牌值钱的是有多少粉丝，有多少人主动帮助你传播，有多少人认可你。还要有互动，只有多互动才能玩好，其中最大的变量是人，如果把人的因素加进去，关系、互动、传播，基于人的力量，所有东西都裂变了，都会发生质的变化，真要做得好就得有趣和好玩，就要加入人的力量。

### 4. 用红包调动群里人的积极性

经营一段时间以后，群的活跃度会下降，这个时候最好的办法就是用红包来调动群的活跃度，并且让微友养成发红包的习惯，天天有红包抢的群活跃度自然就提高了。作为群主，你要主动发红包，这样才能带动其他微友一起发红包，有新人进群或进行课程分享时，笔者都会发红包，主动带动群里的气氛。

### 5. 在朋友圈晒群里的活动和沟通内容

你当然希望有更多的粉丝加入你的群，那么你要做的就是在朋友圈里晒群里沟通的话题、群里的活动，通过这些内容吸引粉丝要求加入你的群。笔者就经常在朋友圈晒群里的活动、沟通的话题，每天都有很多粉丝主动要求加入笔者的读者群。通过这种分享，粉丝就知道加入读者群将会带给他什么样的好处，在群里还可以认识更多志同道合的朋友。

## 案例解析

朱一,我的学员,北京人,在做旅行微商,用微信做了一段时间以后,遇到了一个问题:自己的朋友圈活跃度一直在下降,加上腾讯的限制——一个朋友圈,一个微信号最多有5 000人,做了一段时间以后,粉丝都不跟他互动,并且他的事业也一直停滞不前,所以笔者建议他建一个群,通过群来维护和顾客之间的关系。再在这些顾客当中选出铁杆粉丝,并把这些铁杆粉丝发展成自己的代理,因为出去旅行很容易。要想影响自己身边的朋友出去,只要在自己的朋友圈里分享自己旅行照片就可以做到。其实每个人都有攀比的心理,看到自己的朋友买了一套别墅,自己也想赶快去买;看到自己的朋友圈里有人买了一辆宝马,不到一个星期自己也买了一辆宝马,笔者身边就有很多这样的朋友。

此外,还可以通过视频秀或者写文章的方式来展示自己旅行的全部过程。现在是一个人人都想旅行的时代,都把"旅行"看成是神仙过的日子。

他按照我的方法,组成了自己的旅行分享群,为这些粉丝创建了一个很好的平台,每个人都可以分享自己出去旅行的经历,到美国、到英国、到法国等,并且还让他们认识到了一群跟自己有着相同价值观的朋友,所以活跃度马上就起来了。并且这些旅行好友还参加线下活动，例如随着《旅行达人如何出版自己的第一本书》《如何边旅行边赚钱》《如何靠旅行成名》等书的出版，大量的粉丝开始关注他，就很好地维护了他和粉丝之间的关系。

现在他采取这种社群的方式运作，在很短的时间里就招到了大量的代理，并且销售额增加了 10 倍，因为在运作不到 3 个月的时间里，他招到了 1 000 个代理。其实旅游行业很容易用微商走代理的方法，因为旅游有内容可以秀，并且人人都想旅游，旅游的日子就是神仙过的日子，如果你有 1 000 个代理，你就不用去寻找顾客源了。笔者的学员就是一个很好的例子。

跟粉丝之间的关系，就跟和恋人之间的关系是一样的，要保持这一段关系，就需要长期地去维持、去经营，只有这样这段关系才能长久。

# 3.5　与粉丝恋爱的 10 条"军规"让粉丝深深地爱上你

我们跟粉丝的关系，就跟和恋人的关系一样，我们要懂得应该做哪些事情，不应该做哪些事情，这样才能获得另一半的芳心，获得真爱。你需要了解你喜欢的男孩、女孩，他们各自都喜欢什么样的人，只有价值观相同、价值相等的人，才会相互吸引，才会深深地爱上你。

## 1. 特立独行

女孩会喜欢一个坏坏的男孩，是因为"坏男人"特立独行，有自己的思想主见，走不寻常之路，不听别人的使唤，这样的男人才像一个真正的男人，身上拥有霸气，拥有雄性领袖气质，做事非常自信，更容易成为人群当中的老大、孩子王，能带领女人去经历更多不平常的事情，过上不平常的生活；那些"听话"的男孩子，大部分没有自己的思想主见，别人让他做什么他就做什么，身上根本没有领袖气质，也不能成为孩子王，女人跟着他只能过很平淡的日子，并且没有安全感。男人要记住：做自己，特立独行就能吸引好女孩的注意力。

王德顺为什么能在 80 岁时走红网络？就是因为他特立独行，在中国国际时装周上，一场以"东北大棉袄"为设计元素的时装发布会，一位须发皆白的老者登上T 台，赤裸上身引发轰动。观众回忆说："大家一看他光着膀子出来，都兴奋了，上网看看简直是仙风道骨，直接秒杀小鲜肉。"（王德顺，1936 年出生，沈阳人。

24 岁做话剧演员，51 岁将中国的哑剧带上世界哑剧舞台，57 岁创造"活雕塑"。王德顺曾参演过《狄仁杰之通天帝国》《飞越老人院》《闯关东》《重返二十岁》等多部影视作品。）

### 2. 拥有高价值

没有一个女人会爱上一个没有价值的男人。在学校，那些考高分的男生或女生，都会有无数的人追求，为什么？因为这个社会认可他的价值，高分说明他是一个聪明的人、智商高的人。同样，一个男人要想得到一个女人的爱，至少这个男人得能养活自己，如果连自己都养不活，还谈什么爱？

很多男人都希望拥有亿万财富，因为那时他的价值最高，大多数女人喜欢豪车、钻戒、浪漫的婚礼，因为女人坐在豪车的一瞬间，周围的人群都会投来羡慕的眼光和关注，会使她感到非常幸福。王子爱上灰姑娘、公主爱上穷小子的事情，只有在电视剧里才能看到，在现实生活中是不太可能的事情。同样，你想拥有粉丝，你必须拥有高价值，才有人愿意成为你的粉丝，最好的办法就是能拥有一技之长，这样你在这方面的价值高于他们，他们才愿意成为你的粉丝。

例如，笔者是一位移动互联网领域的专家，同样有很多亿万富翁、名人、省长、市长等阅读笔者写的书，成为笔者的粉丝，那是因为笔者在这个领域里的价值高于他们，在移动互联网领域有着自己独到的见解，这些价值是他们所需要的。

### 3. 学会自恋

自恋，你就敢于秀出自己，把自己的优点展示出来，从而成为一道美丽的风景，自然能吸引很多人来欣赏自己。当然，一个人自恋，一定是有他自己的特长或者优点，要不很难让自己自恋。

### 4. 避免让爱情进展得太快

很多人都有一个毛病，刚交往一个女朋友，马上就向这个女生表白，结果很难让人接受，因为他没有给爱情一个很好的过程，让人很难接受。同样的道理，当粉丝加了你以后，你就希望粉丝马上购买产品，这是一件很难的事情，因为你都没有给粉丝相信你的过程，谈什么产品都没有意义，没有一个人愿意从一个自己不信任的人那里购买任何产品。给粉丝一些时间，让他了解你、了解你的产品、了解你的服务，"让子弹飞一会儿"。

### 5. 满足对方的需求

每个人的需求都不一样，因此每个人的价值观也不一样。要想追求到自己喜欢的女孩，就需要满足她的需求，或者你具备满足她需求的能力，你才能快速地吸引她。也只有这样，你的付出才不会是无用功，你才能得到你想要的结果，否则你付出再多也很难抱得美人归。

有些女孩喜欢有才华的男孩子，那么你就可以用自己的才华去吸引他们；对于那些热爱运动的女孩子，一个非常热爱运动的男孩对她一定有强大的吸引力；对于一个热爱娱乐的女孩子，一定会非常喜欢一个会唱歌、会表演的男孩子——每个人都喜欢跟自己有着同样爱好、价值观的人成为好朋友。

同样你是怎样的人，你就能吸引怎样的人，也能满足此类人的需求。请不要去吸引跟自己没有相同价值观、爱好，不能产生共鸣的人，因为你不能满足他的需求。如果你想招代理商，就去吸引那些喜欢创业的朋友；如果你卖面膜，那么你就去吸引那些爱美的女性。

### 6. 适当拒绝

什么东西最有价值？就是那些得不到的东西。一件东西，一旦得到就失去了原来的价值，人们永远不会珍惜自己拥有的东西，只有得不到的东西才最珍贵。

在你家里，一定有自己曾经很喜欢的东西。比如，在没有买相机之前，你一直希望拥有自己的相机去拍自己喜欢的照片，可是现在那台照相机已经被冷落家里 3 年了，一旦拥有了以后，它的价值马上在不断地递减，在买到手以后价值马上减了一半。

同样，对粉丝也是一样，当他们加你以后，不要马上通过，让她等上半天或者一天的时间再通过，笔者一般都是晚上让粉丝通过加好友。

### 7. 不要过快暴露需求

如果遇到心仪的女生，你立马向她表白，一定会被拒绝。同样，粉丝加你以后，你马上暴露自己的需求——要把自己的产品卖给他，这样一定会让粉丝反感，所以一定要让粉丝先了解自己，正确的做法是慢慢地让对方感到你喜欢她。比如追求心仪的女生时，和她一起约会吃饭、一起看电影、一起旅游，她自然知道你喜欢她，自己根本不用去表白。一旦过早暴露自己的需求，就会把自己心爱的女生吓跑。在女生的心中一定会问自己这样的问题："这个男子到底喜欢我什么？"如果约会两天就向对方表白，她就会故意躲开你。

### 8. 不要迷失自己

很多人一旦爱上了一个自己喜欢的女孩，就会开始迷失自己，成为对方的奴隶，想尽一切办法去讨好女孩子，很多人都把顾客当作上帝，其实这就是迷失自己的表现。我们喜欢对方，不代表自己就要成为对方的奴隶，认为为她做一切事情就是爱她，这是错误的观念。

同样，粉丝关注我们，要求我们给他点赞，也可以拒绝。对那些群发信息的粉丝，也可以把他们删掉。还有一群人，天天请你帮忙，天天向你讨要红包，对于这些你一定要拒绝他，因为你不是万能的神，不能满足所有人的要求。

### 9. 让她跟你一起玩

两个相互交往的朋友，要想使彼此之间的关系升级，两个人一定要能玩在一起，例如一起跑步、一起看电影、一起旅游。同样，要想使自己与粉丝之间的关系升级，还需要通过线上、线下的活动来进行。

### 10. 要让对方感到你的爱意

你喜欢对方，一定要让对方感到深深的爱意，例如下雨天给她送上雨伞，天冷了给她买件衣服。同样，要想跟粉丝建立好的关系，也要让粉丝感到你深深的爱意，例如给他点赞、写好评、送上生日祝福，以及粉丝遇到了问题帮忙解答。

爱是需要有一定理由的。匆匆忙忙走在马路上的你，应该不会去爱大街上的过路人。要让粉丝深深地爱上你，你就一定要为她做一些事情，并且这些事情是别人为她做不到或不会做的，只有这样你才能达到自己想要的结果。

#### 1）表达爱

要让对方爱上你，你先要表达自己的爱意，让她深深地感到你的爱，这样她才会反过来爱上你。你还要称赞她生活、工作中细微之处的变化等。她生病了你要关怀她；晚上她在加班时，你要叮嘱她注意身体；在她生日时要送上生日祝福等。粉丝也是如此，你要学会细心和观察，在细微之处关心她，认真看她发的每一条朋友圈内容，点赞、写上评论表达爱意。只有用心细微地关怀你的粉丝，她们才会深深地爱上你。

#### 2）聊到产生共鸣

你一定要去吸引跟自己有着相同价值观的人，这样你们才能产生共鸣，也就是说不管是发朋友圈，还是两个人之间聊天沟通，双方都很享受这一场谈话的话，你们之间很容易成为好朋友，情感上的共鸣会让她感到你就是她的知己，她一直在等待这样的人出现。要想跟粉丝产生这样的共鸣，你就要全方位地提升自己，多学习、看书、交朋友，跟农民大叔聊农业怎么做微商，跟才女聊如何经营自己的人生，跟企业家聊如何经营自己的企业，跟名人聊如何做自己，跟作者聊如何让书大卖，跟自由职业者聊如何打造人生多重营利模式等。

其实只有不断地投资自己才可以达到这种水平，投资自己是在种树，而不是种草，看的是长远的投资，一般 3～5 年才开始有所收获。一旦它开始长大，就可以一跃飞天，用 3～5 年在土壤里深深扎根，都是为了攀登更高的人生高峰，等到时机成熟，你的成就将能秒杀你身边 99% 的人，你将登上别人遥不可及的巅峰。

# 3.6　如何通过投资让粉丝深深地爱上你

在这个世界上，我们都会很珍惜自己所投资的东西。你对任何事物进行投资，都渴望得到回报，因为你投资了时间、金钱、感情在里面。从小学读到高中，你只有一个目标——考上大学，一旦没有考上大学，就会感觉自己投资失败，会非常难过，因为你投入了 12 年的时间、12 年的精力，结果没有得到自己想得到的回报，甚至有的学生因受不了高考失败的打击而选择自杀。

每一次尝试和努力，都是在进行自我投资，例如你为了获取一个女生的芳心做出的第一次努力，而她这时候什么都没有做，所以你做的努力只会让你更加迷恋她，而不是让她更加迷恋你。每一个人都会为自己的行为和已经做出的选择辩护，因为没有人愿意否定自己，当你付出，做出这些行为后，你会将自己的行为合理化。

一位北京的老奶奶为了寻找自己走失的小狗，愿意拿出北京一套价值 80 万元的房子，回报帮助她找到小狗的人。老奶奶会花重金犒赏为她找到狗的人，是因为她的孩子都在国外，这三年的时间都是小狗陪她度过的，给她带来了非常多的欢乐，老奶奶在小狗身上投入了太多感情。

对于粉丝、顾客也是一样的，一定要去吸引粉丝在你身上进行投资，你想别人投资你，首先你先要投资别人，否则别人为什么要投资你。

### 1. 要想获得投资，先得投资自己

要想获得投资，自己先要投资。以一个项目为例，要想获得风险投资，首先自己要把这个项目做出来，并且做出成果来，让风险投资家看到这个项目未来可以带

给他的巨大回报，他们也才愿意为这个项目投资。

京东商城就是一个很好的例子。京东最初一直在亏损，每年亏损几十亿人民币，可是很多的投资人都愿意投资京东，是因为投资家看到了京东的未来，做起来了就是美国的亚马逊，未来将带给股东巨大的回报。京东上市市值为286亿美元，为京东投资1 000万美元的徐新8年获得了100倍的回报，赚得100亿人民币。

对于企业也是一样的道理，要想吸引更多的顾客购买企业的产品，不是把主要精力放在投资产品的宣传上，而是投入到产品的质量上，只有提供更好的产品，才能吸引更多的顾客来投资企业的产品。传统企业的大量费用都投入到了产品的销售宣传上，那是因为企业缺少产品宣传通道。而现在不同了，只要拥有好的产品，所有的顾客都是产品的销售渠道，都可以帮助企业做免费的传播，所以企业要把费用投资到产品的研发上。

### 2. 要想获得投资，先提供价值

要让自己心仪的女生爱上自己，先要投资时间跟她约会、交流、沟通，相互了解，跟女生一起看电影、一起去旅游、一起去玩，这些都是必要的投资。如果女生是美术爱好者，你就介绍与美术相关的朋友给她或者带她参加美术展览、拜访美术大师，这都是你提供的价值，如果你愿意提供，女生一定会愿意跟你交往；如果女生是一位英语爱好者，你可以教女生如何快速学好英语或者带她参加一些英语培训课程；如果女生热爱演讲，你可以教女生如何进行公众演讲或者送给她关于公众演讲方面的书籍。

能提供价值就能建立关系，没有价值就无法建立关系。对于顾客同样如此，只有提供她需要的价值，才能建立关系。最好的方式就是赠送试用装给顾客，让顾客免费试用，让她真正地感觉到产品的价值。传统企业都通过投大量广告来获得顾客，现在都把广告费用转变为免费的试用产品，投资顾客并获得顾客的认可，这样就会得到顾客的投资。

### 3. 引导继续投资

投资分为时间投资、金钱投资、感情投资、精力投资，当我们跟这位女生建立关系以后，我们就要引导女生在我们身上进行投资——建立关系。一定要记住，有投资就有关系，没有投资就没有关系，要维持关系、巩固关系，就需要引导对方进行投资。

当顾客体验了我们的产品以后，我们就要引导顾客进行投资，我们可以邀请顾客来写使用产品以后的心得体会，可以邀请顾客来参加企业举办的活动，可以让顾客购买产品。当顾客购买产品以后，这只是开始，你可以引导顾客购买后面更多后续的产品。

我们做微商，同样需要引导顾客投资，例如让顾客给你一个好评，让顾客帮你点赞，让顾客帮你做介绍，让顾客帮助企业设计产品，让顾客帮助你做产品的宣传等。吸引粉丝的投资，关键是希望跟粉丝做生意，让她购买自己的产品，要想达成交易就需要临门一脚——文案写作，让顾客看完你的文案后就愿意马上购买你的产品。

# 3.7　微文案写作的 7 大秘诀

有关写作的著作可谓书山书海，专家学者们提出了各种各样不同的理论和观念，然而有一点是确定无疑的：所有的写作都是为了让读者爱上你的作者、爱上你。在这个世界上，有一个影响人的最大工具就是写作。不相信？那么你可以看看那些畅销书的作者，他们写一本书可以在全世界出版，从而影响成千上万的人，让数百万的人花钱购买他的书。只要你会写作，一辈子都不会贫穷，会有源源不断的钱流入你的口袋。

下面是顶级作家的宣言，请跟我一起大声来读 10 遍：

"我相信靠一支笔可以玩转整个互联网，成为一个精神领袖，写出美丽的房子、写出权力、写出尊重、写出生意、写出名誉、写出财富来。你可以靠写作，让成千上万的人了解你及你的产品；你可以靠写作，提供更多的价值给潜在的顾客；你可以靠写作，让潜在的顾客爱上你的产品及你；你可以靠写作，销售更多的产品，创造更多的利润。"

莫言靠写作成为了诺贝尔文学奖得主，并且是中国第一位获得诺贝尔文学奖的作家，成为了世界上最伟大的作家之一，被全世界的人民关注。一个 9 岁的小孩《天蚕土豆》一年的版税收入达到了 1 300 万元，这都是靠写作取得的结果，这也是做微商所要掌握的技能。为什么你要学会写作？因为不会写就不会卖产品。

## 1. 为顾客打造一个梦想

在这个世界上，每个人心目当中都有一个梦想，自己每天努力工作、学习，都希望有一天使这个梦想能成真。当然，每个顾客购买一款产品，都是为了实现自己一个个小小的梦想：买一款面膜希望自己越来越年轻，变得越来越漂亮，获得朋友的称赞、老公的喜欢；买减肥产品，是为了实现身边的朋友不再叫她胖子的梦想。如果你通过讲故事的方式或者将自己真实的经历告诉顾客，那么也可以帮助顾客实现自己的梦想，成交就会变成一件很容易的事情。

为了实现自己的梦想去买书看，就是想让自己变得越来越优秀、越来越聪明，而不是被社会淘汰；买一套自己的房子，是为了实现自己在大都市里有一个幸福的家的意愿，将来自己的孩子也有可能享受很好的教育。

那么，请问你想过你的顾客的梦想是什么了吗？你有没有把顾客的梦想勾画出来？

### 2. 用讲故事的方式塑造自己的价值

我们每个人都喜欢听故事，小时候喜欢听童话故事，长大了喜欢听别人成功的故事，每部电影、电视剧都是在讲故事，因为人人都喜欢听故事。作为一位微商创业者，可以通过讲故事的方式来塑造自己的价值，通过讲故事的方式更容易让顾客相信自己，通过讲故事的方式更容易让顾客相信企业的产品。

我们知道每一位微商身上都有很多感人的故事，从一位宝妈到一位创业者，从一位企业的高管到一位管理 300 人的老板，从一位大学生到拥有 100 多人团队的创业者……这样的故事很多，一开始你身边的朋友、家人都反对，当自己收入过 10 万元、100 万元的时候，他们就会认可你。这时你会明白这样一个道理：人们只看你取得的结果，不管你为这个结果付出了多少努力。当你变得更好时，自然会有人来认可你。

### 3. 给顾客 10 个购买产品的理由

想要顾客购买产品，一定要告诉顾客购买产品的理由。为什么要跟我买，而不是跟竞争对手买？理由可以是产品的质量好、价格优惠、售后服务好等，把这些都要详细地告诉顾客。

 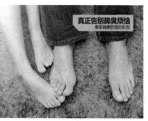 

如果你想在微信上卖袜子，那么你卖一般的袜子根本没有人购买，因为大街上满街都是，你满足不了顾客的深层需求，但如果你卖的是防臭袜，就能马上告诉顾客让他购买的理由。

如果你卖内衣，那么卖一般的内衣根本吸引不了别人的注意力，如果你卖一款可以充电的、24小时保暖的内衣，一定可以吸引人们的注意力。因为你告诉了顾客购买的理由——想一天自己身上都暖暖的就买24小时保暖内衣（笔者有学员在卖可以充电的24小时保暖内衣，卖得非常好）。

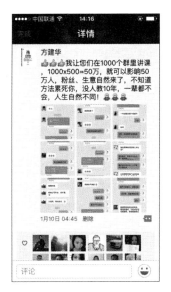

如果你卖茶，卖普通的茶很难吸引人们的注意力，但如果你卖一款减肥茶，就能马上吸引一些想减肥、爱美女性的注意力，因为你告诉了顾客购买的理由——想健康减肥，就喝减肥茶。

### 4. 越真实，越可信

在互联网上卖产品，首先就是解决信任问题，解决了信任问题，成交就会变成一件很容易的事情。

如果你是一位宝妈微商，那么你应多分享自己生活当中真实的照片，在家工作的照片、带孩子出去玩的照片、宝宝卖萌的照片、宝宝睡觉时的可爱照片、宝宝上学的照片、自己学习的照片等；如果你是一位大学生创业者，那么你应分享自己上课的照片、认真做作业的照片、自己和室友在一起的照片、自己发货的照片；如果你是一位新农人，那么可以分享农产品生长的整个过程，以及自己收获时的幸福场景。

分享这些都能让你的顾客感觉到你是一个真实的活生生的人，而不是一个不真实的让人不可相信的人。

### 5. 如何借别人的嘴说自己的好话

我们自己夸自己，那是"王婆卖瓜，自卖自夸"，自己说一百句好也不如别人说一句好，所以我们要晒顾客真实的反馈，借顾客的嘴来替我们说好话。在互联网上，大家购买产品都有一个习惯，就是看一看那些购买过产品的顾客的评价怎样，如果有大量好评，那么就会增加顾客对产品的信任度，从而产生购买行为。

在京东和淘宝上，我们可以发现卖得好的产品，都是那些好评多的产品。做微商，要解决对产品的信任问题，就要经常晒顾客的好评和反馈。如果一款产品的好评达到了 1 000 ～ 10 000 个，那么那些怀疑的顾客、那些观看的顾客就会在心中有一个疑问："为什么一款产品可以获得这么多好评？"他就会因此向你咨询产品了。

### 6. 如何从不买到买

你越想卖越卖不掉，越不想卖越容易卖，因为每一个人都对好不容易得来的东西更珍惜，得不到的东西是最值钱的。为什么男孩子都喜欢追自己很难追求到的女孩子？因为得不到的就是最好的，一旦得到就失去了它的价值。

如果你在朋友圈里一直分享自己使用产品的心得，分享产品给你带来的故事，不发任何一张硬性广告，顾客反而会主动跟你咨询产品。这就跟一位男孩子喜欢一位女孩子一样，他的策略不是主动去追求这位女孩子，而是通过展示自己的高价值、才华来吸引这位女孩子，让女孩子主动来追求自己。

### 7. 如何写才能卖产品

如果一个顾客一次性跟你购买了10套面膜,然后你将这一信息分享到朋友圈里,这样的文案是很难吸引其他顾客的注意力。现在笔者把这个文案改一下:为什么今天一位顾客跟我一次性购买了10套面膜?这是一套什么样的神奇的面膜让顾客这么喜欢?这样一改,就马上能吸引顾客的注意力了,因为这样就把顾客的好奇心吸引起来了。这种文案的写法就是:好奇+故事。在一件很平淡的故事中,先把好奇心加入进去,再用讲故事的方式讲出来。请看下面的文案模板。

⊙ 为什么顾客这么相信我们,一次性跟我们公司签订了100万的大单?

⊙ 这是一本多么神奇的书?一位读者在深夜两点还在阅读《企业微信实战解密:营销·运营与微信电商O2O》。

⊙ 为什么这样一杯茶,可以得到10位茶叶大师的称赞?

### 案例解析

李明是一个集团公司的董事长,集团年销售额达到了100亿人民币,他自己经营了一个占地8 000多亩的农庄,在里面种了橘子、苹果、橙子等。因为之前农庄的农产品都批给代理,所以产品的价格很低,自己每年都在农庄投入几百万却得不到很好的回报。

所以他找到笔者，希望利用互联网把自己农庄的产品卖出去，并且打造出自己的品牌。经过了解以后，笔者发现他的农庄只有农产品，没有特色！

（1）为顾客打造一个梦想

要为顾客打造一个梦想，帮助他实现这个梦想，就要打造出农庄的亮点。对于那些生活在大都市里的城市人，他们都最想过世外桃源般的生活：住在深山里可以呼吸到没有被污染的空气，吃上地道的农家菜，到院子里摘自己喜欢吃的苹果，走一段路就可以到池塘边上钓一钓鱼，有时间再在别墅里看一看书，邀上一些好朋友聊聊天，这是一件何等美好的事情！

把亮点打造出来了，就可以打造出农庄的自媒体，从而吸引大量的粉丝关注，并且可以打造出视频自媒体，一个星期可以邀请一位行业的大咖谈一谈关于互联网思维、社群运营、社会上的热点等。通过自媒体视频就可以吸引大量粉丝的注意力，即以大咖真人秀的方式运作。我们知道，现在真人视频秀的方式，可以吸得千万甚至几亿的点击量。

（2）传播故事

大咖来了就有了故事，就可以传播了，可以跟大咖做一个人物访谈，有 100 位大咖就有 100 个故事，再借助农庄的平台分享出去，并跟这些大咖进行资源整合。因为这些内容也是帮助大咖进行传播，大咖自然也会帮助做传播，这样就是借助了大咖的影响力来做自己的传播。

（3）直播自己的农庄

打造出了自媒体，就可以把农庄里的情况直播出去，例如，果树生长的情况、收获果子的情况，并且安排专业的编辑来完成这样的工作。

（4）把大咖发展成代理

每个大咖在自己的行业里都有非常大的影响力，都能影响一批人。现在的媒体的影响力都被大咖占有了，一个行业大咖能影响两万人，10 个大咖就能影响 20 万人，有的大咖一个人就可以影响 10 万人甚至 100 万人。一个行业大咖可以卖出 5 万的销售额，10 个大咖就可以产生 50 万的销售额，20 个大咖就可以达到 100 万的销售额。对于大咖来说，这是一件很容易的事情，只要加上文字分享到朋友圈，就可以把产品卖出去。

（5）直播卖农产品

到果子成熟的时候可以把所有的大咖都请过去，让大咖边品苹果边通过朋友圈卖自己的橘子、苹果、橙子，并且让这些大咖相互进行 PK，得到第一名者可以得到大奖，吸引大咖们参与进来。笔者的学员通过直播的方式就产生了 100 多万的销售额，并且产品的价格远远高于市面上的价格。

想做好微商就需要打造出个人品牌，只有打造出个人品牌，才容易把生意做起来，顾客才会主动找上门跟你做生意。

# 第4章
# 如何做好微商打造出个人品牌

要想把微商做大、做强，需要成为微商界的领袖，打造出个人品牌，通过组建自己的团队来运营。这样才能带领成千上万的微商跟自己一起干事业，从而把事业做大。

首先要把社交生意做好。在这个社会里，人们都喜欢跟领袖做生意，这就是为什么一个人越有钱越能容易跟别人借到钱，一个人越没有钱越借不到钱的道理。当你成为了一个领袖，你就是一个强者，就会得到越来越多人的支持。社交生意绝对是一个厚积薄发的过程，人品和口碑都要赞。只有经过长时间的累积，才能把微商做好，"三天打鱼，两天晒网"的做法很难把微商生意做起来。

粉丝要靠长年累月的累积，人气也要靠长年累积才能做起来，经过时间考验过的粉丝才更有价值。

## 4.1 打造个人品牌的 5 大策略

任何人的一生都是打造个人品牌的一生，一个人只有打造出个人品牌，才能把微商做好。要想在一个组织、企业里实现自己的人生价值，你就不能只知道埋头苦干、努力工作、不为人知，因为这样是很难得到更多人的认可的，而且你没有自己的个人品牌，也很难实现自己真正的人生价值。

一个没有品牌的手机只能卖到 100 ～ 200 元，可是一个苹果手机却可以卖到 6 000 多元。同样是一款手机，价格却有天壤之别；一个普通的包包售价几十元，可是一个 LV 包包售价则可以达到 10 万元。现在很多商家都纷纷请明星代言产品，一旦明星拿到这款产品，这款产品就马上会被人们疯狂抢购。每年央视春晚的明星穿过的衣服，之后在淘宝都有售卖，一个晚上就成为淘宝的热款。这就是名人品牌给企业带来的商业利润，使得明星的一次出场费也达到了上百万元。

什么是个人品牌？个人品牌是以个人为传播载体，且有着鲜明的个性和情感特征，符合大众的消费心理和审美需求，被社会广泛接受并长期认同，可转化为商业价值的一种社会资源。易中天出场费达到了 20 万元，郎咸平出场费达到了 18 万元，于丹出场费达到了 10 万元，这些都是个人品牌给名人所带来的经济价值。那么一个人的个人品牌又是怎样打造成功的呢？通常有以下 5 种方法：

## 1. 一技之长

一个人拥有一技之长，就很容易打造出个人品牌。那些体育明星都是靠自己的一技之长成名的，刘翔靠 110 米跨栏的一技之长成为了奥运冠军；姚明靠打篮球成为了 NBA 火箭队成员；易中天靠讲三国历史成为了史学家；郎咸平靠讲经济学成为了经济学家等，这些人都靠自己的一技之长打造出了个人品牌。

如果你拥有一技之长，就要不断地去强化自己的一技之长，再通过一技之长塑造出自己的价值，通过一技之长打造出个人品牌。原来打造个人品牌至少要花 2 ～ 3 年的时间，现在因为互联网的到来，借助互联网只需要 3 个月或一年的时间。

现在很多自媒体红人，靠在互联网上写一系列的文章、录一段视频、音频，就可以打造出个人品牌；通过写一系列微商创业的文章、分享做微商的技巧、分享人生的感悟来打造出个人品牌，这些都是做微商的朋友可以使用的方法。

## 2. 优秀的工作经历

通过自己优秀的工作经历打造个人品牌也是很好的方法。打工皇帝唐骏就是因为在微软工作过，从而打造出了个人品牌，因为微软是一个优秀的公司。就像现在很多自媒体人做自媒体能火，是因为自己在阿里巴巴、中央电视台工作过。

那些在百度、腾讯、阿里巴巴工作的白领，每天都有很多人给他们介绍女朋友。因为百度、腾讯、阿里巴巴这些企业可以说是互联网行业的贵族企业。

现在你做微商，若你有优秀的工作经历，一定要拿来传播，让你的粉丝知道你这些优秀的工作经历，就能很快在粉丝心目当中树立起自己的个人品牌。

### 3. 拥有作品

推出自己的个人作品，打造出个人品牌。很多作家、明星都是靠自己的作品才打造出个人品牌的。赵薇靠演《还珠格格》出名，孙俪靠演《甄嬛传》得到更多人的认可。这些名人都是因为有了自己的作品，才打造出了个人品牌。做微商，如果你想打造自己的个人品牌，可以把自己的微商创业之路写成书出版。

一旦自己拥有了作品，就可以拿自己的作品跟别人交换自己想要得到的价值，打造个人品牌。那些名人、明星，也都是因为自己有好的作品才得到大家认可的。企业家的作品是自己经营的企业，明星的作品是自己出演的电视剧或电影，文人的作品就是自己写的著作。

### 4. 拜名师

拜名师也是打造个人品牌的好方法——师出名门。如果你能拜莫言为师，你成为作家就可以借助师傅的光环来树立自己的个人品牌；如果你做微商，认识微商大咖，你也可以拜他们为师，并借他们的名气来打造出个人品牌。

人们买东西会看品牌。看品牌主要看什么呢？看哪里制造的，哪个公司生产的。这个品牌来自哪里非常重要，例如服装品牌必在法国或者意大利注册，对一个公司来说，这就是品牌出外，换句话说是品牌的"父"。一个人走江湖，要有功夫，还要有君、父、师。孔子说"三人行必有我师"。你要想成大器，没有君、父、师，就会绕很多弯子，武侠小说里的人物在路上遇到了就要报上名号——哪门哪派。为什么要报？这就是君、父、师的作用。

为什么你找工作时，企业要看你的文凭？这就是师门。清华和北大的师门就是比蓝翔技校的更有效。企业还要看你的工作经历，这些也是师门；你在一个很优秀的公司工作过，你跟着李嘉诚干过 6 年，这还是师门；就跟唐骏在微软工作过，虽然他的文凭是国外的普通大学，但是他工作过的地方是名门。

### 5. 创造奇迹，做别人做不到的事情

马云的公司能创造两千多亿元的价值，罗振宇能通过卖会员 6 小时创造 160 万元的收入，小米老总雷军打造出了互联网第一品牌的小米手机，他们都靠创造这些奇迹打造出了个人品牌。如果你做微商能创造出微商里的奇迹，那么也很容易打造出个人品牌。

李欣频生于 1970 年，43 岁李欣频 22 年去过 44 个国家，用 7 年时间出了 26 本书，坚持一天读一本书，一天看一部电影。她说，每天读一本书，一年就能与别人有 365 本书的差距，李欣频做到了很多人都做不到的事情，所以她拥有 420 万的粉丝。

打造个人品牌需要一个长期的过程，每个想打造个人品牌的人都要做好心理准备，只有像农民一样不断地去播种，才会有收获。

**案例解析**

"西单女孩"任月丽，是一个穷人家的孩子，在西单地下通道唱歌走红网络，一夜成名。

1988 年，任月丽生于河北涿州农村，父母多病，家庭贫困，初中时被迫辍学打工。

2004 年，为了减轻家庭负担，年仅 16 岁的她孤身一人来到北京讨生活。最初是在一个小餐馆打工，结果干了一个月老板没给工资。之后，流浪街头的任月丽开始跟随一个流浪歌手学习吉他，一个月后独自开唱。

2004—2008 年，任月丽在北京西单地下通道一唱就是 4 年，风雨无阻。这 4 年里她每天的生活费不超过 10 块钱，唱歌一半的收入要寄回家里，省下来的钱用来购买二手吉他、音箱和 CD 等用于学习和唱歌。皇天不负有心人。2008 年 12 月 20 日，点石拍客"非我非非我"在西单地下通道录下了她演唱的《天使的翅膀》，后将视频上传于新浪播客，便开始在网上流传。后来视频被传到优酷，最后点击量达到近 700 万，在当时可算是互联网的奇迹。

2009 年，她报名参加东方卫视《加油！东方天使》的比赛，获得全国总决赛第八名。

2010 年，任月丽参加《我要上春晚》特别节目，最终获得登场春晚演唱的资格。2011 年 2 月，她参加"2011 年央视春节晚会"演唱了歌曲《回家》。

2014 年，当任月丽再次回到通道唱歌的时候，各大媒体以"西单女孩落魄回归地

下通道"这样的论调大肆报道，各种质疑声不断（春晚成名后，她的歌唱事业一直不温不火）。

2015 年，西单女孩任月丽再度回归，只不过这次是以一个创业者的身份赢得了普遍的尊重。

"西单女孩""落魄回归""下一个董明珠""身价过亿"这些可能都是媒体的过度包装和炒作，但抛开这些，我们看到的是一个再普通不过的农村女孩正在通过自己的努力，一步一步实现自己的梦想。虽然人们对成功的定义有不同的理解，但把"成功"一词用在西单女孩身上，确实恰如其分。西单女孩的唱歌是成功的，创业也是成功的。其实，西单女孩的成功绝非偶然。

我们从西单女孩创业之路上可以看到，个人品牌起到了非常重要的作用。西单女孩通过自己的歌声打造了自己的个人品牌上春晚，再借助自己的个人品牌创业，就能获得大量的媒体报道，解决了产品的宣传问题。成千上万的媒体报道西单女孩创业，定能对任月丽创业有所帮助。对于一般创业者而言，如果想获得媒体报道，都需要投入百万、千万的宣传费用，还不一定能达到这样的效果。

对于那些想创业的朋友，不如现在好好地累积，然后修炼一门绝活，打造出个人品牌，从而创业就会变成一件很容易的事情！

# 4.2　卖自己，让 100 万、1 000 万人知道你

做微商的人越来越多，怎么做能从众多的微商当中脱颖而出是需要一套正确的思维来指导的。什么样的人可以拥有 100 万粉丝？答案是，走遍世界 60 多个国家、出版 10 本自己的著作、被中央电视台报道、身价过千万、上市公司的老总，或被国家主席、总统接见过等。但前提是我们先要根据自己的情况，慢慢地塑造自己的人生。

如果你准备做微商，最容易做到的就是到多个国家旅游，这样马上能吸引大量粉丝的关注，粉丝也马上会对你产生崇拜，卖产品自然变成了一件很容易的事情。

### 1. 卖自己

很多人做微商都在想办法卖产品，而且产品越来越难卖。加你只是为了把产品卖给你，给人的感觉就是低级的微商，因为他们根本不懂商业的本质，要想发生交易、

产生买卖，必须让顾客相信你。先要让对方认识你，再让对方相信你，要做到这一点必须卖自己，让自己给产品做信任的背书，粉丝是因为相信你，才决定从你这儿购买产品的。

①卖才。如果你是一个行业里的专家，那么你就卖自己的专业能力；如果你会写作，那么你应经常写一些原创类的文章。现在很多20岁左右的青年就写了2～3本的心灵鸡汤作品，他们的文章在网络上的浏览量都达到了上千万，这是让很多人感到不可能做到的事情，但是他们做到了，他们把自己卖给了百万、千万的人。

②卖事业。如果你现在事业有成，那么就可以卖自己的事业，分享自己创业的心得。

③卖生活。如果你现在过上了很多人都没有过上的生活，那么你可以卖自己的生活。

如果你能把自己卖出去，做微商就会变成一件很容易的事情，因为人们认可你，所以决定从你这儿买产品。

### 2. 提升自己

要想自己能长期吸引人们的注意力，就要不断地提升自己。你在成长，粉丝也在成长，如果你不成长，就会失去粉丝关注的价值，所以一定要长期地提升自己，给粉丝带来全新的观念、价值。提升自己最好的办法就是大量地阅读、上课，拓展自己的知识面，每年至少要阅读100本书籍。书是人类智慧、经验记载的载体，记住：一切都在书中向人取经，一定能成为人中之王！

### 3. 成为价值的输出者

一个人一旦成为了价值的输出者，就能成为领袖，从而吸引大量粉丝的注意力，并成为人气之王，自然在众多人之中脱颖而出。

如果你是一位心理学方面的专家，那么你就要做一位心理学方面的价值输出者；如果你是一位教育方面的专家，那么你就要做一位教育方面的价值输出者。你懂得什么就去输出什么。输出的价值越多，能帮助的人就越多。

### 4. 成为专家

一个人要打造个人品牌，最好的办法就是专门研究一门学问，成为一个行业里的专家，一旦成为了专家，品牌就打造成功了。你的个人品牌给人一种清晰的、强有力的正面形象，别人一想到你，这种正面的形象就会浮现在他们的脑海中。它体现了你在别人心目中的价值、能力及作用，是你职业生涯中的第二个自我，影响着别人对你的看法，你要把别人对你的看法变成机会。

### 1）在能力上塑造

你要认清自己有什么技能。能力是品牌的前提，拥有专业技能就代表自己给人能提供价值，并且自己的价值得到了整个社会的认可。

要告诉潜在客户，当他们与你交易时可以得到什么。迈克尔·乔丹，一位伟大的篮球运动员，他可以提供独有的价值——他的个人品牌，所以其身价百倍、千倍于普通人。如果我们每一个人都拥有像迈克尔·乔丹一样的个人品牌，拥有他那样的身价，那么我们的人生会更精彩。

个人品牌打造并非一蹴而就的，是一个持之以恒的过程，如同植物生长需要阳光雨露一样，需要长时间坚持。笔者打造个人品牌花了 15 的时间；正如刘德华、成龙的成名之路也是一个多年累积努力拼搏的漫长历程，他们的资质当初也并不被人认可。

### 2）在着装上塑造

无论春夏秋冬，每当诸葛亮出场时，他都拿着那把扇子，以掩饰自己的喜怒哀乐，因此这把羽扇成为了诸葛亮千百年来特定的品牌识别符号。诸葛亮还通过端坐四轮车，头戴纶巾，身披鹤氅，手拿羽扇，俨然一副高人逸士的形象，这些都成为了他个人品牌形象的标志。

现在，很多富人都不穿金戴银，而是选择戴佛珠，所以当你看到手上至少戴上两三串佛珠的人，基本可以判断他们是富人。

### 3）做到与众不同

当别人在卖产品时，你却在卖自己；当别人在发广告时，你在输出价值；当别人在群发信息时，你却在帮助对方。这样做，你就做到了与众不同，自然脱颖而出。如果你不能让别人觉得你与众不同，他们就会认为你是"墙上芦苇"——头重脚轻根底浅，一文不值。

### 4）销售思想

销售产品的最高境界就是销售你的思想，销售你的思维方式、你的价值。产品和服务只是实现你思想的一个载体。

如果你长得不够帅，可是拥有大量的财富，现在你喜欢一位女孩，那么你应向她"销售"什么观念呢？完美的婚姻是以优渥的经济条件为基础的，90%以上的婚姻出现矛盾都是由经济问题所引起的。如果你很帅但没有钱，那么"销售"什么呢？世界上最幸福的婚姻之一就是美女和帅哥的婚姻，所以要想获得女孩子的芳心，要么展示你的经济实力，要么展示你优秀的外表。

所以我们想把产品卖给顾客，一定要展示一个观念给顾客。爱美之心人皆有知。每位男士都希望自己的爱人越来越漂亮，如果你卖面膜，推销时就可以说你卖的是美丽、老公的爱；你卖奔驰，你不需要告诉顾客奔驰车有多么好，只要你开上奔驰你就是一位成功者。所以销售最高的境界就是销售你的思想、观念，让顾客买单。

做微商，需要掌握一套正确的方法，只有这样才能把微商生意做起来，才能把微商团队组建起来。

# 4.3　微商带团队的正确方法

要把微商做好必须调整好心态，因为每一个事物、每一条生命、每一个企业、每一个人都有其发展规律，就是做什么事情都有一个过程，每一个人忽视这个过程想走捷径，都是因为心态上出了问题。

在《西游记》这一本名著当中，我们就可以发现，唐僧带着孙悟空、猪八戒、沙和尚去西天取经，本来是一件很简单的事情，孙悟空自己翻两个跟头就可以到达西天，那为什么还要花上14年的时间，一步一步地走到西天呢？其实都是为了锻炼心态，只有经过14年的心态磨炼，他们才能修成正果——成佛、成仙，一个团队组建起来，也会经历这样的一个过程。

富翁在海边度假，见到一个垂钓的渔夫。富翁说："我告诉你如何才能成为富翁和享受生活的真谛。"渔夫说："洗耳恭听。"富翁说："首先，你需要借钱买条船出海打鱼，赚了钱雇几个帮手增加产量，这样才能增加利润。""那之后呢？"渔夫问。"之后你可以买条大船，打更多的鱼，赚更多的钱。""再之后呢？""再买几条船，创建一个捕捞公司，再投资一家水产品加工厂。""然后呢？""然后让公司上市，用圈来的钱再去投资房地产，由此一来，你就会和我一样，成为亿万富翁了。""成为亿万富翁之后呢？"渔夫好像对这一结果没有足够的认识。富翁略加思考说："成为亿万富翁，你就可以像我一样到海滨度假，晒晒太阳，钓钓鱼，享受生活了。""噢，原来如此。"渔夫似有所悟，说道："难道你不认为我现在的生活就是你说的那些过程的结果吗？"

其实这是由两种不一样的心态造成的，富翁给渔夫规划的一生，是一个丰富多彩的人生，通过自己不断获得真正的成功获得自己想要的生活，就跟唐僧去西天取经的过程是一样的，经历了九九八十一难才有《西游记》这本伟大的著作，而渔夫所说的一生是平淡的一生。

### 1. 九九八十一难

在唐僧师徒取经过程当中，经历了九九八十一难的磨炼才取到真经。同样，做微商就是自己在创业，组建自己的团队就是经营自己的公司，在这个过程当中你一定会遇到很多困难，都需要自己去解决，把这些问题解决了，你就获得了成长。

在成长过程中一定会遇到困难，遇到困难迎难而上你一定会有所成长。一个人的一生，不遇到困难他是很难成长的，那些成功者之所以能成为一位成功者，都是因为他遇到的困难比你多，而他却不惧困难，成功地解决了困难，所以他比你成功。

一个集团公司的总经理要管理一个 1 000 人的团队，他遇到的问题一定比你多，因为公司的问题都需要他来解决。世界上最富有的人，是跌倒最多的人；最勇敢的人，是每次跌倒都能站起来的人；最成功的人，是每次跌倒，不但能站起来，还能够坚持走下去的人。

### 2. 每一天都在进步

在去西天取经的路上，唐僧每天带着自己的团队向前跨一步，就离自己的目标近了一步。做微商也一样，你每天往前走一步，哪怕是很小的一步，都是进步。对于每天的进步，自己最好制定一个标准，坚持每天写一篇文章、每天录一段语音、每天看一篇文章、每天跟一位老顾客沟通一次、每天给一位顾客点赞、每天给一位顾客写一条评论等，坚持每天都去做，自己就获得了成长。

千万不要想着一夜之间暴富、一夜之间招到 100 位代理商、一夜之间拥有 100万的粉丝，这是一件不可能的事情，而必须通过自己每天的累积才可以做到，万里长城不是一天就可以建成的。如果一夜之间你拥有了 100 个代理，请问你知道如何管理吗？如果不善管理，你将会在很短的时间里流失这些代理。例如你突然拥有了1 000 万元，可是你现在不知道怎样理财，那么在很短的时间里这 1 000 万元就会被你花掉或者是赌掉。

鸡蛋，从外打破是食物，从内打破是生命。人生亦是，从外打破是压力，从内打破是成长。如果你等待别人从外界打破你，那么你注定成为别人的食物；你若能让自己从内打破，那么你就会发现自己的成长相当于一种重生。

### 3. 拜师学艺

现在是一个快速发展的社会，每年这个社会都会诞生很多新生事物。我们要跟上这个时代的步伐，最好的方法就是找一位老师，这样自己可以第一时间就学习到最有效的方法，而不需要浪费大量的时间慢慢地去摸索。一个老师能讲出来，那么他的方法一定有效，因为他讲的课，不是讲给你一个人听，而是讲给成千上万的人来听。

一定要认真、虚心地向每一位老师及身边的朋友学习，每个人都是我们的老师，都有我们学习的地方，学会用欣赏的眼光看他们，你就会发现他们每个人身上的闪光点。当一个人不断地去学习别人的优点、长处时，自己就会变得越来越优秀。

孙悟空之所以拥有七十二变，就是因为得到了师傅菩提老祖的真传。一个人如果想创业成功，最好找一位老师来指导自己，这样可以让自己少走弯路，尽早获得成功。

#### 1）读书拜师

一个作者写一本书，需要累积多年及行业里的知识，脑子里没有内容，拿什么写？一本书通常是一个作者的智慧结晶，作者会将自己所知道的方法、技巧都写到书中，因为一个作者只有帮助到更多的人，才能体现自己的价值。

通常，一个作者书的好坏，直接决定了每一位读者怎样看他，所以他会认真地写书，并且他也希望自己的书大卖，因为这样他会很有成就感。每本书的价格都不会很高，最多只有几十元，可是书里内容的价值远远超过了这本书的定价，因为一个人累积两三年，甚至十年、几十年写出来的书，现在你花上几十元就可以学习，这是一笔非常好的投资。所以笔者一年至少要阅读100多本书，因为读书是最有价值的投资之一。

#### 2）读人拜师

我们知道书都是人写出来的，所以最好的学习方法就是读人，如果在自己资本允许的情况下，可以直接拜作者为老师，对于实战的老师可以直接去参加他的课程，当然费用可能会高些，可是能直接跟本人交流、学习，你可以学到更多，因为书是死的，而人是活的，老师可以根据你的实际情况提出很好的建议。

### 4. 学会借力

在这个世界上，一个人仅靠自己的能力是远远不够的，最好的办法就是要去借力，借名人的力、借大咖的力、借老师的力，因为这些名人、大咖都拥有 10 万、100 万的粉丝，跟这些名人保持很好的关系，就很容易借力。

例如，你想增加粉丝，现在你跟大咖的关系很好，帮助他在一个 500 人的群里做主持，群里这 500 个人当中一定有很多人想主动认识你，因为你得到了大咖的认可，自然有人想认识你，并且这群人都是被大咖吸引过来的。如果你能认识 10 位这样的大咖，那么在很短的时间里暴增一万的粉丝是一件非常容易的事情。

#### 1）为大咖提供服务

当然，这些大咖通常是自己可以接触到的，可以关注到他们，最好的方法就是为这些大咖提供一些服务。你为这些大咖提供了服务，大咖不知道怎样回报你，就会主动地帮助你宣传，这样你很容易获得曝光度，获得更多人的关注。

帮大咖管理群、帮大咖写文章宣传、帮老师做主持、帮老师招学员，靠近了这些大咖自然就会有很多机会。每个人都会还人情的，何况是大咖？他们一定会主动还你人情，并且还得更多。

#### 2）成为大咖的学生

你可以买大咖的产品，这样你们之间就成了师生关系。老师帮助学生是一件很容易的事情。例如，小米公司刚发布新的小米手机，你第一时间晒新小米手机的图片，再 @雷军，他一定会帮你转发，因为你已经成为了他的顾客，你们之间的关系已经变了，不仅仅是陌生人与陌生人之间的关系，也是他与顾客之间的关系。

要想快速改变自己跟任何一个人之间的关系，最好的办法就是投资一些钱，例如买名人的产品或者成为大咖学生。

### 5. 明确自己的目标

唐僧团队有很明确的目标，就是到达西天取得真经，再送到东土大唐。同样，你做微商的目标、个人团队的目标都要非常明确，这样整个团队才会为这个目标去奋斗。

要完成整个团队的目标，要靠完成好多个人的目标才可以达到。首先要了解团队每一位成员的目标是什么，例如，要买一套房子、买一辆车、带父母到国外去旅游。明确要实现这样的目标需要创造多少业绩，让每一个人时时记住自己的业绩目标。

### 6. 帮助每一位团队成员

要帮助每一位成员获得成长，因为只有每一位代理、每一位团队成员成长了，整个团队才能成长。现在不是一个人单打独斗的社会，靠一个人的能力是远远不够的，必须靠团队的力量。一个人一天只能卖出10件产品，可是靠一个团队一天就可以卖出100件甚至1000件产品，同时你的财富也增加了100倍甚至1000倍。有一颗成就他人的心，才会有更多的人来成就你，你帮助了多少人，就有多少人希望帮助你成功。

管理公司也是同样的道理，如果公司团队有1000人，都希望他的老板获得更大的成功，那么成功也将会变成一件很容易的事情。

### 7. 成为一位价值输出者

只有你成为了一位价值输出者，才能得到顾客的支持、团队的支持、朋友们的支持，才能吸引源源不断的粉丝关注你，才能有源源不断的代理跟着你。

向顾客输出关于产品的知识、健康理念、人生哲学、自我成长、新媒体、团队管理方面的知识；向合作伙伴输出营销、团队管理、人生规划、财富投资、时间管理、自我励志、个人品牌打造方面的知识。一个人输出的价值越多，就会得到越来越多的价值回报，因为你输出的价值帮助他们获得了成长。

一位作者，出版了一本著作，有100万粉丝购买了这本书，那么作者就向100万的粉丝输出了自己的价值；一位演员演了一部电视剧，在电视上播放，有1000万人观看，那么这位演员就为1000万人做了价值输出，因为他让人们的生活更有趣、更丰富多彩；一位歌手演唱了一首新歌，有1亿人收听，那么这位歌手就为1亿人做了价值输出，因为他让1亿人获得了快乐，这就是为什么有这么多人追星的原因。

### 8. 参加圈子活动

如果只是在家里做微商，就很难把事业做大，所以要多出去走走，参加一些团队组织的活动，跟大家相互交流学习，参加一些微商大会，了解微商最新的发展状态，融入整个微商的环境，看到整个微商的发展趋势，看到微商美好的未来，你就会更努力地去做微商。参加活动的好处还有，当自己有了有价值的内容时，分享到自己的朋友圈里，会让自己朋友圈的内容更丰富多彩，而不会显得很单调。

参加圈子还有一个更大的好处，就是一旦你认识了更多的人，可能有机会站在舞台上分享自己的创业故事，这样自己就能获得更多的机会。

### 9. 做好服务

做微商只有做好了服务，才能赢来更多的顾客重复购买。只有顾客不断地购买，自己才可以获得更多的利润。一位顾客只购买一次产品，只能为你创造 60 元利润，服务好了顾客，他若跟你重复购买 100 次，产生的利润就是 6 000 元，如果你维持好了顾客，有 100 位顾客重复购买你的产品，产生的利润将可达 60 万元，一年的时间就可以成为百万富翁。

做好了服务，你就能获得成功，做不好服务一定会失败，做好了服务就有可能成为百万富翁，做不好服务也许只能挣 6 000 元，甚至不能养活自己。

### 10. 相信自己

一定要相信，靠自己的努力一定可以把微商做好，一定可以取得成功。一个相信自己能散发更多能量和磁场的人才能带领团队，成为人们心目当中的英雄，记住一定要相信自己。相信自己最好的办法，就是提高自己的能力、智慧，多阅读书籍、参加培训。

做微商是这个时代的趋势，要在这个万变的社会去适应它，除非你可以摆脱控制，脱离世界。能跟随时代步伐的你，生存肯定没有问题，而且不仅能跟上步伐，还能创造步伐，那么你一定可以更优秀。几十年前，贺龙拿两把刀去砍日本人，那时叫民族英雄，现在再去砍日本人，你就成为破坏中日友谊的人了，并且要被判刑，所以在什么时候做什么事、该怎么做，是成功的关键。

#### 案例解析

我的一个学员叫赵南，是一家早教机构的负责人，因为早教机构越来越多，竞争力越来越大，招生越来越难，就跑来问我怎样利用网络招生，我的回答就是："打造早教自媒体，输出价值。"

对于刚做爸爸妈妈的家长，都希望自己的孩子不要输在起跑线上，所以他们知道怎样开发孩子的左右脑，让自己的孩子变得更聪明。

首先，让早教机构的老师录制教家长怎样开发孩子左右脑的视频，内容可以围绕怎样鼓励孩子、怎样跟孩子沟通、怎样培养孩子的兴趣、怎样培养孩子的动手能力等，再把这些视频上传到各个视频网站，就能吸引大量家长的关注，成功招生。

其次，搭建一个爸爸妈妈交流的社群，让家长在这个平台上秀自己的孩子，分享自己孩子的成长过程，组织线下活动，邀请那些非常有经验的爸爸妈妈分享自己的培养心得。

最后，发动公司的员工进行全员营销，每天有专门工作人员拍摄早教机构孩子上课的情况，挖掘课程的特点并把照片分享到朋友圈，例如孩子认真学习的照片、孩子卖萌的照片、孩子做游戏的照片，全公司的员工跟着分享这些内容到朋友圈（员工分享每个月给一些补助红包，使其有动力配合公司的工作）。

该学员运营 3 个月以后，向我反馈现在学生爆满，准备再开几家分校。

做微商，想让成千上万的人跟自己做生意，就需要提高自己的影响力，靠影响力做生意是一件非常容易的事情，最好的办法就是打造自己的微商电台。

# 4.4 微商电台打造影响力的 6 大方法

借助移动互联网做生意，就需要让自己变得越来越具有影响力，才能吸引成千上万的粉丝关注，让十万、百万、千万的人跟自己主动做生意。这些都需要借助自己的影响力，靠借助自己打造的自媒体电台和组建团队达到百万、千万的影响力，有了电台就可以打造出个人品牌。

## 1. 成为价值输出者

一个人想拥有影响力，必须成为一位价值输出者，而一个优秀的领袖也必须成为一位价值输出者。每位领导都是价值输出者，通过输出价值统一员工的思想，通过价值输出树立自己的权威，通过价值输出让更多的人跟随自己。即使是微博上的一些网红美女也都知道要输出自己的价值——教粉丝怎样化妆、教粉丝怎样穿搭衣服、教粉丝怎样做一个爱自己且独立的女人，其实就是告诉粉丝自己很美，也很有才，一般这些网红美女都拥有百万粉丝。

一旦你能给人带来价值、好处，就会有越来越多的人尊重你，你就有了影响力，自然成为了微商界的领袖。你准备运营自己的电台，问一问自己，自己能向粉丝输出什么样的价值，哪些优秀的电台能满足粉丝的需求。

### 2. 拥有自己的电台

成为一个价值输出者，更多的是向外输出价值，只有向外输出价值，才能吸引更多的粉丝关注，才能发挥自己的影响力，拥有 10 万粉丝的人和拥有 100 万粉丝的人的价值是不一样的。

在传统的社会里，个人没有网络、电台、媒体，只有政府机构才拥有。现在随着移动互联网时代的到来，人人都可以拥有自己的自媒体、电台、电视台，从而给平民提供了一个塑造自己影响力的机会。人人都可以在自己的电台做主持人，做自己喜欢的节目，获得粉丝的认可和喜欢。

#### 1）经营朋友圈、公众号

经营公众号和朋友圈的好处就是，可以拥有自己的"鱼塘"，通过公众号可以跟粉丝建立很好的沟通和互动。如果你想借助自媒体实现营利，就需要把所有的粉丝都吸引到公众号里，只有这样才能实现很好的商业闭环，他们可以在线给你点赞，或者购买产品支付现金，而这些都要靠公众号和微信朋友圈跟粉丝升级关系才行。

#### 2）音频电台

现在有很多优秀的音频电台可以自己申请做主持人，拥有自己的电台，例如喜马拉雅、荔枝电台，都是非常优秀的平台，每次音频播放的次数都可以达到几十万甚至破百万。

做音频节目很简单，就是你知道什么，就输出什么——录什么样的音频。通常要做到以下 4 点：

（1）明确你要做一个什么样的电台

首先，要明确自己要创建一个什么样的电台。你应当了解自己知道什么，只有做自己知道的事情，才能把事情做好，才会得到大家的认可。例如，你是准备做一个情感电台还是讲故事的电台，又或者是音乐电台、营销电台、微商电台等。

对于做微商的朋友，一定要做一个能帮助到微友的电台，不能做一些搞笑的电台，这样的电台不利于后续的产品销售。一个卖化妆品的微商，可以做一个关于女性的电台，这样才能把粉丝转化成顾客，把产品卖给顾客获得利润。

（2）讲自己的成功案例

对于很多微商来说，希望利用电台来招商，那么就应讲自己真实的案例，这样才更有说服力，才更容易感动粉丝，也才能得到粉丝的认可，从而招到代理商。如果讲自己没有做到过的内容，恐怕没有人会认可你。

在讲课时，最好用案例的方式来塑造，以吸引更多的粉丝来收听自己的课程。例如，做微商一个月收入 100 万的成功案例、3 天成功吸收粉丝 5 000 人的成功案例、卖苹果做到月收入 50 万的案例等。

（3）三二一的模型

很多人都担心自己讲得不好，非常不自信，害怕出丑。其实不用担心，做什么事情都是越做越好，做多了就做好了，"成长必出丑、出丑必成长"。

你已经做微商 3 年了，你告诉我你没有累积一些经验，这是一件不可能的事情，只要你去总结，就可以总结出很多经验。怎样吸引别人关注、怎样做朋友圈、怎样写文案、怎样做活动、怎样成交顾客，这些都是很好的话题，只要自己去总结，并把总结出来的这些经验用语音的方式录出来即可。

（4）调整好状态

一个人的状态非常重要，一个自信的人和一个不自信的人，发出的能量是完全不一样的，在自己录制电台的时候想象下面有 100 万观众在听你演讲，面对 100 万的观众你要用什么声音来吸引他们，散发出自己的能量呢？在录制时，声音尽量放慢一些，这样观众听起来会更清楚、更有磁性。

3）视频电台

做视频电台真人秀的方式很好，做视频要注意的一点就是，自己必须懂得一项专业知识，能通过视频传递更多的价值给他们。

人们越来越喜欢观看视频，一段视频的播放量可以达到上百万、上千万，现在做得好的视频电台就有"罗辑思维""吴晓波频道""晓松说"，它们都达到了过亿的播放次数。

## 3. 组建线上团队

要想让自己的电台变得越来越有影响力，就要组建自己的团队，团队一起分工才能把电台做出特色出来。只靠自己一个人的力量，是很难产生影响力的，自己必须组建一个团队，进行团队作战才能形成巨大的影响力。一个人的力量，怎么可以敌过一千个人的力量、一万个人的力量？"十点读书"就是团队作战，多个主持人做音频节目，现在已经达到了 400 多万的粉丝量。

### 4. 传授能力

只有向人们传授知识、能力，这个电台才有价值。请问你能向粉丝传授什么样的知识和能力呢？

在音频自媒体平台上的"喜马拉雅"上就可以看到不同专家制作的音频自媒体，关于健康、营销、新媒体、理财、心理学等，这些音频自媒体的播放量都达到了百万、千万的播放次数。

### 5. 学会演讲

每一个做电台的人都会演讲，在美国竞选总统要靠演讲，通过演讲的方式来拉票，为竞选助力。演讲是最好的一对多的价值输出方法，一个人同时可以向 1 万、10 万、100 万个人输出自己的价值。

我们会发现，那些会演讲的人往往都取得了很大的成就。每一位成功人士都是一位非常出色的演讲家，美国总统奥巴马、企业家马云、俞敏洪等都是非常出色的演讲家。

### 6. 组织线下活动

一直在线上沟通，很难升级关系，只有通过线下活动，才能把关系进行很好的升级。你做自媒体粉丝达到了 10 万、100 万，如果线下不举行粉丝见面会，就很难留住这些粉丝，过一段时间这些粉丝会纷纷地取消关注。

通过线下升级关系成为好朋友。请问你会随便取消一个好朋友的关注吗？一定不会。就是这个道理，线下才是关键，像"十点读书"就在全国各地组建了十点读书会、线下读书社群，把粉丝的关系维持得很好。当你有一个电台为自己提供源源不断的粉丝时，你做生意就变成了一件非常容易的事情。

**案例解析**

李浩民，江苏的学员，在朋友圈卖蜂蜜。他的蜂蜜是云南农民养的蜜蜂采的，非常有特色，开始蜂蜜卖得非常好，可是因为蜂蜜复购很低，很多顾客购买一段时间以后，需要经过很长一段时间才会重新购买，所以一段时间以后他遇到了瓶颈，就找我沟通，寻找解决的方法。

通过了解，他之前之所以生意做得非常好，是因为他加入到了一个圈子，这个圈子为他提供了大量的顾客来源，可是经过一段时间这些顾客都跟他购买过产品以后，他又没有开发新的顾客，就导致生意不理想。因为线下也有很多人在卖蜂蜜，并且他是个人创业，所以很难提起线下那些店面老板的兴趣。根据他的情况，笔者建议他做一个价值输出者。一个人一旦输出了价值就成为了领袖，自然会吸引大量的人关注他。

到现在，他已经创业两年了，已经累积了大量的创业经验，所以可以讲一讲自己是怎样卖蜂蜜的，以及自己是怎样利用微信朋友圈来卖自己的产品的，再把这些内容整理成课程，在大量的微信群里分享。一个群有 500 个人，10 个群就是 5 000 人，100 个群就是 50 000 人，只要在 100 个群里分享了自己的创业经验，就可以影响到 50 000 人。

做了 3 个月以后，他的粉丝爆满，每个月都达到了 30 000 的销售额，同时他也打造了自己的个人品牌。

每个创业者，只要把自己的创业故事、知道的方法分享出来，就能获得大量的粉丝，带来大量的生意，因为你分享的这些知识能帮助那些创业者少走弯路、获得成功。做微商要想获得成功，就要尽量少走弯路，一旦自己走错了路，自己再怎么努力都没有用了。只有方法成功了，才能保证成功。

# 4.5 微商创业 10 大忌讳

对于通过微商来创业的朋友来说，最怕的就是自己走错了路，犯了自己不应犯的错误，才导致自己的微商之路走向失败，每天辛辛苦苦地做微商，结果却没有得到自己想要的结果，浪费了自己宝贵的时间和精力。做任何事情都有方法，失败者之所以失败，都是因为他没有找到正确的方法，方法用错了失败是必然的。

## 1. 选择错产品

顾客喜欢、信任、认可你，愿意把钱送给你，并且长期送钱给你，是因为你的产品可以真正地帮助到他，他真正需要你的产品。一旦你的产品选择错了，你的创业也一定会走向失败。产品是微商创业的根，根基不稳，大厦建得越高，风险就越大，总有一天会倒下。

笔者有一个企业学员，想借助微商渠道销售一款茶叶，可是这款茶叶没有任何的特色，我告诉他这样的产品是很难借微商渠道销售的，就是组建团队也做不起来。"请问怎样宣传、怎样打动顾客？"答案是：都不能。现在做微商卖袜子，卖防臭袜子就卖得非常好，因为有特色，抓住了顾客的痛点。现在市面上的袜子都不能防臭，而我们推出来一款防臭袜，顾客当然会疯狂购买，因为所有的人都担心自己穿的袜子臭，而被身边的人排斥。所以微商创业一定要选择好产品，选择好的产品再加上团队，你就成功了一半。

### 2. 不专业

很多朋友做微商一点也不专业，今天卖衣服，明天卖面膜，让人一看就觉得是一个杂货店的老板，很难让人相信，更难打造出个人品牌。要把微商做好，就必须打造出个人品牌，打造出了个人品牌，想卖任何产品都可以。因为有了个人品牌做信任背书，成交就会变成一件很容易的事情。

卖产品一定要专一，给人专家的感觉要是值得信赖的。人们更相信专家，而不是一个杂家——顾客提出问题时，你不能很好地回答，一问三不知，顾客当然都被吓跑了。

### 3. 坐门等客

很多做微商的朋友，都是在那里坐门等客，不主动去做推广，依靠自己微信朋友圈里的一些好友，刚开始还可以，可是经过一段时间以后，所有的朋友该支持的都已经支持了，该买的都已经买了，便不会再有收入了。因此，只有自己开发新的顾客，才能获得持续的收入。

做微商，自己不推广是没有粉丝会主动加你的，坐门等客只会以失败告终。每天都在拼命刷朋友圈，不如在线下做活动，写文章推广自己，打造自己的个人品牌。线下是一个巨大的市场，到那些人流量大的商场、广场去做活动，一定可以吸引大量的目标客户关注，再通过线上的沟通，成交就变成了一件很容易的事情。

### 4. 盲目跟风

看别人卖什么产品，自己也卖什么产品，盲目跟风，不去分析市场，可能你现在卖这个产品已经错过了最好的时机，现在这个产品已经没有市场了；看到很多人买那些加粉丝的软件，乱加粉，自己也买，结果导致被封号，一切都白做了。原因在于自己根本没有去认真思考，加的这些粉丝是否对自己的产品有需求。

### 5. 欲速则不达

我们知道，做任何事情都有一个过程，可是很多人都有一夜暴富的心态，希望一夜之间自己获得百万、千万的粉丝，希望招到最多的代理。但做任何事情都需要一个过程，你先带好10个人的团队，才能带好100个人的团队，10个人的团队都没有带好，怎么可能带好100个人的团队呢？带10个人的团队也许很容易，当有100个人时，就不需要自己亲自管理了，就要制定制度，培养团队组长去执行。

### 6. 执行力不够

很多人的执行力都不够，这是他没有把事情做成功的主要原因，总是希望不努力而获得成功这是不可能的。成功没有秘诀，只需坚持做事情，持之以恒，一天写一篇文章，一年就可以写365篇文章，就可以出一本书。可是很多人都做不到这一点，这就是执行力不够。

做微商一天能吸引10个粉丝关注，一年就是3 650个粉丝，可是很多人都不愿意去做。其实很容易，一个星期做几次线下推广，策划好方案，增长几百粉丝非常容易，找到正确的方法后坚定地去执行就行。不要小看这些粉丝，这3 650个粉丝都是自己吸引过来的真正粉丝，是对自己卖的产品有真正需求的，他们不是自己随便乱加的粉丝，每个人跟你购买一款价值100元的产品的话，就是365 000元。

### 7. 没有提供价值

如果不提供价值，没有人会跟你成为朋友、做生意，如果你不能给团队不断地提供价值，那么团队就会解散。只有让自己成为一个有价值的人，才能吸引更多的顾客关注，才能招到更多的代理商。

经营朋友圈也一样，一打开你的朋友圈全部是广告，有谁会仔细去看？因为你是一个没有价值的人。所以一定要让自己越来越值钱，为团队提供更多的方法，为顾客提供更好的产品、更好的服务。

### 8. 只做线上

不能把所有的时间都放到线上，而忽视了线下，其实线下更容易做。线下获得的粉丝因为都是一个地域的，维持关系很容易，并且相互之间可以成为朋友，招到的代理也很容易维护，线下可以组织集会、培训，并且不需要投入太多成本。

线上招到的代理，因为一些小的失误，就可能会离开团队，而线下招到的代理，一旦遇到问题，还可以当面沟通解决。把线下做好了，再做线上就很容易了，所以不要一直做线上，更要做线下，线下的市场更好做，并且更强大。

未来什么样的企业会赢？就是那些真正懂得线上和线下相互结合的企业家。

### 9. 没有制定好制度

要把微商做好，就必须组建自己的团队，只有把自己的团队打造成功了，做微商才能成功，要想管理好团队，就要靠好的制度，只有制定好制度，才能将团队管理得很好，所以一定要根据实际情况，制定好相应的制度。

制度就是一种框架，它可以明确地告诉团队成员，应该做什么，不应该做什么。一旦失去了框架，整个团队就像一盘散沙，自己愿意做什么就做什么，抢别人的团队成员、乱价等，这些问题都会出现。而团队的运作，一切都要按制度来执行，没有规矩不成方圆。

### 10. 舍不得投资自己

舍不得投资自己，就很难获得成长。不通过投资为自己拍一些形象照，就没有一个很好的形象展示，就很难吸引粉丝关注；不投资学习，自己就不能让团队获得成长，所以要投资自己，投资团队，自己学习的同时要带上团队一起学习。这样才可以让团队跟自己一起成长，一起进步，这样整个团队才会成长得最快。

微商要做大、做强，就需要组建团队，并且要管理好微商团队，才能把企业的产品销售给十万、百万、千万的人。

# 第5章
# 如何管理好微商团队

■■■■■■■■■■■■■■■■■■■■■■■■■■■■■■■■■■■■■

如果想让自己的团队越做越大，就要通过合适的管理方法来管理自己的团队，组建团队一起帮助自己工作，把自己的事业做得越来越大。很多人都对管理存在错误的理解，把管理理解成对人的看管，其实真正的管理是激发员工自己发挥自己的优势，实现自己人生的最大的价值，从而实现公司的价值。

对于一位管理者，一定要去发掘每位员工的优势。每一个人都有自己喜欢做的事情，对于一位喜欢唱歌的歌手来说，他工作多久都不会感觉到累，因为他在做自己喜欢做的事情；对于一位喜欢演讲的演讲家来说，你不付钱，他也会做；对一位喜欢做销售的员工来说，他加班多久都不会觉得累，不会抱怨，因为他喜欢做销售。所以作为一位管理者，一定要把正确的人放在正确的位置上，最大化地发挥他的才能和优势。

## 5.1 如何成为一位出色的管理者

当自己的事业做得越来越大的时候，就需要管理越来越多的人，需要培养更多的管理者为自己工作。什么样的管理者才是一个出色的管理者？通过别人来完成工作，只负责计划、监督、服务团队工作的管理者才是出色的管理者。

《三国演义》里的刘备，便是一个很好的例子，排兵布阵工作他安排诸葛亮完成，上前线打仗安排五虎上将关羽、张飞、赵云、魏延、王平等人完成，所以刘备是一位出色的管理者，因为他的工作都由团队成员去帮助完成。诸葛亮的工作大部分都是由自己完成的，结果自己劳累而死，因为他没有培养人才帮助自己完成工作，他不能算是一个优秀的领导者。后来因为诸葛亮的离世，蜀国也走向灭亡，这可以说这是诸葛亮在管理上的失误。

### 1. 发现人才，培养人才

管理者就是做人的工作，即发掘人才和培养人才，在这方面刘备就做得非常好，三顾茅庐请诸葛亮出山，得到了诸葛亮的帮助成为了三国时期称霸一方的君主。一位优秀的管理者，自己一定要去发现优质的人才，并利用他的优点，刘备充分利用了诸葛亮的优点，所有出谋划策的工作都由他来完成。

做微商也是一样，一定要认真发掘团队成员的优点，有的成员会讲课、有的成员会做主持、有的成员会写作，只要利用好他们的优点，分工合作就可以了。在我培养学员时，发现他们会写作的，就会鼓励他们去写作，并且策划帮助他们出书。对于那些声音非常甜美的学员，就建议她做音频自媒体；对于那些颜值非常高的学员，就建议他做视频自媒体。这样他们都能很好地发挥自己的优势，就能在很短的时间内做出成绩，并得到大家的认可。

### 2. 成为团队的教练，随时提供指导

既然你的首要任务是培养人才，那么就应该成为团队的教练，每天拿出时间指导你的团队成员，让团队成员每天都看到自己的成长。当他们遇到问题不能解决时，作为教练的你要教他们如何去解决问题，随时给予指导。他们表现好的时候，要提供积极的反馈，而当他们的表现有待提高时，也要肯定他们敏锐的反馈并提供完善的建议，每天都从他身上找出一些值得肯定的闪光点。

比尔·盖茨、柳传志、马云、王石虽然退出了公司的管理工作，可是他们会成为企业的导师，对企业的情况都非常了解，在企业做大的决策和战略时，都会有指导企业前进的方法，使企业不致走错路。一个企业只要不走错路，其他一些管理上的问题都可以解决，一旦走错了路，即使公司管理得再好，也不能救企业。

### 3. 成为你心目当中的管理者

每一位管理者都是从员工做起来的，在你做员工的时候你希望得到领导的关心，

希望领导愿意倾听你的意见，愿意帮助你，能给你提供辅导，并且经常肯定你的工作，赞美、表扬你，把你当作自己的家人一样对待。现在你有机会成为这样的管理者，那么你就要认真对待团队的每一位成员，关心他们的工作，关心他们的生活。

对于微商团队，多数是在线上由团队合作完成工作的，所以一定要非常注意与团队成员之间的沟通和感情培养。

### 4. 做好详细的计划

一个好的管理者有无能力往往体现在所做的计划上面，因为整个团队的工作都是由管理者来安排完成的，计划都做不好，整个团队就会没有方向感，不知道自己每天都要完成什么工作，全员受累，劳而无功。

今年一定要把下一年的工作计划写出来，再把工作细分到每一个月，这样就很容易完成。当然计划可能会有所改变，但只要做适量的调整就可以了，如果没有计划，整个团队就会失去方向。每个人也一样，如果没有计划，就不知道自己这一年是怎么混的，一年过去了，什么都没有收获。

### 5. 学会倾听

作为一个管理者，更多的是做服务工作，不需要自己去完成工作，所以一定要学会倾听，才会发现团队遇到的问题，所有团队问题都会反馈到管理者这里，所以要认真对待每一位成员的反馈。只有多听才会发现团队里面的很多问题，这些问题正是自己要解决的，例如，团队窜货、团队乱价、代理之间抢顾客等，这些都需要靠自己认真倾听才会发现。

### 6. 共同面对困境，提供帮助

团队难免会遇到陷入困境的时候，当你的团队成员处在这样的处境时，不要站在那里大声叫喊着让他们出来，一般情况下，这样的问题一定很难解决，所以自己不要在那里指挥，而应该跳到里面，挽起袖子手把手地教他们怎样解决。

不会管理团队，自己做给他们看；不会开发陌生的市场，自己做给他们看；不会讲课，自己讲给他们听。

### 7. 用讲故事的方式激励团队

管理者一定要学会讲故事——讲自己的故事、讲团队的故事、讲佛学的故事、讲成功人的故事，通过讲故事的方式可以很好地激励整个团队的战斗力。

要挖掘团队员工身上感人的故事来激励团队，例如，宝妈如何做到月入 10 万、如何通过一个月的学习成为了一位优秀的讲师、如何在一个月招到 100 位代理的故事，要把这些故事讲给团队所有成员听，让他们看到希望。

### 8. 制定严格的制度

对于一个团队来说，团队管理制度很重要，而且一定要非常严格，一旦有谁不遵守团队的制度，就要受到相应的罚法，因为没有规矩不成方圆。

笔者经营读者群，所有进群的读者都必须做群规宣言和自我介绍，没有做到的都开除出群，一旦发现哪个人在群里发广告，一律开除出群，以后他也没有任何机会再次进群。很多群发红包就可以发广告，这样做的结果就是成了广告群，只要有一个人发广告，就会有 10 个人、100 个人跟着发广告，制度不严格就会成为一个垃圾群。

在笔者公司，迟到 3 次一律开除，没有任何理由可以讲，谁不遵守团队的制度，就要受到罚法。设定制度就要像高压线一样，罚就要罚得胆战心惊，就像电网一样，一旦触摸，定遭"毒"手。

### 9. 不要停止对自己的投资

作为一位管理者要领导整个团队进步，而只有自己进步了才能带领团队前进。在这个商业高度发达的社会，知识的更新越来越快，一个月不学习你就跟不上这个社会的脚步了，所以要大量地阅读，充实自己后将自己学到的知识和技能与自己的团队分享，要让整个团队一起跟着自己进步。只有自己不断地学习，才能给团队更多新的打法、新的资讯，才能在团队面前树立自己的权威，整个团队才会跟着自己向前走。

## 5.2 一个出色的管理者都做什么工作

很多管理者都不知道自己每天都应做什么事情，总经理跟经理抢事做、经理抢主管的事做、主管抢员工的事做，结果导致员工没有事可做，这是很多管理者都会犯的错误，这都是因为管理者没有明确自己每天都应做什么事情。在我们身边有很多这样的领导，什么事都要亲力亲为，结果团队成员做每件事情时都要向他请教，就跟诸葛亮一样，自己越来越优秀，可是团队成员却一个个都成了草包，使得整个团队少了他就不能很好地运转。

**113**

### 1. 培养人才

一个公司要发展得越来越好，就需要更多的人才，只有吸引更多的人才，才能推动公司的发展。培养人才需要通过各种方式，可以自己培养他们，也可以请行业里的专家、教练来培训，并且还可以请团队中的优秀队员，在团队内部分享自己的实战技巧。对于微商团队来说，更要重视人才的培养，因为每个人都是一位管理者。每个人都要学会组建自己的团队，才能把微商做好，整个微商团队都需要团队管理的培训。

### 2. 布置工作

作为管理者每天最重要的工作，就是布置团队成员的工作，很多管理者都在忙自己的事情，却不安排团队成员的工作，常常要团队成员向自己要工作，这样就会导致整个团队很被动，团队的成员每一天都不知道该去做什么事情。

很多微商团队领导人每一天都只知道做自己的事情，从来不花时间跟团队成员沟通接下来他在一个月、两个月里的工作内容，结果导致整个团队都没有目标，团队成员都不知道自己该干什么，这样下去整个团队就会人心分散，没有战斗力。

### 3. 做计划

把各项工作安排团队成员去完成，管理者就有时间来做团队的计划安排团队以后的工作，制定团队目标。这样团队成员才不会无事可做，因为管理者已经在3个月前甚至上半年就规划好了下半年的团队工作、团队目标。

做计划就是要拿出时间思考下一阶段整个公司要向哪个方向发展，为了这个发展方向要做好什么准备，团队要完成哪些工作才能很好地推动下一阶段的工作计划的完成。作为领导人一定要在一个月里抽出一些时间跟自己的团队做一个沟通的工作，让他们知道自己要干什么。

### 4. 监督检查

管理者布置好工作以后，每天都要监督检查工作完成的情况，保证工作按时完成。如果没有完成，就要分析是什么原因导致的，如果是心态的问题，就要找员工沟通，确定遇到了难题，就要帮助解决。

对于那些长期不能完成工作的员工，应该教育；对于那些对着干的员工，早点让他离开团队，不要因为这些员工影响到整个团队。

### 5. 协调工作

团队成员之间在工作当中或者团队成员跟公司部门产生了相应的矛盾，也需要管理者去协调，以保证工作能按时完成。如果领导人不去调解，就会导致工作停下来，就会浪费公司大量的资源。

### 6. 服务

管理者就是为整个团队服务的，团队遇到问题都需要管理者去解决，管理者还要关心每一位团队成员的成长。管理者服务好了员工，员工才会服务好我们的顾客，员工把顾客服务好了，顾客才会从企业购买更多的产品，为企业创造更多的利润。

管理者要做的事情，就是去服务一群员工，让他们好好工作、安心工作，而不是自己去干事情。管理者只有根据各个员工的特性来管理，才能管理好团队里的成员。喜欢钱的要用钱来激励，荣誉感强的要用职位来激励他，对安全感要求高的员工就提供给他更好的保障。

# 5.3　如何管理好类似唐僧师徒这样的员工

马云在一次讲演当中，非常认可唐僧师徒取经团队，在每个企业当中都有这样的员工，孙悟空这种员工，能力很强却很难管理，但对工作却非常认真；猪八戒在团队当中经常赞美领导，给领导拍马屁，让领导感到自己的价值不菲，也能处理好与其他团队成员之间的关系；沙和尚这样的员工任劳任怨，每天都在为团队辛苦地工作。

在《西游记》中，唐僧是这个团队的领导者；孙悟空是工作能力最强、业绩最突出的顶梁柱；而在现代团队中，八戒绝对是一个出色的公关人员；沙僧属于对团队有较高忠诚度的专业技术类人才。他们之所以能走到西天，是因为唐僧能人尽其才地发挥他们各自的长处，他是一个团队管理的高手。

马斯洛的人类需求层次理论把人的需求分为 5 大类：尊重需要——唐僧、自我实现需求——孙悟空、生理需要——猪八戒、安全需要——沙和尚、社会需要——小白龙。

### 1. 唐僧——尊重的需求

我们知道唐僧去西天取经不是为了自己，而是受人之托去西天取经，取得真经后造福大唐子民。这个动机表明唐僧是为了得到更多人的尊重才到西天取经的，即我为人人，自己做的所有事情都是为了得到更多人的尊重——，即人人为我。

在一个公司里，这样的人通常是领导层，自己带领拥有上百甚至上千人的团队，他做的事情都不只是为了自己，而是为了整个团队成员的发展。作为公司的创始人，对唐僧这样的高层，要让他去领导更多的人，从而组建更强大的团队，并获得更多人的尊重和喜欢。他在公司工作，不只是单单为了得到钱，更多的是为了成就更多的人。

### 2. 孙悟空——自我实现的需求

在马斯洛需求层次理论中，悟空的需求属于最高级别，即实现自身价值的需求。因为其他需求他都已经获得，对他来说已没有任何挑战性了。因此保护唐僧西天取经，一路降妖除魔，最后修成正果，得到"斗战胜佛"的金身，正好实现了他的自我价值。对于孙悟空这样的人才，管理者应当鼓励他在企业中自主创业，企业同时要为他提供一个巨大的舞台，让他在这个平台上实现自我价值。

这是最高层次的需要，它是指实现个人理想、抱负，最大限度地发挥个人的能力，完成与自己的能力相称的一切事情的需要。也就是说，人必须干称职的工作，这样才会使他们感受到最大的快乐。马斯洛提出，为满足自我实现需要所采取的途径是因人而异的。自我实现的需要是努力发掘自己的潜力，使自己越来越成为自己所期望的人物。这样的人很有才能，他需要一个巨大的平台来展示自己的能力，让自己为这个社会创造更多的大价值。对于这样的能人，企业一定要让他看到自己的发展空间。

### 3. 猪八戒——生理需求

猪八戒，性格温和，憨厚单纯，力气大，但又好吃懒做，爱占小便宜，贪图女色，经常被妖怪的美色所迷惑。贪吃好色、好大喜功、追求利益、世俗享受、利益至上，这是人的最低层次的需求。

对于这样的员工，只要做好奖励，使他获得最大的利益，就能管理好他，不要跟他谈梦想、谈使命，因为在他心里利益至上。只要告诉他跟着你干就可以一个月挣到10万元，一年可以挣到一百万元，他就会很高兴地跟着你干。

### 4. 沙和尚——安全需求

沙和尚在保护唐僧去西天取经的路上任劳任怨，忠心不二，取经后被封为"金身罗汉"。他的经典台词："大师兄，师傅被妖怪抓走啦！""大师兄，二师兄被妖怪抓走啦！""大师兄，师傅和二师兄都被妖怪抓走啦！"（哈哈，说出来大家一起开心一下）所以对他来说安全最重要。

对于沙和尚这样的员工，不要让他去做有很大挑战性的工作，只要给他安排正常的工作，就能管理好他，因为他需要安全感。这是人类要求保障自身安全、摆脱事业和丧失财产威胁、避免职业病的侵袭、接触严酷的监督等方面的需要。马斯洛认为，整个有机体是一个追求安全的机制，人的感受器官、效应器官、智能和其他能量主要是寻求安全的工具，甚至可以把科学和人生观都看成是满足安全需要的一部分。当然，当这种需要获得相对满足后，也就不再成为激励因素了。

### 5. 小白龙——社会需求

小白龙原来是西海龙王敖闰殿下的三太子。龙王三太子纵火烧了殿上玉帝赐的明珠，触犯了天条，犯下死罪，幸亏大慈大悲的南海观世音菩萨出面才幸免于难，并被贬到蛇盘山等待唐僧西天取经。无奈他不识唐僧和悟空，误食唐僧坐骑白马，后来被观世音菩萨点化，锯角退鳞，变成白龙马，皈依佛门。

在去西天取经的路上，小白龙供唐僧坐骑，任劳任怨，历尽艰辛，终于修成正果，取经归来，被如来佛祖升为八部天龙马。因为小白龙只有经历苦难修成正果才能获得铁饭碗，按照之前他犯的错误，诛灭九族的罪过都有了，家人不认可他，天庭不认可他，取经就是为了重新得到家人、社会的认可，所以小白龙所寻求的是一种归属感、一种认可感。对于这样的员工，我们需要给他们更多的赞美、支持，使其得到更多人的认可，他就会愿意留在这个团队。

没有完美的个人，只有完美的团队。孙悟空的能力超强，可是处处跟领导做对，不服从管理。对于这样的员工，很多领导会把他开除，可是当这样的员工离开了以后，就会给企业带来很大的损失，就像唐僧把孙悟空赶走了，就没有人来替他除掉妖精，西天取经就很难取得成功。猪八戒这样好吃懒做的员工是不是应该开除呢？答案是否定的。猪八戒有一个非常大的特点，就是喜欢拍领导的马屁，在西天取经的团队当中，孙悟空、沙和尚都不拍唐僧的马屁，只有猪八戒一个人拍唐僧的马屁。几乎每个领导身边都有像猪八戒这样的人，领导也就不可避免地会对一个总是夸赞他的手下产生好感甚至产生依赖感。不管什么争执，猪八戒总是站在领导一方支持唐僧，并充分担当起唐僧所需要的制衡孙悟空的任务。像沙和尚这样的员工，不思进取，不敢做有挑战性的工作。对于这样的人，如果安排他去做技术性的或有执行力的工作，每天都做一样的事情，就是一个很好的员工。

# 5.4 团队榜样的力量

榜样的力量是无穷无尽的，可以影响成千上万的人。一个雷峰，影响了几代人开始做好事；一个马云，影响了无数人开始自己创业；一个史玉柱，影响了众多个企业家逐渐从失败走向成功；一个比尔·盖茨，影响了无数富人为这个社会做出贡献。其实这些都是榜样的力量，整个社会都需要榜样来引导人们形成正确的价值观、人生观，为这个社会做出更多的贡献。

为什么这么多的企业都纷纷转型做互联网？就是因为互联网诞生了大量的亿万富翁，有的10年前就成了亿万富翁，马云、李彦宏、丁磊、张朝阳都成了亿万富翁。同样，经营一个团队更需要榜样来带动、引导，使团队成员努力工作。一个团队就是一个小的社会，有了榜样，团队成员就有了方向，有了行动的动力。

### 1. 在团队里树立榜样

总有一些人在某些领域或某一方面，与其他人相比更为醒目、出众，做出了比多数人更为突出的业绩和贡献，榜样可以是伟大的领袖，也可以是马路上扫路的阿姨，只要他们身上有值得人们学习的地方。

我们发现人们的学习都是从模仿开始的，即都是从模仿榜样开始的，一个家族能富起来都是因为这个家族出现了一个榜样，所有的人都跟着这个榜样学习。团队里有一个标准的模板，团队成员就知道自己该怎样做了，了解做到了什么样的结果会得到大家的认可，自己还有哪些地方做得不够好，都以榜样为标准。

所以一定要去努力发现团队里榜样，并且培养他们成为整个团队学习的榜样，并且给榜样适当的奖励。努力发展那些优秀的团队成员，并把这些团队成员培养成榜样的力量，带动整个团队。

### 2. 请榜样分享自己成功的心得

榜样有别人身上没有的优点，那么我们就给他平台，让他来分享自己是怎样成为人们心目中的榜样的，怎样服务好顾客、怎样开发新顾客、怎样做线上和线下的销售、怎样带团队等。

可以树立销售冠军榜样、一流客户榜样、团队最有爱心榜样等，每个月评选一次，这样整个团队成员都可以向各类榜样学习。

### 3. 树立公司的榜样

一个公司同样也要树立一个榜样，让整个公司的成员看到整个公司的发展、未来的潜力，这样整个公司才有动力，成员才会为了共同的目标而奋斗，成为公司行业里的第一名，成为上市公司，成为世界 500 强公司。

小米的榜样是苹果，雷军成了中国的乔布斯；京东的榜样是亚马逊，成了中国的亚马逊。每一个伟大的公司都在向一个榜样公司学习，并希望通过 3 ～ 5 年甚至十年成为这个榜样。

如果一个公司的老板告诉你，跟着自己好好干，3 ～ 5 年以后你就可以实现财务自由，请问你会跟老板好好地干吗？当然会，会卖命地干，因为你看到了未来自己的希望。要保持公司快速发展，就需要人才不断的支持，只有这样才能保证整个公司的发展壮大，所以公司一定要做好人才储备的准备，到时这些储备的人才都可以独当一面。

# 5.5　做好团队人才储备

一个企业的发展需要人才来支持。领导工作概括起来其实有两件大事，一是出主意，二是用干部。用干部就是先做好人才的储备，经营企业其实就是在经营人才，储备人才是企业一定要做的事情。一旦团队成员因为其他情况不能为团队继续工作，那么就需要后备储备人才填充空缺职位。一旦有另外一个候补人才，他的价值就小了，职位变得稀缺，当职位稀缺时，他就会珍惜，你越不怕流失，他越就不会流失。

微商团队一般流动性很大，所以要储备大量的人才，才能保证整个团队发展。笔者一直在强调，在线下经营群其实就是在经营公司，以笔者为例，要组建 1 000 个"建华老师读者分享"群，每个分群的建立都需要相应的管理人才来经营。

笔者做了以下人才储备，主持 1 000 个群的正常运作：

### 1. 主持人

有价值的群，就需要经常举办一些活动，群友分享和老师分享都需要主持人，这样才能保证课程有序进行和群里的活跃度。主持人做课程预报，销售老师做课程的介绍，这些工作都需要由主持来完成。

### 2. 群管理组长

每个群都需要由一个组长来负责，只有这样才能保证整个群的正常运行，群里的一切工作都由他来安排。这样就不需要自己花很多时间来管理群，群里的工作都由组长来完成，如果群达到了100个、1 000个，自己亲自管理也没有这么多的精力，让组长来管理是最好的方法。

### 3. 啦啦队队长

经营一个群气氛非常重要，一个群的气氛做不起来就会变成一个死气沉沉、没有活力的群，所以需要一个啦啦队来活跃气氛，把整个课程的气氛活跃起来。一个群里一般需要安排20～30位啦啦队成员，才能保证整个群的活跃度。

### 4. 群规管理员

群里每天都有群友进群，要让他们知道群里的群规且让他们遵守群规，就要在每个星期都安排一位群管理员来管理群，并且所有管理人员若发现哪位群友没有遵守群规，都会执行群规，为所有的"家人"创造一个相互交流、学习的平台。

### 5. 群组织委员

这个职位主要是配合群组长的工作，一旦组长有事，群里的工作就由群组织委员安排。因为每个人都有自己的工作要做，还要管理群里的工作，有时会有冲突，这时就需要其他群管理员来做群里的工作。

### 6. 课程代表

因为每个星期都会安排专业的老师给群友讲课，所以就需要安排课程代表去请优秀的老师来给群友讲课。一个群只有长期保持向群提供价值，才不会导致群过了一段时间后变成一个死群。

### 7. 人才培训组长

笔者要运营1 000个群，每天都需要群的管理人才来支持，才能保证各个群正常运行，所以人才培养的工作都由人才培训组长完成。因为所有的工作都是群友义务完成的，每个人都有自己的工作，所以应安排更多的群友一起来完成群里的工作。

每当一个商业机会来临时，大多数企业都面临一个问题，就是缺少人才，整合人才是企业家这一生中最重要的作用，整合什么人都需要提前做好准备，人尽其用，排兵布阵。如果要看一个企业家有多大能力，就看他的手下都有什么人就行，假如他拥有诸葛亮一样的人才，就可以分天下。

线上组建自己的团队，需要借助微信群来运作，微信群运作好了，才能保证把整个团队运作起来，获得微商的成功。

# 5.6 团队培养群 10 大秘诀

经营过群的朋友，都知道建群容易，而要长期地维持群却变成了一件很困难的事情。一个群只有保持活跃度，才能把群经营得非常有特色，团队的成员才愿意留在群里。其实经营群就是在经营一个公司，把一个群经营好了，就能更好地经营一个公司，在这里笔者分享自己经营群的 10 大方法。

### 1. 领袖养群

只有优秀的人，才能吸引大量的粉丝关注，因为人们都愿意跟着领袖走，所以一个群里一定要有 2～3 位专家或者领袖来给群里的成员提供价值，只有如此才能保证这个群的活跃度。

根据自己群的主题，可以邀请相关的专家、意见领袖，就跟线下玩圈子是一个道理。为了让这个圈子更有价值，通常会邀请一些德高望重的名人来做圈子的名誉董事。如果自己在经营金融方面的群，那么就邀请金融领域的专家。如果是创业群，就可以请各个行业里的创业明星、大咖来分享自己的创业经验心得。

### 2. 分享养群

打造一个分享的平台，每个人都可以在这个平台上分享自己的价值，并且得到大量群友的认可，成为群里的明星，笔者在经营读者群时，就为读者提供了一个分享自己的创业故事、分享自己玩微信的经验、心得的平台。通过分享每位群友的心得，每个人都可以获得更多的价值，一个人分享一个方法，100 个人分享就得到了 100 个方法，你本来只知道一种方法，现在却知道了 100 种方法，这就是分享带来的价值。

如果只是请专家分享，那么群友对整个群的参与感还不是很好，只有他自己成为了平台的主人，他们才会更珍惜这个群。

### 3. 课程养群

笔者每个月都会邀请一两位专家来给群友做分享，通过专家的分享帮助群友快速地成长。同时，这些专家又能帮助粉丝解决平时很难解决的问题，从而提高了群的价值。

对于做微商的朋友，在经营团队时更需要邀请微商领域的专家为团队传授微商方面的实战技巧，因为这正是他们所需要的。带领团队成员成长的同时要让成员看到，群主关心每一位团队成员的成长，只有在群里好好地学习，自己才能获得成长。

### 4. 观念养群

笔者向每一位群友传达的观念就是：我为人人，人人为我——利他。一个人只有成就了更多的人、帮助更多的人，才会得到更多人的帮助，并且笔者邀请到了心理学方面的专家给群友讲"利他"给自己的人生带来的好处。

### 5. 职位养群

笔者经营的群，每个人都可以成为群里的管理员，并且设定了大量的职位。组长主要负责群里的管理工作；组长助理的主要工作是协助组长管理群；啦啦队主要是为了活跃群里的气氛。这样每一位群友都可以在各个职位上锻炼自己，获得成长，他们也都会配合其他群友的工作，并且他也希望自己在管理时能得到其他人支持。

### 6. 气氛养群

经营一个群的气氛非常重要，如果一个群的气氛很差，那么这个群就开始变得没有生气，这是很多群主经营群会遇到的最伤脑筋的事情，所以在群里就要安排大量的啦啦队成员，对于一个拥有500人的群，至少需要20个啦啦队成员，有这么多啦啦队成员带动，群的气氛一下就活跃起来了。同时要求啦啦队队长安排啦啦队成员的工作，比如哪位老师课程安排哪些啦啦队成员。

### 7. 红包养群

当群里的活跃度下降时，可以发红包，带动群里的人活跃起来。就像小孩子过年最高兴的一件事情，就是收到亲人给的红包一样，所以可以在群里经常发红包，红包不在于多少，而在于好玩、开心。

一个群里天天有人教授你方法、技巧、知识，偶尔还有红包小惊喜，请问你想待在这个群吗？我相信人人都想待在这个群里。

### 8. 娱乐养群

笔者经营读者群，会组织一个固定的时间给群友展示自己的机会，会唱歌的可以唱歌，以歌会友；会讲故事的讲故事；会朗读的可以朗读优美的文章。每一个人都可以在这个平台上施展自己的才华，从而得到更多"家人"的鼓掌声、赞美声和喜欢。

### 9. 情感养群

在群里，群友都以家人相称，并把群当作自己的家来经营，每位家人都希望能为这个家贡献自己的力量和爱心，希望吸引更多的家人加入到我们的大家庭，所以作为这个大家庭家长的你，需要关注每一位家人的成长。

### 10. 梦想养群

每个人都为明天的梦想而活，包括你和我，这才是我们的人生动力。作为大家长一定要规划好大的梦想，因为这个大梦想实现了，每位群友的梦想也将会实现。笔者给群的规划是，每位家人都可以成为分群的群主，笔者将组建 1 000 个人的分群，每位群主都可以借用 1 000 个群的资源来做大自己的影响力，1 000 个群每个群 500 人，总人数已达到了 5 万人，并且还会组织线下活动，让群友之间相互整合资源。

把与我们品牌价值观、理念一致、喜爱我们团队的成员聚合起来，形成圈子，拉带头大哥，拉意见领袖，圈子氛围就出来了。有了氛围，开始给圈子创造价值，大家的参与性就提高了，参与性强了，整个圈子的人便会产生共鸣。共鸣的结果是，大家更喜欢这个群了，整个团队就做起来了。

# 5.7 微信群的管理和运营

下面是我的朋友廖祐呈老师（微信号 :liaoyoucheng）在笔者的分享里，分享的微信群运营的经验。廖祐呈老师是我国宝岛台湾一位非常出色的国际级别的领导力讲师，微信群运营得非常有特色。

亲爱的各位家人晚上好，我们又见面了。希望大家不要有审美疲劳，我突然发现我分享得有点太密集了——周一才分享过，周三又分享了。当然了，我个人是非常喜欢分享的。因为我觉得分享本身是非常有意义的，今天的题目是《微群的经营》，其实这对我来讲不是一堂课，因为我是一个职业培训师，我的很多分享都有自己的课程，这个部分对我来讲是一个全新的摸索。有些心得和经验，愿意跟大家分享、交流，还谈不上是一堂课，并没有很严谨的结构和很生动的章节，但是我愿意与大家分享。

互联网时代最重要的就是粉丝经济，粉丝经济中最热门的就是微信群。微信群应该如何经营事实上是一个重点。其实在我经营微信群之前，看了方建华老师朋友圈里的一句话，他的经营重点是从公众号转到微信群。我还私下问了一下方老师，请教他为什么要这样想。后来我也把重点放到微信群里了，因为我觉得微信群有一个粉丝经济。有群就有了互动，就有了参与感，就会有黏性，会有忠诚度。加上我本身是一个培训师，对于一个培训师而言，控场能力很重要。也就是说由你自己决定如何让会场跟着你的思路去走，怎样能让大家参与、一起互动，怎样创造现场的氛围，在共同的氛围中每个人都参与，共建成果。我就尝试建了一个微信群，原始的构想是把我在培训课程中的一些运作放到里面。

**销售思路：**现在互联网时代的重点是玩，因为只有玩才能激发人的热情，激发团队的热情。特别是90后，不是随便玩，而是玩自己内心喜欢的有热情去参与的事情。因为会持续不断地投入，会坚持，也就会玩出花样，这样就会创造价值，就会有黏性，商业机会也会随之而来。

记得以前听到过一个艺术方面的分享——艺术到了极致就是商业。举个例子：日本有一个人非常会画圆，圆的构图非常有立体感。成名以后，LV就按照他的设计来装修旗舰店，当然报酬也很高。当你把一件事情做到极致的时候，自然会有更多的机会更多人捧着钱找你合作。

要让微信群有黏性，有黏性自然就会有商业价值，有商业价值自然就有人找你合作，那么怎么样才能经营好微信群，保持黏性呢？

### 1. 服务营销

从服务转销售，很多人成立微信群第一个最重要的目的就是做销售，互联网上可选择的机会很多，怎样在市场上奠定自己本身的品牌呢？答案是知晓度、好感度。这样当人家有问题时愿意来找我们时，我们就会有服务和销售的机会。客户什么时候最愿意听你讲？在他有问题时最愿意。当他没有需求的时候，我们滔滔不绝地讲我们产品的特点、优势，事实上对客户来讲是一种骚扰，所以我觉得服务过程中也可以做营销，例如学员在表达过程中表现不好，培训师可以告诉他需要锻炼一下演讲技巧。

所以我们每个人都有自己的一技之长，每项技能都能解决一些问题。我个人对专业的理解不是学历，不是资源，不是抬头，而是能不能扎扎实实地帮客户解决问题。我的公司我的产品可以解决哪些问题？把焦点放在帮别人解决问题上，而不是卖东西。这样他们就更愿意听我们说，我们就更有机会把东西销售出去。

服务客户的痛点，谈他们关注的话题，也可以说是顾问式销售。微信群可以持续不断地提供很多价值。在提供价值的过程中可以设定某个点或者某个阶段收费。

### 2. 内容营销

自己感觉很多不错的东西可以拿来跟大家分享，培训界有句话："可以听免费的沙龙，内容永远是最好的。"当你听完免费的沙龙以后，后面 2 ～ 3 天内容就没有沙龙的好了，之前把道理都讲完了，后面就是术了。客户只会给你一次机会，所以在第一次一定要分享你最好的内容。分享的内容越好，客户对你产生的黏性越强。微信群像漏斗一样，首先免费让大家都进来，先为大家提供价值，然后慢慢一层一层地筛选，最后是付费视频或者付费微课等。

分享建群经过，一开始是好玩，很多人来加你，加完其实根本就不知道是什么，平时也不互动，其实是在浪费时间。开始时不管是在什么情况下加我，都可以将这些潜在的朋友放入一个群。一次跟所有人一起互动，这样会更有效率地跟他们建立一种关系。全部进群以后要有主题分享，我是培训师，我就可以做一些课程分享，这样的话可以聚拢人气，使群友相互了解。

对培训师来说，讲的内容和次数越多，了解我们的人越多，事实上我们潜在的机会也就越多。讲课就是在销售课程。我选择一个主题在里面分享，同时可以和大家一起互动。我设立一个主题：好心情、好心态，这样大家一起互动。最后把行业里的"大牛"拉进来，很多人就会觉得高人很多，大家就都进来。

群主拉人进来是有压力的，可能拉邻居、同事、学员、客户。一开始我是想建公益的群，很多行业的人在一起会产生多元的激荡。后来有一个有趣的问题是，我把微信群看成我家，只要有人，我就让他们有宾至如归的感觉。海底捞张勇说："客户是一桌一桌拉回来的。"有时间我就看群，只要有人在群里发言，我就会感谢他。这样会有更多的人愿意分享，愿意互动。一开始我会花很多时间来讲，后来他们之间就会自己互动，不断地产生激荡，产生火花。很多时候，价值就是在激荡中产生的。后来潜水的人也来分享，500 强总监级的人物也来分享。互动越多，产生的成果越多。在这个过程中，我发现每个人都有不同的需求，后来我又成立了一个群。

我第一个群叫原创交流群，每个人都能来分享自己的"干货"，分享自己懂的东西，大家根据你讲的内容进行追问和解答。还有很多人愿意转载文章，因此我就建了第二个群，专门分享转载的文章，有些人就喜欢默默地看这些文章。有些人喜欢发广告、做生意，我就建了第三个群。我的原创群是禁止发广告的，所以必须经过第一个原创群的人，才能扫码进入第三个资源整合群里去。第四个群，通过线上建立，线下更多地交流、办聚会，大家在一起又能讨论线上的东西。这些都是我亲力亲为的，没有请人管理，而且办了很多微课程。

**1）在微信群聊天是梳理自己的思路**

聊天也是我们的工作，聊天可以汲取很多精华。我很愿意看大家的讨论，因为我可以看看有哪些是我没有想到或注意到的地方。互联网上没有价值的东西，你就只能打价格战。有的人一周工作 4 小时但是可以赚到普通人一周工资的 10 倍，靠的就是专业。

**2）有文字记录**

讨论的东西都是很有意思的。导入到电脑里面出本书，或者众筹出书。俗话说："不是得到，就是学到。"

**3）群主的关系**

无形之中"江湖地位"会有所提升。群主的领导力和修身很重要。自己的品牌价值上升了，就有机会体现在销量上面，所以微信上要注意自己品牌价值的提升。

群的经营关建就是群主的领导力。我把自己的一些关于领导力的内容和团队建设的内容运用到群的经营中。科技背后还有人性。怎么样让这个群更有向心力呢？

群主需要注意的有以下 3 项：

**1）以身作则**

领导就是站在大家面前做榜样，说到做到。以身作则是修身的一部分，像群规一样，要么不设立，要么严格地执行。所以很多人反映我是执行群规最严格的一个人。可能我设一个很清晰的群规是体现说到做到的部分。带团队有一个很重要的原则，就是你是什么样的人，就会带出什么样的团队。让讨论氛围上来，有一个很简单的方法，就是装白痴，多多发问，鼓励大家多多分享，当大家有了回答之后就要鼓励他并感谢他。

**2）激励——正能量**

因为让一个人在几百个人面前分享会有很大的压力。群里"大牛"那么多，我讲错了怎么办？大家会怎么看我？我会告诉他这个群里讲话没有对错。只要愿意分享，我就会激励他，鼓励他。

### 3）教练和引导

我 1999 年做引导师，2004 年学教练，主要是针对内在训练。执行力本身的行为模式主要是通过发问。其实人们知道很多，但是他们知道的都是错的，所以通过引导和教练发现他的盲点，可以让他知道什么是对的。我把这个方法用到了群里面，让它发挥更大的功能。我喜欢在群里多发问。发问得越多，回答者越多，大家讨论的氛围就比较容易上来。

群里团队建设需要注意以下 3 点内容：

### 1）凝聚团队最有效的就是纪律

柳传志高管团队中，迟到的人就会被罚站。群里首先要有纪律，每个人必须要有自己的原创观点，如果没有的话就是违反纪律。我在执行纪律方面是很严格的，我不会跟你说好听的话，我只会把群规丢给你，让你自己看。如果你看完群规之后反省或者悔悟，我就会给你一个笑脸。如果你有疑虑，我会板起脸，很严肃地与你互动。纪律就是一根红线，群里面如果有人跨过这根红线，我就马上像变了个人一样，非常严肃。

群规执行久之后，很多人就会觉得在群里讲话就像头上悬着一把剑，很有压力，很紧张。紧张就会绷出动力，绷出一种氛围。红线以外的空间是完全自由的、放宽的、尊重的。我同时扮演着一个天使和一个魔鬼，扮演天使就鼓励大家多说，但是在执行纪律方面我就扮演一个魔鬼，没得谈。全世界最有执行力的团队就是军队，军队靠的就是纪律。很多人扛不住压力，他就是个短板。

### 2）团队很重要的就是共同目标

《我的团长我的团》是如何把 1 000 多人整合在一起的？就是他喊出的口号："我带你们回家。"所以凝聚一个团队，一个是纪律，另一个就是共同目标。

### 3）价值观

这是一个隐形的行为规范。它不像纪律，大家都能看到。价值观本身是软性的。价值和文化取决于奖惩的原则。假如你发布的不是原创作品，我就会罚你，慢慢地大家分享的就都是原创的了。

团队发展壮大需要经过几个阶段才能成为一个强大的团队，即统一价值观、统一目标、统一思想。

# 5.8 微信群团队成长的阶段

一个团队要经过 3 个阶段才能成为一支高效的团队：组建适应期、不满意阶段、成熟阶段。

刚组建团队的阶段，团队成员处在兴奋期，经过一段时间相互之间产生矛盾，各种问题就都暴露出来了，经过不满意阶段，开始走向成熟期，团队之间经过磨合就会跟家人一样，真正变成一支强有力的团队。

没有完美的个人，只有完美的团队，唐僧师徒就是完美团队的典范。取经的路上，开始团队成员处在兴奋时期，到了不满期时，相互之间就产生了很大的矛盾——领导和员工、员工和员工之间都产生了矛盾，比如孙悟空要离职不干了，猪八戒经常在唐僧面前打孙悟空的小报告。经过一段时间的磨合，到了认同期，孙悟空理解了唐僧，唐僧也理解了孙悟空。到了成熟时期，整个团队的配合度越来越高，团队的成员都努力地为团队做事情，使团队越来越好，最后取得了真经。

## 1. 组建适应期

刚开始组建群时，团队成员都处在兴奋时期，相互认识，在这个阶段作为管理人员就要开始选人，并且制定团队的制度为员工定岗。

在选人方面，一定要选择跟自己有着相同价值观、有着同样梦想的人。作为团队的创始人，你可以跟他们讲一讲自己团队的故事，把你规划的公司的愿景告诉他，跟着你干会有一个很美好的未来。使整个团队都明确自己奋斗的方向和努力的目标，不但要在公司不断地宣讲，还要让团队的每一位成员来宣讲，使团队成员时时刻刻都记住团队的目标。

## 2. 不满意期

经过一段时间以后，可能会发现实际离愿景很远，很难实现并且需要大量的付出，在工作当中还遭到了很多挫折和打击而让自己感觉到困惑，甚至对老板充满了怀疑。

在取经的团队中,唐僧见到妖精就想度化它,让它不再做坏事,出发点就是向善。孙悟空看到妖精就想将其打死,认为不打死就会害更多的人,出发点也是向善,只是他们看待事情的角度不一样。唐僧的向善是一定不能杀生,像佛一样一个蚂蚁都不能踩死。孙悟空的向善就是必须为民除害——看到妖精,就必须打死,只有打死了,它才不会再出来作恶,但两个人的目标都是一样的——取得真经。所以遇到这样的矛盾,上级领导观音就来跟团队成员做沟通工作。

团队小部分成员可能会因对公司制度不能适应而产生不满,对公司的领导风格不满意而产生矛盾,团队成员处在不满意时期时,作为团队领导者,一定要耐心地去做团队沟通的工作。

### 3. 在认同期

经过一段时间的努力,团队成员之间的矛盾已经慢慢地解决了,并且看到了结果,团队成员就越来越相信,只有团队成员一起努力,才可以实现公司的意愿。团队发展到认同期,就是整个团队快速发展的时期,通过团队成员的不断锻炼,技能和能力都得到了提升,由刚进公司的新人变成了一位组长、主管、经理、总经理。

### 4. 成熟时期

到了成熟期,相互不断地认可对方,领导认可员工,团队成员认同领导,在这个阶段我们团队的成员随时、随地都能感受到团队的温暖和团队的力量,对完成任务和目标充满信心,而且在任何时候都不容许别人来破坏我们团队的文化、制度,时刻去维护团队的荣誉和利益。

一个团队只有经过这 3 个时期,才会成为一支有战斗力的团队。一个群就是一个团队,一个群都管理不好,存在一定的问题,最终会导致群的运营失败。

## 5.9 玩群的 8 大误区

创建一个群是一件很容易的事情,可是要经营好一个群,却需要自己掌握正确的方法。现在笔者每天都被很多人拉到各式各样的群当中,可是经过一段时间以后发现这些群都统统地变成了死群,这些群通常犯了以下错误:

### 1. 没有目的地建群

很多人建群都没有明确目标，建群就是为了自己在群里发一发广告，相信没有一个人会愿意待在一个天天发广告的群。如果你建群是为了认识更多的朋友、做大自己的生意，那么请问你平时是怎么认识新朋友的？难道是一见面就推销自己的产品？那么有谁又会愿意跟你成为朋友？

正确的做法是先让对方认识你、了解你，这样你们才可以成为朋友，因此建一个群一定要有一个主题，例如，笔者建群就是为了方便读者相互交流、沟通、分享有价值的内容。同样，如果你建一个健身爱好者群，那么建这个群的目的就是为健身爱好者提供服务，因为你自己也是一个健身爱好者。只有明确了目的，后面的一切群活动才好做，也才能通过制定群规组织线下活动。

### 2. 没有成为一个价值群

每个人都能在群里获得他想要的价值，帮助自己获得成长，也只有这样他们才愿意留在群里。一个没有价值的群，就没有存在的价值，所以作为群主首先要为群注入更多的价值，这样才能吸引跟自己有着共同兴趣爱好及价值观相同的群友加入。

你会长期待在一个不能帮助自己成长的群吗？一定不会。这就跟加入一家公司一定希望自己能跟着公司一起成长，一旦你发现自己待在这家公司没有成长空间，你一定会选择离开一样。

#### 1）培训分享课程

培训是一种很好的方式，笔者经营读者分享群，自己会在群里做分享，同时会邀请各个行业里的专家来群进行分享，内容包括营销、心灵成长、新媒体营销、领导力、团队建设等，这些分享能帮助群友获得成长，提高群友对群的忠诚度。

#### 2）让群友自己提供价值

在群里也要让读者分享自己的实战经验，为群提供价值，因为笔者的读者是一群创业者，分享的内容都是与创业相关的内容，所以所有群友都喜欢。

### 3. 没有制定群规

我们所说的群，就是我们线上的公司，但如果一个公司没有制度还算是一个公司吗？同样的道理，一个群没有群规，还是一个群吗？当然不是，不可能谁想做什么就可以做什么，所以一定要制定一套有效的群规，让每一位群友都认真遵守。

那些没有制定群规、每个人都可以在里面发广告的群，过不了多久就会变成一个垃圾群。

### 4. 没有创造家的气氛

每个人一进群，都要给他鼓掌、赞美、支持、关怀并帮助他成长，创造一个家的氛围，只有这样他们才会愿意待在群里。新的群友——家人加入，一定要让群友感到所有的家人都很重视他，这样他才会融入这个大家庭，积极地跟家人互动，参加群里的活动。

### 5. 群友没有筛选

笔者的群友都是经过层层筛选的，并且都是笔者的读者，还要进行申请才会被邀请到群里。

这样就保证了群友的质量。那些没有筛选过群友的群，不能保证群的质量，这样的群是很难管理的，所以对群友一定要层层筛选。

为什么一些收费的群很好管理？就是因为它经过了筛选，把那些只是想发广告的人筛选了出去。

### 6. 没有组织线下活动

没有组织线下活动，群友之间的关系很难升级，关系很难维护，群越经营人气越差，所以一定要经常组织线下活动，让群友相互见面加强了解，很好地进行线下升级关系。

线下才是真正的人生，线上只是一个虚拟的社会，很难建立长久的关系，所以做生意也一样，线上只能做一些小的生意，一般金额都在 100 ～ 300 元，线下的生意却可以做到 3 万元、30 万元、300 万元、3000 万元，甚至几个亿的生意都可以。

### 7. 没有培养管理人员

经营一个群，最好的方式就是培养得力助手帮助自己来管理群，让群形成自动化的管理。

我们已经发现，有一些群只有群主在这个群时才能运营下去，群里的什么工作都由群主一个人来完成，那么一旦群主不在这个群就会成为一个死群。

### 8. 少参与感

一个群如果参与感很差，气氛很难做起来，所以要经常在群里设计一些互动的活动，例如，自我介绍、演讲比赛、朗读等。

### 案例解析："绽放"女装如何玩转社群

"绽放"，是一个女孩的成长故事，也是两个人的生命之旅。

茉莉，女，兰州人。三儿，男，苏州人。那一年，刚刚留学回国的三儿去兰州旅行遇见了茉莉。接下来的时间里，他们只是刚好相爱了。随着茉莉大学毕业，将要分配到成都去工作，他们知道彼此面临的风险与考验，但是最后三儿跟着茉莉来到了成都，有朋友说他是逐水草而居的游牧民族。这座以"偏安"性格而出名的城市里有茶，而没有火种，根本无法点燃三儿内心高高垒起的柴火堆。半年之后，他离开成都去了北京。

刚到北京的时侯，他孤独一人睡在朋友家的沙发上，白天挤公交，晚上熬夜工作，像大多数开始奋斗的男人一样一无所有。生存的压力有时甚至逼得他开口向茉莉借钱。此时，茉莉却在成都的一家银行拥有稳定的工作，更重要的是过去的感情回了头，安逸的生活向她伸开了双手。

每过一天，三儿都觉得他和茉莉紧紧握住的双手，正被巨大的力量一点点地拉扯开，他知道，可能会有一天，她会在他的生命里就这样慢慢地消失了。或许正是在距离面前，他才开始明白这个女孩对他意味着什么。但是，只有电话和书信连接着遥远的两个人，山盟虽在，锦书难托。三儿经常在这儿无助地痛哭，他什么也给不了她，除了梦想和爱情。

　　心放好了，生活剩下的就是慢用。三儿最后从事了他梦想的职业——旅行节目的导演，工作是一边拍片子，一边周游世界。而茉莉靠自学书籍装帧，一路做到美术总监。两人的感情一个细致如帧，一个恬然如画。生活安静有如顿河，直到梦想的潮汐再次涌来。

　　2008 年 7 月，茉莉辞职开了这家网店，当时店名叫"十分钟年华不老"，生性温和的她经常在上面分享一些自己感兴趣的书籍和电影，后来就是她喜爱的衣服。不久，三儿同学在所有人包括茉莉的反对声中也辞职了。原因很简单：在他眼里，一个人再绚烂的旅行也抵不过两人一起的时光。从此，两人一起风雨同舟。很多人问过他们这个问题，当初为什么会放弃那么好的机会，去开一家淘宝店。这是个很难回答的问题，就像有人问当初茉莉为什么会选择去陌生的北京一样。但是，三儿与茉莉都知道一点：让彼此完整。嗯，以爱的名义，勇敢无畏。

　　茉莉和三儿想要过一种不一样的生活，这生活里是自由、独立、随性、温暖、安静、知性、艺术还有旅行，"绽放"给了他们实现这些梦想的舞台。从此，在淘宝上出现了这样一家特别的店铺，店里常年不开旺旺，提倡安静地自助购物。从开店到现在，保持百分百好评，执拗地呵护那份珍贵，热闹的交流区、帮派，各式各样的互动媒体，分享着生活的精彩。

他们一次次走在路上，乌镇、南京、长沙、云南、西藏、柬埔寨、土耳其、希腊、法国、西班牙，绽友们通过他们的眼睛，通过茉莉范儿的衣服感受着这个世界的美好。

从 2008 年开店到现在，一年销售额达到了 1.5 亿，竟比肩娱乐圈巨富"范爷"——这样惊人的对比，着实令人瞠目。毕竟，对于大部分人而言甚至从没听闻过这些所谓红人的大名。但是，对于所在的圈子而言，他们却是真正的明星，足以凭借个人的号召力，让自己的店铺对特定的粉丝产生强烈的吸引。

在"绽放"的联合创始人，同时也是茉莉的丈夫三儿看来，"粉丝经济"形态主要依托于一个偶像：在内容上，偶像生产粉丝跟随；在互动上，或是粉丝对偶像发出的单方动作，或是粉丝之间围绕偶像的互动。而"社群经济"则呈现出"去中心化"特征，是一群人围绕某个相同兴趣或者价值观而形成的群组生态。

社群经济的雏形和粉丝经济非常类似，因为在其诞生的过程中，不可避免地需要一两位意见领袖来具体、有效地呈现其所代表的精神追求。但是，随着社群成长，群组慢慢地就开始学会自发生产一些围绕兴趣的内容和互动。这时候，社群就开始步入一个"去中心化"的过程，意见领袖不再是粉丝经济的中心偶像，转而成为组织者、维护者。

三儿坦诚，目前来看粉丝经济的势头还是很猛烈的。例如网红开店，就是凭借个人号召力，借着移动互联网的新传媒进行放大，并迅速进行商品转化的。但是同时，他亦斩钉截铁地断言："绽放的未来一定是社群经济形态。"茉莉和自己都只是代表了一种"美好成长"的价值观，如果要将这种价值观做得更强大，那一定需要更多的人来印证并实现它。

在三儿看来，从粉丝经济走向社群经济，必须要做好两件事：标签和产品。

标签，其实就是鲜明、系统且极具号召力的价值观。在社群环境中，所有人会趋向某一种价值观，这种价值观的鲜明、极致和系统的程度决定了你有多大能量。因此，这几年绽放一直很注重做内容沉淀。产品，是社群中非常好的迭代媒介体。

标签可以号召很多人，但如果没有具体的载体，社群系统迭代就会产生问题，变为一潭死水或者在迭代的过程中分崩离析。

因此，如果不转化为有调性的产品，社群就会陷入危机。例如小米手机，就很好地承接了其用户对于 IT、科技生活的向往。而"绽放"则着力于用旅行产品做故事性的呈现，很好地将社群、用户和产品在迭代过程中"黏合"起来。

对此，三儿颇觉幸运，他和茉莉都曾是旅行达人和专业从业者，两人的姻缘亦源于一次旅行。旅行的主题既充满趣味性，又契合"绽放"社群"美好成长"的价值观。"绽放"能找到旅行服饰这一有格调的产品作为载体，真是再合适不过了。为了使自己的产品能够承载社群的需求，三儿和茉莉开始摆脱自在的个人追求，着手让"绽放"走上公司化、品牌化的道路。

首先，在产品定位方向上，必须围绕社群标签做到精专。"绽放"垂直重度切入"旅行"这个热点产业，产品的所有属性均围绕社群需求展开：选择轻简舒适的亚麻材质，保证功能性，在此基础上大胆突破传统亚麻自然色系，使用高明度、高纯度色彩，满足目标消费群在旅行中拍摄效果出众的附加值需求。

笔者研究过很多做社群的案例，其中"绽放"做得就非常有特色，非常适合中小企业学习。"绽放"是由旅行这个点而产生的女装，所以"绽放"的延伸之一就是旅行，跟旅行公司进行合作。跟"绽放"一起去旅行，并且都穿上"绽放"女装旅行，又是一个大的亮点。

### 1. "绽放"旅行

笔者一直在谈一个很重要的观点，即通过线上获得的粉丝，都必须进行线下升级，只有这样才能很好地维持跟粉丝之间的关系，所以做企业社群是一种最好的方式。

"绽放"组织的社群活动,得到了大量粉丝的追捧和喜欢:千人长裙马拉松,1 000多位穿上绽放服装的美女粉丝,一起跑步是一件美好的事情,全国的粉丝都从各地来到了苏州参加跑步。

"绽放"还会把每一次旅行拍摄成一部微电影,让粉丝成为里面的主角。通过"绽放"社群经营,"绽放"旅行就很容易做起来,因为现在每个人的工作都很忙,都希望有一个平台能帮助自己找到同类。喜欢旅行的人在一起一定有聊不完的话题,聊自己出去旅行时发生在自己身上的故事、怎样旅行才可以收获更多等。

其实要把社群经营得好,有一个最大的特点就是要好好玩,好玩才会感到社群带给自己的乐趣和快乐。社群其实就是圈子,线下的圈子有一个最大的特点,就是组织有相同爱好的人在一起玩。

### 2. "绽放"联盟

"绽放"联盟是"绽放"搭建的线上粉丝相互进行资源整合的一个平台,粉丝之间相互认识,相互整合资源,并且"绽放"每一个星期都会邀请粉丝来分享自己的旅行经历和旅行知识,以及一些相关的知识分享,关于互联网思维、社群运营等。

通过线上社群联盟,通过线上分享的粉丝增加了大量的粉丝,提高了"绽放"

的知名度，同时为线下活动做了很好的铺垫。"绽放"的每一次活动都得到了大量的粉丝响应。

### 3."绽放"花园

"绽放"会在每一个城市选择出绽放花园各个城市的班组长，也就是负责人。他们可以组织本地的"绽放"粉丝线下组织活动，相互认识了解，做一个本地的"绽放"社群，为本地的"绽放"粉丝搭建一个线下交流平台。

其实要做好社群，关键在于线下社群活动，例如小米公司在各地的小米同城活动、小米爆米花活动、小米发布会，都是在线下大量做活动，升级和粉丝之间的关系，培养出铁杆粉丝。吴晓波各地的读书会也是这样运作的，所以企业要做好社群，一定要做好线下活动。

团队管理秘诀成千上万，可是一条最关键、最重要的，就是保证团队的利益，只有人人可以获得各自的利益，团队才会一条心，跟着公司向前走，一旦不能保证团队成员各自的利益，这家公司很快就会倒闭。所以一家公司的使命就是营利，一家不营利的公司将一文不值，因为它不能为这个社会创造任何的价值。

# 5.10 管理最大的秘密：创造价值

一个生命生存的必要条件就是追求利益，没有利益他将不能在这个世界上生存。一个新生命诞生后，做的第一件事就是从大自然那里获得氧气和从母亲那里获取乳汁。由于人类没有能力成为自给自足的独居动物，所以必然成为利益交换的群居动物，所以只要你是人，只要你活着，就必须进行利益交换的活动。人和人之间的关系也存在利益交换，富人加入一些富人组建的圈子，也是为了相互交换价值。

生存是我们每个人的基本需要，所以我们对物质的追求是基本的，所谓的利益主要就是物质，人和人之间物质的交换，是最基本的交换。人的体力、脑力、物质、金钱、感情、权力、尊严甚至外貌和性，都是可以交换的东西。

对于一个团队能不能长期走下去，关键取决于团队成员能不能在团队当中获得他想要的利益，一旦不能满足他就会马上离开。我们经营一个公司，跟组建一个群是同一个道理，主要是看他能不能获得成长，或者是获得他想要的金钱回报。因为团队成员活在这个世界上，需要成长，需要金钱来维持生活。在课堂当中，我为加强学员对赚钱的动力，会让他们分析一下他的钱都花到哪里了。他就说自己买车需要钱，每年回家过年需要给父母一笔钱，跟朋友聚会需要花，自己买书需要钱，自己去国外旅游需要钱，自己学习需要钱，自己买房需要钱，朋友结婚需要钱，坐飞机需要钱，买苹果手机需要钱，买电脑需要，坐车需要钱……他们还说了很多，最后得出了一条结论：没钱，将不能在这个社会上生存。当他们对赚钱没有动力时，我就让他们读几遍，只要有动力，成交就会变成一件很容易的事情，因为他们知道了钱的重要性。

其实自己创业也是一样的，公司年年有钱赚，合作伙伴有钱分，相互之间不会产生太多的矛盾，可是一旦公司不能实现营利，那么创业合伙人之间就会产生很大的矛盾，有人要坚持，有人要退出。所以经营一家公司最重要的目标，就是让这一家公司实现营利，获得高速的利润增长。

微商其实就是人的红利、渠道的红利，一款产品可以以一万、十万甚至百万的渠道出现，并且这样的渠道是免费的，不需要支付任何一分钱，要想拥有这样的渠道就要招商。

# 第6章
# 微商创业的正确方法及招商策略

在人人创业的微商时代，要想创业取得成功，需要掌握正确的方法，在为顾客提供好的产品的同时，需要为顾客提供超出顾客预期的服务，才能赢得顾客，顾客才会给企业主动做口碑传播，自己的产品才会卖得好，获得源源不断的顾客支持。

要想微商创业成功，需要有正确的微商创业思路，这是保证创业取得成功的关键所在，也是让自己少走弯路的方法，同时招商也需要掌握正确的方法。

## 6.1 微商的 10 种创业方法

微商创业很简单，人人都可以做微商，但要想真正地把微商做好，就需要掌握微商创业的正确思路。因为做微商最重要的一点就是需要投入大量的时间，只有投入大量的时间，人的能量才能爆发，所以做微商就是在做能量的积累。

### 1. 全心全意为人民服务

互联网让值钱的人越来越值钱，不值钱的人越来越不值钱，因为值钱的人可以被放大，不值钱的人越被放大就越来越不值钱，那么怎么让自己值钱呢？就是全心全意为人民服务。

马云为中国中小企业提供电商服务，所以他成为了中国电商之父；马化腾为中国 13 亿人提供沟通、交流的服务，所以成为了中国最具影响力的商界领袖之一，你提供的服务决定了你的身份价值。那些伟人之所以成为伟人，都是因为伟人在为全世界的人服务，如果你能服务更多的人，你就越来越有价值，你也将得到更多的价值。

### 2. 提供最棒的产品

一个企业、一个人，只有优秀的产品才能跟更多的人建立连接，为 100 万、1 000 万甚至上亿的人提供服务。苹果公司仅靠一款苹果手机，就跟全世界的人们建立了连接，为全世界的人民提供了服务。

所有企业要想取得成功，都要靠优秀的产品，因为产品是企业的根本、企业的财富源泉。

### 3. 组建专业的团队

靠自己一个人怎么能为 100 万、1 000 万甚至 10 亿的人提供服务呢？不可能做到，除非你像孙悟空一样拥有 72 变，可以变出无数孙悟空，可是你根本不可能做到。每个人的时间都是一天 24 小时，都是有限的，一个人只能服务好一个人，不可能服务 100 万、1 000 万的人。只有组建团队分出更多的时间才可以做到，这样一个人就会有无数的分身，一小时裂变为 100 万、1 000 万小时，能够服务 10 万、100 万甚至 1 000 万的顾客。现在不是一个单打独斗的社会，只有拥有强大的团队才能取得成功。

### 4. 借助互联网

为什么马化腾可以借助一款产品就能为中国 13 亿人提供服务？为什么马云可以借助淘宝网的一款产品就能为全中国的创业者提供服务？就是因为他们借助了互联网。所以李克强总理提出了"互联网+"的概念，让所有的企业都通过互联网为更多的顾客提供服务，促进经济的发展。把"互联网+"提高到了国家的战略高度，作为未来国家新的经济增长点。

作为一个企业，要把微商做好，需要提供最棒的产品，以产品为基石，搭建一个服务更多人的平台。一个人想裂变自己的时间，就必须拥有自己的团队，要想把顾客服务好，就必须借助互联网这个巨大的平台。马化腾、马云就是成功企业家当中最好的成功说明书。一个企业只有为更多的顾客创造价值，才能为这个社会创造

**140**

更大的价值。

### 5. 时间在哪里，财富就在哪里

　　每一个人的时间用在哪里，财富就在哪里。10 年前，如果你把时间投入到房地产行业，那么现在你一定是一位千万富翁，在北京只要你拥有一套 90 平方米的房子，就价值 500 万元。对于多数人来说，这已经是一笔不小的财富了，对于一位上班族来说，他可能一辈子都很难获得这么多财富。这都是因为你那段时间做了正确的投资，因为每一个时段都会出现财富暴增的时间，就是我们常说的机会。当错过了这个时机时，就算你怎么努力都赶不上，这就是这个时间带来的独一无二的机会。

　　移动互联网的到来，代表微商时代的到来，只要在这个时段把时间都投资到微商，你的时间都会升值 100 倍、1 000 倍，这是时代给你的机会。我们可以看到，那些已经做了两三年的微商，到现在财富已经达到了 100 万元、1 000 万元的级别，都是在正确的时间选择了正确的投资方向，才得到了今天的回报。

### 6. 把利润锁定在后端

　　让自己值钱的办法就是全心全意为人民服务，你服务的人越多你就越值钱，那么如何才能为更多的人提供服务？只有一个办法，那就是利用互联网，做天下人的生意，抢天下人的财富。可是利用互联网做生意，需要解决一个问题：信任，所以要制造一款产品，让顾客相信自己，通常这款产品的利润很低，通过这款产品就可以取得顾客的信任，解决了信任问题以后，就可以通过后端的产品为企业创造大量的利润。

　　很多企业只有一款产品，而不是一个产品的组合，那么他获取利润就变成了一件很困难的事情，如果是一个产品的组合，那么就会变得很容易。因为商业的本质就是信任，解决了信任才能产生交易、交换。现在你用一款产品跟顾客解决了信任问题，那么后端产品销售就将变成一件很容易的事情。解决了信任问题，后端就可以卖高价给顾客，一件产品卖到原来产品价格的 10 倍、100 倍、1 000 倍。这样企业就可以通过后端获得大量的财富，把利润锁在后端，借助互联网可以做大前端，这样的前端可以达到百万、千万甚至亿万级，而后端的产品则可以获得大量的财富。

### 7. 免费是最贵的

免费的东西却也是这个世界上最贵的——空气、阳光。没有空气，人将不能在这个世界上生存，没有阳光任何植物都不能生长，人们将永远生活在黑暗当中，这些都是大自然免费提供给人类的，可是一旦失去将不能生存。

免费的产品可以让人们产生长期的依赖，就像吸毒一样停不下来。现在微信就是这样一款产品，抢占了 8 亿人的时间，所以他是最贵的。

#### 1）免费可以快速建立信任

人们在购买产品之前都会担心这件产品的质量，害怕风险。现在免费给你使用，你没有任何风险，当然会被所有的顾客疯抢。当所有的顾客都感觉到了这款产品的价值时，自然对你的信任就建立起来了。现在微商时代，人人都使用微信，因为微信是免费的，所以腾讯用微信跟 8 亿的用户建立起了信任。

#### 2）免费可以形成长期的依赖

一旦一款产品让人免费长期使用，人们就会对其产生长期的依赖，不使用这款产品他会感到自己的生命当中少了什么东西，就跟现在我们对手机产生的依赖一样，没有了手机我们会感觉到很难受。拿着手机不打开微信，会感到很不自在，因为你已经对微信产生了强大的依赖。

#### 3）免费可以销售更多产品给顾客

微信免费了，腾讯就可以借助微信这个平台，销售任何产品给顾客，做金融理财、做商城、做支付、做游戏等。如果微信这款产品收钱，那么腾讯就不可能销售后面更多的后端产品给微信的用户了，微信也将会失去它的价值。

### 8. 分钱、分利润把事情做得更大

做微商只靠一个人是很难把一件事情做大的。移动互联网给所有的人带来的机遇就是，自己可以寻找到更多的合作伙伴跟自己合作。当一个企业拥有百万、千万的合作伙伴后，这就是企业一笔最大的财富，因为企业可以靠百万、千万的合作伙伴来销售企业的产品。所以做微商一定不能一个人在那里做，需要寻找到更多的合作伙伴跟自己一起经营微商事业，学会分钱、分利润。

### 9. 线上、线下分享成就自己

做微商要解决的一件事情就是如何获得大量的粉丝，只有拥有大量的粉丝才能

够把微商做好，那么如何拥有大量的粉丝呢？最好的方法就是通过线上、线下不断地分享来做到。现在很多做微商的朋友都存在误区，都把主要的精力放在线上，却忽视了线下的力量。

## 10. 秀好自己，相信自己

传统的社会告诉你，做人不能太高调，要低调，可是现代社会做人太低调就会被人遗忘，从而失去大量的机会。在微商时代，你只有不断地通过互联网秀自己，才能吸引大量的粉丝关注自己，通过分享，人们才知道你的特长、优点。一旦通过秀自己的方式让更多的人知道了你，你就成为了明星，自然可以吸引大量的粉丝关注。

### 案例解析：大学生如何做微商

对于大学生来说，利用自己的业余时间来创业是最好的选择，因为终有一天都将面临就业的压力。在大学里创业可以锻炼自己的能力，创业成功了，累积了资金、人脉，这对自己大学毕业后的创业或者参加工作都是非常有利的。

在商业社会，在一切都以经济为基础的社会里，每个人都应懂得商业运作的规则。大学生这个群体在大学里学到的都是书本上的知识，这些知识已经远远跟不上时代的步伐了。现在是一个以科技带动发展的社会，整个社会的知识都在不断地更新，原来的知识根本不适应这个时代了，所以就导致大量大学生在大学校园里开始了自己的创业之路。

（1）校园创业的好处

①容易获得顾客

对于一位创业者来说，创业时遇到的一个最大的问题就是如何获得大量的顾客，只有解决了顾客问题，创业才容易取得成功。对于传统的企业来说，获得一个目标客户的成本在 200 ～ 300 元，这将给创业者带来巨大的压力。在大学创业，顾客群体都非常集中，所以不用到处去找顾客，只要做好校园里的宣传就可以获得大量的目标客户，这是大学生创业最大的好处。

②容易建立信赖感

创业者获得顾客以后，需要解决的一个问题就是如何取得顾客的信任，只有把信任这个问题解决了，才可能把交易做成。因为都是一个大学的大学生，所以信赖感就很容易建立起来，送货也变成了一件很容易的事情。

③顾客的数量足够大

一个大学城就可以达到10万人，拥有这样巨大的市场，创业成功就是一件很容易的事情。创业者永远不用担心自己拥有好的产品却没有人向自己购买，而这却是让很多创业者非常头痛的一件事情。

（2）选择好的产品

大学生创业，需要选择大学生所需的产品。对于大学生而言，经济来源于父母，所以不能销售太贵的东西，只能销售适合大学生所需的产品。现在很多大学生选择卖苹果、面膜、化妆品、服装等，这些都很适合大学生创业。

①需求量大

一款产品只要市场的需求足够大，就能产生大量的利润。例如，水果的价格都不是很贵的，人人都买得起，大家也都知道吃水果有利于人的身体健康，笔者的很多大学生学员都在大学卖水果。所以在选择产品时，一定要选择需求量大的产品。

②重复购买

产品一定要可以重复购买，没有重复购买就需要自己不断地去开发顾客。不能累积顾客，就不能累积财富，有重复购买，就可以从顾客身上获得更大的利润。例如，面膜、苹果就是重复购买率高的产品。

③不需要提供大量的售后服务

对于大学生来说，没有太多的时间，所以一定要选择不需要提供大量售后服务的产品，水果吃完了就不用服务了，面膜用完了也不需要提供服务。

（3）组建团队

选择好产品以后，就需要组建团队。在组建团队成员时，最好在校员里招聘那些学校干部、学生会成员，因为这些人都有影响力，能影响一批人加入自己的团队或者购买产品。做了一段的时间，做出成绩以后，就可以找一些机构或者门店进行合作，例如：考研机构、英语学习机构、小吃店等，进行资源整合，以获得大量的顾客。

（4）推广产品

选择好产品以后，关键在于推广。推广的方法有很多，刚开始可以利用微信朋友圈做产品的推广，可以做免费试吃活动，在校园门前做宣传，吸引粉丝的关注。

# 6.2 做微商必须了解 4 种人的性格

做微商我们需要了解顾客，更需要了解团队的每一位成员，要根据顾客的不同性格提供不同的服务，做社交营销，就是在做人性的营销，需要了解顾客的性格，才能更好地服务顾客。

在心理学上，把人的性格分为 4 种：力量型、表现型、完美型及和平型。通过看顾客的朋友圈或者在与顾客交流、沟通当中，就可以发现他是哪类性格的人，认识不同性格的人，学会与不同性格的人相处。俗话说："爬山要懂山性，游泳要懂水性。"所以做营销一定要懂人性。

### 1. 力量型性格

力量型性格的人做任何事情都有自己的主见和观点，一般不喜欢听取别人的建议。力量型性格的人是天生的领袖，遇到任何问题，都会第一时间去解决，遇到挫折会越挫越勇。这种性格的人也被称为老虎型性格的人。当别人失去控制时他会有着坚定的控制力，当别人在迷惘时，他却有决断力，他会领导大家走向美好。在充满疑虑的前景下，他仍然愿意把握每一个机会。面对嘲笑，他会满怀信心地坚持真理；面对批评，他会仍然坚守自己的立场；当我们误入迷途时，他会指明生活的航向；面对困难，他必定顽强对抗，不胜不休。

**个性特点**：企图心强烈，喜欢冒险，个性积极，竞争力强。

力量型的人凡事喜欢掌控全局发号施令，不喜欢维持现状，但行动力强，目标一经确立便会全力以赴。它的缺点是在决策上较易流于专断，不易妥协，故容易与人发生争执摩擦。

如果你发现顾客是一个力量型的人，在介绍产品的时候，一定不要介绍得太多，因为力量型的人都有自己的主见，做什么事情都会做出自己的决定，而不喜欢听取别人的意见。

### 2. 表现型性格

表现型性格的人喜欢表现自己，跟他交往他常常会告诉你，他的另一半是多么优秀、孩子是多么聪明、身边的朋友对自己又是多么得好，这是典型的表现型性格的人，好表现自己。

表现型的性格也称孔雀型性格。这种人好交朋友，口才流畅，重视形象，善于建立人际关系；富同情心，最适合人际导向方面的工作。缺点是容易过于乐观，往往无法估计细节，在执行力度上需要高专业的技术精英来配合。对孔雀型性格的人要以鼓励为主，给它表现的机会，此类性格的，要保持他的工作激情，但也要注意他的情绪化和防止细节失误。孙中山、克林顿、里根、戈尔巴乔夫都是这一类型的人，美国是孔雀型性格的人最多的国家。

**个性特点：** 很热心，够乐观，口才流畅，好交朋友，风度翩翩，诚恳热心，表现欲强。

孔雀型的人天生具有鼓吹理想的特质，在推动新思维、执行某种新使命或推广某项宣传等任务的工作中，都会有非常极出色的表现。他们在开发市场或创建产业的工作环境中，最能发挥其所长。猪八戒就是表现型的性格，做什么事都要说他好，做了好事生怕别人不知道。

如果你的客户是表现型性格的人，就要多去赞美她、她的孩子、她的老公、她的家人，这样的客户喜欢别人赞美她，你一赞美马上就可以取得对方的好感，成交就非常容易了。

### 3. 完美型的性格

此类人做什么事情都力求完美，是个很有条理的人，办事井然有序，严格遵循各种规则和等级制度，这种人的世界观倾向于善恶二元论。在这种人眼里非黑即白，非好即坏，他们认为做事情只有一种正确的方法。他们是志向高远的理想主义者，追求道德、公正、真理。他们充分认识到自己的社会责任，并希望自己完美得无可挑剔。因此，他们往往以很高的标准要求自己，同样也以这个标准要求别人。

**个性特点：** 很传统，注重细节，条理分明，责任感强，重视纪律，保守，分析力强，精准度高，喜欢把细节条例化，个性拘谨含蓄。

猫头鹰型性格的人具有高度精确的分析能力，其行事风格重规则轻情感，事事都以规则为准绳，并以之为主导思想。他们性格内敛，善于以数字或规则为表达工具而不大擅长以语言来沟通情感或向同事和部属等作指示。他们行事讲究条理分明，守纪律重承诺，是个完美主义者，架构稳定和制度健全的组织最好聘用猫头鹰型性格的人来当各级领导人。因为猫头鹰型性格的领导人喜欢在安全架构的环境中工作，且其表现也会最好。其行事讲究制度化，事事求依据和规律的习性，极为适合事务机构的行事方式。然而，当企业需要进行目标重整、结构重组、流程变革时，猫头鹰型领导人就会产生迷失，不知如何处事，也不知如何自处。对改革行动，上者会先保持观望的态度，再慢慢适应新的局面；中者也会先保持观望的态度，然后呈词求取；下者则会结集反对力量，公然表示反对或隐晦地从事反对等行为。

如果你的顾客是完美型的顾客，那么你要把一切资料都准备好，什么细节都不能放过，多用数据说话，用证据说明才能打动顾客。

### 4. 和平型的性格

和平型性格的人，跟谁都能很好地相处，没有攻击性，跟力量型的性格往往相反，因为力量型性格带有一定的攻击性，人际关系很好。当别人说话时会聆听，有协调能力，能把相反的力量融合。为达到和平而不惜代价，有安慰受伤者的同情心，当周围所有人都惶恐不安时，他会保持头脑冷静，充满信心地去生活，甚至连其敌人都找不到他们的把柄。面面俱到，低调处事，随和冷静，遇事镇定，有耐心，乐知天命，行政能力缓和，容易相处，朋友众多，是好听众。

**个性特点**：很稳定，够敦厚，温和，不喜冲突，行事稳健，强调平实，有过人的耐力。

和平型性格的人属于行事稳健、不会夸张强调、平实的人，性情平和，对人不喜欢制造麻烦，不兴风作浪，温和善良，在别人眼中常让人误以为是懒散不积极的，但只要决心投入，绝对是"路遥知马力"的最佳典型。

如果你的顾客是和平型的顾客，那么你就要给顾客做出决定，让他购买产品。微商团队这么多，为什么我要跟你干？这就需要有一套正确的方法，才能吸引成千上万的人愿意做公司的代理。

# 6.3　如何让代理跟着自己干

做微商只有招到更多的代理，才能把自己的事业越做越大，实现自己财富的快速增长，实现自己的梦想。可是为什么别人跟你干？一定是因为他认可、崇拜你，你一定愿意跟一个比自己强的人干，一定不会跟一个比自己能力低的人干。一个没有能力的人，又如何教会你？只有能力强的人才能教你并且教会你。移动互联网时代到来了，这是当下最革新的力量，它最值得期待的地方就在于打破了原来的商业结构，然后开始重组，它正在使整个社会越来越个体化。将会有越来越多的人，塑造自己鲜明的个性，形成号召力，以实现个人价值，成为最有影响力的人物，动一动手指就能影响成千上万的人，成为人们心目当中的明星。

企业可以利用这些具有影响力的明星、大咖，建立自己的分销系统，不需要借助淘宝、京东这样的平台，我们只需要把产品分发给众多的"影响力明星"，让他们通过自己的影响力吸引大量的消费者关注，产生购买行为，或者招聘到代理买货。

### 1. 用事实证明

要想有人跟自己做代理，就要让他看到事实，别人跟自己做代理只有一个目的，就是挣很多钱，你卖的是一个可以生财的事业，不只是单单地卖几个产品，只有这样才会有很多人跟着你干。并且你要很明确告诉他用多长时间可以挣到多少财富，用钱打动代理，接下来你就要介绍自己的团队、公司的领导人，销售自己。

以前自己只是一个宝妈，每天在家带孩子，现在的自己成为了一个团队的领袖，团队成员有1 000人，月收入过百万，买了宝马，住进了别墅，拥有了自己的事业；以前自己是一位公司的文员，现在成为了公司的董事，收入过百万，现在每一天的工作都是环游世界，享受美好的生活，带领万人团队，成为了一个美丽女神，事业、爱情双丰收；原来是一位传统企业的老板，做传统生意失败，结果亏了一百多万，做微商一年还清了所有的债，并且还挣到了一百多万。

### 2. 拥有强大的智慧团

在现在这个高速发展的社会，靠自己的脑袋是很难在高度竞争的社会取得胜利的，最好的方式就是拥有自己强大的智能团。公司有一群商业模式专家、资本运作专家、营销专家、网络营销专家、微商社交专家，这些专家就是智慧团。当一个人看到一个公司有这么强大的一个智慧团队时，就马上能看到这个公司的实力，就不会有任何怀疑，就愿意跟着公司干。

家庭的所有困难都自己扛，团队的所有问题都自己担，貌似无私，实则无知，因为你漠视了集体的能力与智慧，扼杀了其他成员参与的机会和共同发展的权力，长此以往自己将身心俱疲，更重要的是极可能导致多输的结局。在这个快速发展的社会，就怕一个老板认为自己非常聪明，不向外进行借力，这样自己的事业一定会遇到很多困难，被整个社会淘汰。聪明的人都知道借力，即借众人的智慧来成就自己。

**148**

对于企业，只要专注自己的核心力，做好产品，他的其他工作都可以靠借力来完成，把专业的事情交给专业的人来做。

### 3. 成功靠系统

系统化就是任何人只要跟着系统步骤去操作，就能取得成功，要想系统化，对于新人要有销售课程，对于代理要有管理课程、团队建设课程等，以及教团队成员怎样做销售、怎样管理等。要让每个人都知道怎样去经营自己的微商事业，一个人最害怕的，就是不知道自己每天要做什么事情，团队和公司亦是如此。

培训对于微商来说非常重要，如果培训做不好，那么微商一定做不好，因为在线上需要靠会议来激发团队成员的动力，现在从商从业者多数是女性，很多都是白领、宝妈。刚开始很多宝妈都没有认识到，一份工作对一位女性来说是一件多么重要的事情。其实无论是女孩子还是男孩子，要想做到灵魂的独立，首先就要做到经济的独立。父母为什么感觉你没有长大，就是因为你没有获得经济上的独立，女生努力工作不是为了找一个好老公，而是为了自己拥有一份好的工作，生活在任何一个城市都可以养活自己，拥有一份很好的收入。因为只有经济独立了，才能做到说走就走，才能使灵魂获得独立，才能有资本选择自己想要的伴侣和生活。

做微商这份职业其实也非常简单，只要自己拥有一部手机就可以开始创业，并且获得很多收入，做传统生意一个很小的生意，都要投入几十万才可以经营，让他们认识到这些优势他才会努力地去做事情。

### 4. 借助名人、大咖做信任背书

当一个产品被名人认可时，会把信任转接到产品上，我们说的那些名人并不是单指那些影视明星，那些优秀的自媒体人、网络红人也都是很好的背书名人，这些人在圈子里都非常有影响力。邀请这些名人背书，并不需要花大量的金钱，不会像那些影视明星一样，光出场费就达到了上百万，有机会你就可以带自己的团队，跟这些行业里的名人、大咖进行合影，开阔自己的眼界。

我们可以把自己的产品送给一些大咖，大咖在品尝了你的产品以后，就可能会主动帮助你宣传，"吃了人家的嘴软"就是这个意思。在产品刚上市时找大咖做宣传是最有效果的，产品刚上市如果没有获得足够的曝光度，是很难销售出去的，如果有大咖帮助自己背书做见证，就能快速获得顾客的信赖。千万不要临时抱佛脚，一定先要跟大咖保持好的关系，等到自己需要帮助的时候，自然能得到大咖的帮助。

关系是需要靠长期维持的，就像自己跟朋友之间的关系一样，如果平时不维持和朋友之间的关系，有事找朋友帮助，朋友也是不会帮助的。

### 5. 制造家的气氛

要让代理看到，加入团队有一种家的感觉，因为相互之间帮助、关怀、有人情味，这样才有人愿意主动加入。我们知道，人是环境的产物，在海边每个人都穿比基尼泳衣，也没有人会笑你或认为你不正常，可是你在闹市区的商业中心穿比基尼一定会遭到大量人的嘲笑，骂你有精神病，就是因为环境改变了，人自然都会跟着改变。

我们可以带自己的团队一起去旅行、一起去学习、一起去购物、一起聚餐，让自己成为一家人中的一员玩在一起。一旦家的气氛打造成功，所有的新人加入都会被改变，人人都会感觉这是自己的家，都会被这种家的环境感染。

### 6. 传播自己的故事

要让别人成为自己的代理，就要学会传播自己的故事，通过故事展示自己的价值，让对方对自己产生崇拜，才能吸引人加入。那些成功的大师都是讲故事的高手，他们能够通过讲自己身上感人的故事，来打动每一位听众，从一个捡垃圾的小孩，成为了这个社会上的成功人士，其实现在社会人人都想获得成功，所以最想听的就是你成功的故事。

最好的一个例子就是，现在每天微博、微信朋友圈里疯狂传播马云成功的故事，在书店里关于马云的书籍也有几百本，都是源于人们对成功的渴望，对成功人士的崇拜。每一个人身上都可以挖掘出感动人的故事题材，如关于学习、关于创业、关于家庭的故事。

### 7. 主动出击

很多人每天都坐在那里，等待别人成为自己的代理，这就是坐门等客。聪明的人应主动出击，去了解对方的情况，因为现在是一个人人都想创业的时代，都在利用自己的业余时间增加自己的收入，换句话说，他们都很忙。还有那些做微商的朋友，做了别人的代理，可是团队一直没有培训，做了一段时间以后，产品一直卖不出去却不主动寻找解决办法。

笔者有一位学员，拥有 6 个 QQ 号，现在拥有 10 万女性 QQ 好友，现在平均每个月有 8 万的销售额，她每天的工作就是跟这 10 万粉丝聊天，聊着聊着就成为了她的代理了，针对那些已成别人代理的人，她设计了一个"3 天成为微商达人"

的课程，教他们做微商，也吸引了大量的代理跟自己干。

当你的团队人数达到 1000、1 万、10 万人时，带着这一群人向前跨进，就需要你自己努力地去学习，只有学习到更好的方法，才能带领他们前进。

### 案例解析

左勇，我北京的一个学员，一个刚刚毕业的大学生，发现了做微商是一个很好的商机，就自己开始做微商，刚开始做了一个多月，月收入达到万元，因为那时是微商红利期，大家对微商都有很高的兴趣，听了很多大咖讲课以后，他发现微商要做大就要招代理，因为有人可以招 40 ~ 50 个代理，月收入达到了百万。

他自己开始做代理时，做了 3 个月招到了一个代理，还不是很理想，结果 3 个月没有挣一分钱，就跑过来问我。我问他，你知道这些能招到代理的人有什么资源、什么能力吗？一个身价千万的富二代想做微商，是不是一件很容易的事情？一个电视台主持人，拥有几百万粉丝，在一个星期之内招到 40 ~ 50 个代理是不是一件很容易的事情？一个微软总监，毕业于清华大学，现在自己出来做培训，请问他的课程还需要推广吗？

你会跟一个什么都不懂的小弟弟做他的代理吗？你只会找一个优秀的人做他的代理。为什么有人做 10 年的安利都做不起来？因为混 10 年一直是小弟，怎么会有人跟他做呢？优秀的人一招手，下面的人都排队做他的小弟。他们住别墅、开宝马招商容易，还是你住在自己租的房子里招商容易？这就是现实，所以请先养活自己。

先好好做销售提升自己，不要急着招代理。你自己都不会做，怎么能教好别人？有能力的人不会做你的代理，反而会使你成为他的代理，所以如果自己都不行，你招到的代理也不会很理想。每个人都想在最短的时间内赚到钱，招到大量的代理商，可是他们都忘记了一条，就是自己之前多年的累积。现在那些自媒体大咖都在之前的媒体行业里累积了多年，所以现在的成功都是站在之前自己努力的基础上的。

# 第 7 章
# 微商成长之路

微商在不断地发展，两三个月的时间，就会出现很多新的玩法，只有自己不断地学习，才能跟上不断前进的微商的发展，在微商创业之路上取得成功。一个人的一生是奋斗学习的一生，王石 60 岁还在哈佛熬夜苦读，在哈佛读书时坐在他身边的都是二十五六岁的年轻人，而他已经 60 岁了，他感到人生很充实。如果你希望自己的人生活得非常精彩，那么一定要去不断地学习。

在做微商的前期，通过不停地刷朋友圈，还能带来销售，可现在却是一件非常困难的事情。前期大家都有好奇感，到现在你不停地刷朋友圈人家就拉黑，因为做微商的人越来越多了，打开朋友圈全都是广告。可是学习一定不能乱学，一定要掌握正确的方法，才能学到真正的东西，为自己所用，只有自己通过学习才能带领整个团队向前走，同时跨向成功。

## 7.1 微商快速成长学习的方法

一个人要想快速地成长，必须不断地学习，因为时代在不断地进步、发展，需要我们紧跟时代的步伐，才能跟上这个快速发展的商业社会，每个人只有做好自己，才能吸引更好的运气，如果自己都不能变好，怎么可能成功，只有做好了自己，一切才会变得更好。让自己变得更好的方法，就是不断地学习提高自己的能力，能力增加了，就能吸引更多的粉丝加自己，吸引更多优秀的人才加入到自己的团队，就能领导千军万马，成就自己的霸业。

如果你认真观察，那些成功人士都比你懂得多，学得比你多，那些不成功的人都是懂得非常少的人，你的老板、领导一定比你懂得多，想要自己懂得多，就要学习得多。钱比你赚得多的人，都是比你懂得多的人。懂得多才能做领导，做老师。2016 年想赚得多，就要懂得多。学习是让自己懂得多最好的方法，懂销售一个月收入一万元，懂团队运作一个月收入 10 万元，懂系统裂变一个月收入 100 万元。

### 1. 向做得好的人学习

做任何行业，都有一批做得非常优秀的人，对于你最好的方法就是向他们学习，如果你做微商，要向那些做得好的微商学习怎样做朋友圈、怎样带团队、怎样培养团队、怎样组织群里的活动。其实这是最好的学习方式之一，别人做得非常好，一定有他做得好的原因，如果你做微商，每个星期都要研究一位在朋友圈做得非常好的朋友，研究 3 个月你一定可以成为朋友圈里的高手，因为你把所有顶尖高手的方法都学到了，因此成为了第一高手。

### 2. 朋友之间相互学习

现在做微商都是以团队的形式来运行的，因此团队成员之间相互学习、交流都是很好的学习方法，组建相互学习的群，每个成员分享一条自己玩朋友圈的心得，分享自己服务顾客的心得及自己带领团队的心得。通过这种学习方式，能把整个团队的活跃气氛和参与度做起来，同时相互之间又获得成长。一个星期要至少安排一位团队成员来分享自己做微商的心得，创造一个很好的学习环境。

### 3. 付费学习

不付费的东西永远没有人会去珍惜，要学会为价值买单，珍惜那些能为自己提供价值的人，付费了你才会认真去做，只有认真去做了，才会产生好的结果。任何一个老师、成功人士不是随便便就能获得成功的，他能当老师，是因为自己经历了一个长期积累的过程，才可以站在讲台上讲课，讲任何一堂课，知识都是非常全面的。

一些老师已经研究这个行业 3～10 年了，你通过一次学习就可以学到 3～10 年的所有经验，这样的投资是非常值得的。

当然学习不能乱学一通，现在自己学的东西暂时用不到，如果你现在只是一个代理商，那么就不要学什么投资课程，因为这些课程只有你拥有大量的财富时才有效，现在处在什么样的阶层就应学习什么样的东西。

对于那些刚刚做微商的人，他应该学习的就是如何做好销售，卖出产品，只有卖出产品他才能生存下去。对于那些已经做了三个月到一年的微商，他应该学习如何组建自己的团队；对于那些已经拥有几百人团队的领导人，应学习领导力，才能把自己学来的方法、技巧转化成财富。

### 4. 自己学习总结结果

自己做了一段时间的微商以后，可以不断地去总结，哪些地方做得非常好，哪些地方做得不是很好，自己都要不断地去总结，并且还可以把自己总结出来的经验教给团队成员。能帮助自己，同时又能帮助别人，总结下来的经验就是一笔不小的财富。同样一件事情，自己一定不能做错 3 次，做错了 3 次就是在浪费自己的生命。

### 5. 利用碎片化的时间学习

每天都可以利用碎片化的时间不断地去学习，等车的时间、坐飞机的时间、每天空闲的时间。人生的奔跑不在于时间的爆发，取决于途中的坚持，很多成功就是多坚持一分钟的结果，只是我们不知道这一分钟会在什么时候出现，坚持不断地学习，你的成功就不远了。

很多年前，为了发愤图强，我强迫自己读书，因为有了阅读习惯，不看书就很不自在，当时没有钱，省吃俭用剩下的钱，我都用来买书，第一次工作把所有的工资都花在买书和学习资料上，到公司的食堂用餐每次只能用 5 角钱，可是每年在买书上的花费就达到了万元，现在每年在学习上投入了几十万元，都是为了让自己获得快速的进步。

一下班我就疯狂地学习，他们都说我不正常，是疯子，因为每天我都学到晚上两点，明天自己还要工作。有一次，一个同事看到我在阅读，就丢了一个假设性问题给我："如果现在马上给你 300 块，你会选择买书还是吃饭？"我当时就合上了书，想了一下说："我会买书。"他骂我："现在你还是一个员工，学那么多有什么用？真是个书呆子，有什么东西比吃饭更重要？你这个人的想法太不切实际了。"

我是爱书狂，同时也认为我今天的成就跟我看了很多书有密切关系，但是有些人就问我："你是不是赚钱后才开始疯狂学习、买书的？"我们都经历过生活潦倒的阶段。在北京创业的时候，每天买 5 角的面条下锅，没有油、没有盐，就是这样过来的，但在那段时间我已经是爱书狂，那时我已经开始为自己的脑袋付费了。

别人获得成功，或者坐到了在你看来高不可攀的位置，很多时候我们的第一反应是人家运气好或者是一个富二代，你以为别人只是幸运，但真相可能是人家长期积累了大量的能量，终于有一天开始爆发了，终于开始被人看见了。就像奥运会一样，长达 10 多年的努力，只有参加奥运会拿到了冠军才被人认可。

我奋斗了 16 年，写了十多年，现在才有能力帮助到大家，才有资格成为照耀大家的阳光，遇到问题时才可以帮助大家解决，这都是长期累积的结果。在多年前，我承认我也有这样的想法，把别人的成功归结于"运气好"或家里有"资源优势"等，当经历了多年创业的经历以后，接触了很多精英后才发现，大多数人都是靠自己长期的累积取得的结果。

在同样的环境中，为什么有的人穷，有的人却相对富一些呢？人与人之间最根本的差别不是高矮胖瘦，也不是单眼皮和双眼皮的问题，而是知识、性格和思想的问题，富人都知道怎样投资自己。

**案例解析**

我有一个学员王岩，在辽宁沈阳卖房，一直在跟着我学习，认真阅读了我写的书后就开始实战，用微信卖房，可是做了一段时间以后，效果不是很理想，所以他就跑过来咨询我，问我怎么办，因为公司要他放弃微信，我就一直鼓励他，叫他坚持下去，做微商不能急，需要的是一个长期的累积过程，并且教了他一些方法，让他去做，结果坚持了不到半个月的时间就卖出了两套房。

王岩是一个非常勤奋的房产销售员，一直跟笔者学习，一遇到问题就咨询我，再按我讲的方法去执行，到现在她已经可以每个星期都靠微信卖出 7 套房了。其实做微商就跟创业一样，会遇到各种各样的问题，遇到这些问题不要去抱怨，而要通过学习的方法来解决这些问题，只有通过不断的学习成长，才能把自己的生意做好。

整个社会都在不断地改变，人只有通过不断的学习，才能跟得上这个时代发展的步伐。财富是可以相互转化的，最好的财富就是知识财富，靠自己的大脑去生财，靠大脑生财没有什么风险和成本，只要花一些时间就可以做到。

# 7.2 如何用脑生财

到底如何通过学习靠自己的大脑来获得财富？未来的竞争一定是大脑与大脑之间的竞争，很多人可以靠一套完整的创业方案获得百万、千万甚至过亿的投资。同时有很多策划人只靠一套营销方法就可以获得百万、千万的回报，这些人都是靠自己的脑生财的。

中国房地产策划界王志纲老师，之前是新华社一名记者，因为帮助碧贵园的杨国强策划楼盘取得成功，从而出名，得到了大量老板的认可，帮助企业策划一套方案就收入过百万、千万，他还帮助市政府做了城市规划。王志纲老师就是典型的知识分子，是靠卖大脑取得成功的策划专家。

很多人学习了很多知识以后，自己的人生没有发生任何改变，都是因为方法不正确。

### 1. 认真研究成为这个行业里专家

只有你能为人们提供独一无二的价值，才能得到这个社会的认可。策划一套方案收入能过百万，如果你不专业，即使你免费给人做，都没有人要你做。一般都要花 3～5 年，甚至 10 年以上才能做到。所以问一问自己对什么感兴趣，找到以后认真地研究下去，现在只要你成为顶尖人物，不要怕你是金子而没有谁知道，只要你足够优秀，人人都会帮你做免费的宣传，怕的是你不优秀。

#### 1）给自己的价值明确定位

你想成为什么样的人？如美容专家、营销专家、理财专家、经济学专家等，明确以后你就向这个目标奋斗。一旦你成为了这个行业里的专家，就代表你可以向这个行业里提供价值，从而引导整个行业向前跨进。

笔者就通过自己对移动互联网的理解，指导了百万、千万的企业进军移动互联网，获得了成功。在你的行业里，你能不能带领整个行业里的从业者向前走？如果你就能竖立自己的专家地位，那就可以。

#### 2）不断强化自己的价值

你要不断地强化自己的价值，打造你跟竞争对手不同的地方，一定不能人云亦云，只有这样才可以强化自己独一无二的价值。因为你是专家，不是普通的市民，天天研究这个行业，一定有自己对这个行业的独特观点。

#### 3）不断传播自己的价值

你有价值，一定要让更多的人知道，这样才可以获得更多的认可，最好的方式就是通过写文章来输出自己的价值。

### 2. 免费获得别人的认可

刚开始你没有实战经验，只有理论，所以要累积更多的实战经验，你才可以免费为企业做营销策划，获得更多的经验，打造出更多的成功案例，才更有说服力。王志纲老师因为帮助碧桂园楼盘策划成功，才使人生得以改变。从一位新华社的新闻记者成为一位策划大师，都是因为自己打造出了成功案例。

很多成功的演讲家，在自己没有成名之前，想得到社会的认可，都是免费演讲了上百次甚至上千次后才开始做收费演讲的，做免费演讲是获得别人认可的最好方法。

### 3. 收费获得利润

当你已经累积了大量的实战经验，并且已经有了大量的成功案例为自己做背书以后，那么接下来就可以采取收费模式来获得收入了。现在的社会，有钱的人越来越多，有钱的人希望自己的财富一直增值而不是贬值，所以需要那些专业人士来帮助他理财，让他的钱变得越来越多，一个人的智慧是无价的，他可以帮助一个人成为首富。

做微商也是一样，当你做了一段时间，并且做得足够好时，你就可以靠自己做微商方法、技巧，获得自己想要的财富。笔者现在就是这么做的，我现在为大量的企业提供微商运营方案，帮助他们组建自己的团队。当自己累积了多年，并且做出了非常多的成功案例后，最好的方式就是自己写一本书出版。

**案例解析**

我的一个浙江的学员刘华，从事汽车销售六七年。因为认为微商是一个机会，他就跑来问我做什么比较好。了解他的情况后，我发现他口才非常棒，又对汽车非常了解，我建议他做一个音频类的汽车自媒体。汽车自媒体是一个巨大的市场，因为中国现在已经成为了一个汽车大国，人人都拥有自己的汽车，汽车一族通常是这个社会上高档消费者，拥有较高的购买能力。很多人都把自己的汽车当作孩子一样看待。

关于汽车有谈不完的话题，所以可以保持长期营利。听了我的建议后，他回去做了一个汽车类的自媒体。现在做了不到一年的时间以后，在喜马拉雅就拥有了 20 万的粉丝，他的汽车自媒体现在教人选车、教人给汽车做保养、教人根据自己的收入选车、告诉人们什么时候是买车的最好时机，以及天窗真正的作用等。

现在有很多大的汽车品牌对他的自媒体进行赞助，他也得到了很高的收入。随着他自己人气的上升，运作了自己的视频汽车自媒体，上线当日就获得了几十万的点击量，现在已经过千万了。现在有很多风险投资商主动找上门，要投资他运营的这个汽车自媒体。通过卖自己的专业技能，靠汽车自媒体获得收入，由一个汽车销售员变成了一个汽车自媒体主持人，拥有 20 万的粉丝。因经过了六七年的累积，他有讲不完的汽车故事，现已拥有自己的公司。

对于那些想通过互联网创业的朋友，一定要分析好自己的优势后，再借助互联网这个平台放大自己的价值。如果你做了 10 年的理财工作，那么你可以做一个理财类的自媒体；如果你是一位在职场工作十多年的高管，那么你可以做一个职场类的自媒体。当然做音频自媒体，最好是从自己的兴趣、专长出发，这样才能做得更长久，并且能长期坚持，每天工作多久都不会感觉很累。对于很多工作狂来说，就是喜欢加班，即使老板不给他工资，他也会认真去做，因为他喜欢工作带给自己的成就感，做自己喜欢做的事情最容易成功。

笔者多次强调，出书对于一个人的好处很多，很多人靠出书改变了自己的命运，出一本书就成为了名人。一个人一旦成为了名人，做什么都会变成一件很容易的事情。

# 7.3 如何靠出书成名

我们知道，现在是一个粉丝的时代，甚至可以说每一个人拥有多少粉丝，就决定了他有多大的价值及影响力。如何吸引大量的粉丝关注？最好的办法就是成为一个领域的名人，成为了名人就拥有了标签，就能吸引大量的粉丝关注。

其实每个人都可以出一本自己的书，很多企业家、名人都曾出书来提高自己的影响力的，商界领袖马云、史玉柱、马化腾、王建林、刘强东等也曾通过出书来宣传自己。那些影视明星也有人通过出书来提高自己的美誉，成龙、刘德华、王菲、邓超等，出书也是一种身份象征。

### 1. 先定好位，拥有身份标签

每个人身上都有未被挖掘出来的价值，也许利用这些没有被挖掘出来的价值，自己就可以出一本书。如果你已经创业 3～5 年，当中一定发生了让人很感动的故事，这些创业的经历和故事就可以写成一本书。

如果你是一位理财专家，帮助 1000 位顾客进行了理财，那么跟这 1000 位顾客理财的过程就可以写一本书进行出版。同样你若是一位中学或者小学、大学的老师，已经教学 10 多年了，那么这 10 年的教学经历也可以写成一本书；如果你是一位导游，已经工作 3～5 年了，到过世界各地旅游，那么你旅游的经历也可以写成一本书；如果你曾经是一位千万富翁，可是在澳门输得一无所有，那么这样的经历也可以写成一本书，其实我们每个人身上都有很多可以挖掘的价值，这些价值都可以写成一本书。

一个人一旦拥有社会标签，就拥有了个人品牌。说到成龙，你马上会想到一位成功的武打明星；说到刘翔，你马上想到了短跑冠军；提到史泰龙，大家想到的是硬汉；说起刘亦菲，宅男们的称呼是神仙姐姐；说到范冰冰，大家想到的是女王。

### 2. 借助媒体，扩大自己的影响力

一个人想出书，就一定要提高自己的影响力，把自己的人气做起来，才会有出版社的编辑主动找上门，要给你出书。要多投稿，争取成为众多网站的专栏作家，这个也是身份标签哦！当各大网站都有你勤奋的身影时，你的成名就在不远处。目前自媒体人投稿的平台主要有今日头条、搜狐媒体、艾瑞网、派代网、品途网、新浪、亿邦网、百度百家、人民网、网易阅读。笔者开通了多个自媒体平台，并且坚持长期发表文章，以扩大自己的影响力。

当笔者出书以后，成为了大量网站的专栏作家，很多朋友都来问我如何成为专栏作家，并且如何出版自己写的书，问我之前是不是认识很多媒体编辑和出版社的朋友。笔者给他们的答案是：多写。你自己优秀了，别人自然会来找你，如果自己水平差，再有门路也是白搭，实力是第一门路，自己足够优秀，才能站在那个平台上。幸运是有的，可是幸运也是努力的结果。

### 3. 跟已经出了书的人成为好朋友

当你准备出书时，要跟一些已经出了书的人成为好朋友。他能给你很好的意见，准备出书前要做很多准备工作，并且后面可以借助这些已经出版过著作的作者，帮自己的书做宣传。弄懂出书的流程，出一本书一般至少要花上一年的时间，时间长的要3～5年甚至10年。自己在出书的过程当中遇到什么样的问题，都可以咨询他们。

### 4. 坚持原创，树立自己的专家地位

写文章，一定要坚持原创，这样的文章才有价值，才能吸引大量读者的关注，展示自己独一无二的价值，树立自己的专家地位。每写一篇文章都要表明自己的观点、看法，一定不能人云亦云，因为这样的文章是不能得到粉丝的认可的。

### 5. 借力自媒体整合资源

现在是一个自媒体时代，你身边有很多朋友都拥有自媒体，你们可以相互推荐对方，如果你的影响力是10万，你有10个这样的朋友，那么你的影响力就可以达到100万。当你的影响力达到100万以后，就可以跟一些名人进行合作，做大自己

的影响力。

现在是一个团队作战的时代，而不是单打独斗的时候，一个人很难把一件事情做成，需要不断地去借力。

### 6. 多投稿，获得更多的曝光度

要多去各大平台投稿，获得更多的曝光度，提高自己的知名度，因为很多有影响力的平台，要靠自己去投稿才能获得发表。

### 7. 坚持一年，主动跟出版社沟通

至少要坚持写一年的时间，才能把自己的影响力和专家身份树立起来，至少要写 100 篇文章，最好写 300 篇以上，这样出版社才能通过阅读你写的文章，知道你的写作能力。

要想成为一位优秀的作者，就要去体验生活，如果你的人生缺少体验，是写不出让人感动的、吸引读者产生共鸣的文章的。你应该去旅游、去交际、去恋爱、去读书、去创业、去冒险、去留学，只有去体验别人没体验过的生活，才能写出别人爱看的文章，你的核心竞争力一定是经历，因为你是用自己的人生来写作的。

你还要向出版社证明你能写一本书的能力。现在一本书基本在 200～300 页左右，写了一系列文章以后就可以联系出版社，详细了解出书的全部过程。跟出版社编辑沟通自己出版图书的思路，请编辑提出宝贵的意见，因为写书跟自己在网上写文章有所区别，要求文章有一定的深度和专业性，并且整本书要有系统性，不能随意写。

### 8. 加入高端圈子拓展人脉，为新书做宣传

你可以加入一些高端的收费圈子，因为这些人的人脉都进行了过滤，能够保证人脉的质量。当你的新书出版时，就可以请这群人主动帮助自己做宣传，同时可以邀请这群人为新书写序推荐。

### 9. 出书成名

一旦你出书，你马上就成为众人的焦点。你想一想，当你身边的朋友都在不断地花钱买书时，你已经出版了自己的第一本书；当你身边北大、清华的朋友都没有出书，而你一个普通大学的大学生出了自己第一本书时，你的同学会怎样看你？

为什么你一出书，就能成为众人的焦点呢？因为你做了大多数人都没有做到的事情。并且一旦你的书得以出版，各大平台都会帮助你做免费的宣传，这样就无形

当中帮助你提高了知名度。

**案例解析**

我有一位非常好的讲师朋友，专注做营销培训，做了 6 年的时间，得到了大量顾客的好评和认可，可是遇到了一个问题：自己在行业里的知名度一直不能提高，课程费用不能再有高的标准。在聊天当中，笔者建议他把做培训的课程写成一本书来进行出版，听取了我的建议以后，他找了两个助理，在一年的时间里整理了两本书，并且在今年都一一出版了。通过出书，帮助他带来了大量的生意，现在的培训课程都安排到了明年，在行业里的知名度也提高了。

很多人工作多年，例如做了十多年的会计、律师、老师、医生，从来没有想过自己可以总结十多年的经验写一本书进行出版。出书可以给一个人带来什么样的价值？一旦你的书出版了，就表明你的专业知识、技巧得到了社会的认可，因为不是随便一个人就可以出书的，你写的东西出版社要经过多次审核才能出版。你的书一旦出版，就会通过出版社的各个渠道卖出去。如果卖出了超过 10 万册，就代表你向 10 万人传递了你的价值，成为了 10 万个人的老师，你的价值被放大了 10 万倍，而如果你不出书，要成为 10 万个人的老师，则是一件非常困难的事情。

在一个行业里有 10 万个人了解你，你就是一个名人了，一般人一生让一万个人知道自己都是一件很困难的事情，你却通过出书在很短的时间里就可以做到。我身边很多的朋友、学员在我的帮助下，都出版了自己的书，打造了自己的个人品牌，提高了自己的知名度。

当你出版自己的书以后，接下来做的一件事情就是设计好自己的多重盈利模式，因为一个作者光靠书是不行的，还需要靠后端的产品创造利润。

# **7.4** 作者如何利用微商打造多重盈利模式

对于大部分作者来说，稿费并不能养家糊口。作者写一本书要花两三年的时间，但是，愿意掏钱买书的人不多，销量就不高，作者稿酬也就不高，单纯依靠稿费生活，日子就显得捉襟见肘了。

笔者如何改变现在的困窘局面呢？微商时代给作者带来了赚钱的新机遇，以前笔者不知道是哪些读者购买了自己的图书，因为读者跟笔者并没有任何联系。如今，笔者可以利用二维码把购买图书的粉丝锁定在微信、微博中，跟粉丝建立长期的联系。当粉丝累积到 1 万、10 万甚至 100 万时，笔者的影响力就会变得很大，再通过后端进行盈利就很容易了。要知道这些愿意花钱购买书的粉丝，都是价值非常高的粉丝，是你的目标客户，对你的产品有真正的需求，他们需要你更多的帮助。

### 1. 吸引粉丝关注自己

把笔者自己的微信二维码印在图书的显眼位置，让购书者一眼就能看到，并且通过送赠品的方式来吸引读者关注。例如：送读者见面会入场券，以及提供专业的一对一的辅导等。

另外，和身边的作者朋友组成作者联盟，每个作者都推广这个联盟，就可以获得更多的粉丝。一本书能带来 1 万粉丝的关注，10 本书就可以获得 10 万粉丝的关注。你还要经常参加出版社举办的作者见面会，从而认识更多的作者，相互整合，交换资源。

有了微信二维码，就可以把目标顾客锁在微信当中，拥有自己的"鱼塘"，把这一群读者养起来，后面就可以发挥更大的价值，自己的鱼塘越来越大，你的财富就会不断地增加。

### 2. 借助 O2O 升级和读者的关系

当读者关注作者以后，作者一定要想办法升级和读者之间的关系，最好的方法就是玩 O2O，在线上通过提供内容来展示自己的价值，在线下办读者见面会升级关系，通过一对一地沟通，可以长期维护与读者之间的关系。

读者一定想见到作者，跟作者进行面对面的交流，在读者的眼里，作者写出这么棒的著作，是那么伟大，作者在粉丝的眼里是名人，从而产生崇拜。线下活动可以有多种形式，例如和作者一起献爱心、和作者一起读书、和作者一起旅游、一起做公益等。读者和作者面对面地沟通、交流、互动，可以增加彼此之间的信任。

### 3. 设计多种盈利模式

之前由于盈利模式单一，要想养家糊口都是一件很困难的事情，现在因为拥有 1 万、10 万、100 万的粉丝，并且可以随时联系到这些粉丝，所以盈利模式就多样化了。

### 1）产品模式

你可以推出拥有个人品牌的商品，例如可以以自己的名义卖大米、水果、收藏品等，还可以采用众筹的方式来出版自己的新著作。现在很多著名的自媒体人都在走产品模式，著名自媒体人光头王凯就是一个典型的案例，他推出的《凯叔西游记》等产品都得到了好评。

产品模式是一种很好的盈利模式，因为产品卖出得越多你的财富就增加得越多，并且一款产品可以卖给百万、千万甚至几十亿的人，获得百万、千万、亿万的财富，很多富人都是靠产品模式致富的。

### 2）咨询模式

如果你是一个行业里的专家，就可以推出咨询模式来营利，笔者就是一个很好的例子。笔者的部分收入就来源于提供咨询、培训服务。

一个作者能出版一本书，说明他已经成为了一个行业里的专家，那么做咨询模式就是一件很容易的事情。例如，风水图书的作者可以提供与风水相关的咨询服务；写管理书籍的作者可以提供公司管理方面的咨询服务；写情感书籍的作者可以提供情感方面的咨询服务。做咨询模式一定要注意，因为每一个人的精力都是有限的，所以做咨询模式一定要走高端，这样自己才能实现很好的盈利，并且服务好顾客。

### 3）会员模式

为读者搭建一个相互沟通、相互交流的平台，定期组织活动让粉丝参与，让他们相互交换资源，进行资源整合。可以以会员的方式来收费，并为会员提供相应的服务，"罗辑思维"就通过会员收费的方式创造了6个小时狂挣了160万元的佳话。会员模式是一种很好的模式，只要自己在一方面有专长，就可以推出会员服务，写作培训、营销培训、文案培训等都是可以的。

因为微商，作者迎来了写作的第二春天，辛苦写作终于可以得到相应的回报，从而鼓励更多的作者创造出更多优质的作品来。

# 第8章
# 如何做本地微商及成交顾客

人要想在这个社会上生存，就需要相互交换，要维护相互之间的关系，就要靠利益的不断的交换，而微商的生意都是建立在关系的基础上把产品卖出去的，在淘宝上一般靠的是低价把产品卖出去。维持人与人之间的关系就要靠利用价值、交换价值，包括身边的同学、朋友、同事、合作伙伴等。

做微商也是在经商，跟传统的生意一样，只不过是借助移动互联网而已，你在本地经营一个商店，那么身边的亲朋好友都会来支持你。

## 8.1 做本地微商的6大方法

即使是在一条街上做生意的朋友也会相互支持，你在我家买了苹果，下次我会到你家买酒。做微商也是一个道理，你做微商，身边的朋友都来支持就很容易做起来。那些你经常跟他们做生意的商家，也会来支持你，生意自然好做了。

有人的地方就有江湖，有江湖的地方就有圈子，一个人要想在社会当中拥有自己的位置，就必须有自己圈子，你在什么样的圈子当中，就决定了你是一个什么样的人，决定了你的价值。圈子就是一个个的小社会，决定了自己人生的上升空间。如果自己能组建一个圈子，让自己置在资源当中，自己就可以获得源源不断的资源。

### 1. 加入本地圈子

为什么要多加入本地的圈子？因为相互之间有更多的交换点，都生活在一个圈子里，都会遇到相同的问题，相互之间的人脉关系可以相互的利用，例如，我的孩子想进一所好的学校，你的关系就能帮到我。我要跟银行贷款，你的人脉关系可能就能帮到我，就是这个道理。

本地的创业圈子、本地的车友会、本地的读书会、本地的交朋友圈等，都有一个特点就是，每个圈子都是一群人，一般都在 100～200 人，加入一个圈子就能认识 100 个人，加入 10 个圈子你就能认识 1 000 个人，从而可以快速地扩大自己的人脉，做大自己的微商生意。

### 2. 为本地圈子提供价值

要想从圈子里获得大量的价值，就要先为圈子提供价值，才能很好地维护圈子里的关系，谁的孩子考上大学了、结婚了、公司开业了都要去祝贺，并且可以成为所有人的人脉结点。

### 3. 组成自己的圈子

当你要把自己的人脉经营得很好时，就必须拥有自己的圈子，成为这个圈子的主人，自己成为所有人脉的结点，通过你就可以认识更高能量的人，例如企业家、政府官员、亿万富翁、律师、银行行长等，所有的人脉关系都可以通过你获得。

整个社会拥有大量的资源，你要想办法去整合，让所有的资源为自己所用，才能把自己的事业做大、做强，因为一个人靠自己的力量是很难把自己的事业做大的。整合别人资源最好的办法就是跟别人合作，让更多的人跟你一起做生意，从你的生意当中分到更多的利润。

### 4. 整合微信资源

当你参加了很多本地的圈子以后，一定认识拥有很多粉丝的朋友，把这些人整合起来，自己在本地就拥有很大的影响力。一个人拥有 1 万粉丝，10 个人就拥有 10 万粉丝。现在是粉丝经济时代，粉丝越多，影响力就越大，粉丝转化成利润的就越多。

所以我们可以看到，很多自媒体联盟——拥有相同粉丝的自媒体组成的联盟，相互整合做大自己的自媒体。

单个自媒体的力量很小，一群自媒体组成联盟——粉丝量就可以达到几百万、几千万，从而拥有巨大的影响力。

### 5. 整合店面资源

在你周边的那些店，他也一定想创造大量的利润，现在你可以跟他们合作，你告诉店长，他不需要投入任何资金，就可以创造大量的利润，只要把自己的产品摆在他的店里，把进店跟自己购买产品的顾客锁定在自己的微信当中就行。当然想别人跟你合作，你需要把所有的文案准备好，他只要在自己的朋友圈发一些图片和文案，准备好产品展架，就可以在不投入任何资金的情况下获得大量的利润。

现在很多传统店面都受到互联网的冲击，他们都在寻找新的利润增长点，现在你提供一套利润增长的方法给他，他一定很愿意跟你合作。

### 6. 整合宝妈、大学生、想创业者等资源

我们知道微商创业者——宝妈、大学生、自由职业者有更多的时间，本来他们的时间不能产生价值，现在却可以利用这些时间产生商业价值。

现在是一个人人都想创业的时代，因为移动互联网的爆发让创业变得越来越容易、简单，只要一部手机就可以开始自己的生意，如果你能整合成千上万的宝妈、大学生、自由职业者，将会产生大量的价值。最好的方式就是组建一个本地的创业者联盟，把那些有资源、想创业的人都吸引到创业者联盟商圈里，再设计一套合作模式，让他们加入。

#### 案例解析

我有一个学员叫王唐，浙江人，之前自己在公司做白酒销售多年，已经事业有成，年收入达到了 30 多万，可是他一直不满足自己现在的收入，想通过自己创业达到年收入过百万。微商的到来，让他觉得这是一个好机会，就想做微商，所以在微信朋友圈里卖过面膜、衣服、手表等，可是都不理想。

其实微商就是一个渠道，如果能很好地跟传统的生意结合，就是一个很好的生意。笔者有一个朋友，高中没有毕业就出来自己创业，在家乡做了五粮液县级总代理，在 5 年的时间里成为了一位亿万富翁。所以根据学员的情况，我建议他做县级微商代理，因为学员之前做过白酒销售，所以可以做微商的酒代理，其实做总代理是一件非常简单的事情，天天给那些超市送货就有收入，并不复杂。

因为互联网时代的到来，很多做酒总代的都不需要代理费，我建议他先进一部分货铺出去，回本以后自己再进货，这样就不用担心自己的产品卖不出去了，自己再配合用微信在线上做销售，他用一个月的时间跑遍了县里大大小小的店，用一年的时间做到了100万的销售额，酒只是他的前端产品。在我的建议下，他开发出了很多后端的产品，奶粉、保健品都获得了很好的市场回报，获得创业的成功。

对于那些想创业的朋友，一定要分析自己的优势，可以是人脉的优势、产品的优势、能力的优势。借助自己的优势再结合微商渠道来销售，就很容易获得创业成功，千万不能盲目地跟风。

# 8.2 九大成交的策略

所有的利润都来自于成交，只有与更多的顾客达成交易才能获得利润，要把销售做好，关键是要把成交量做好，一个人只有成交更多的顾客才可能获得财富自由，一个没有成交量的人是很难获得大量财富的。

对于做移动社交生意，更需要懂得如何才可以快速与顾客达成交易，因为不能通过面对面建立信赖感，就需要掌握一些与顾客达成交易的策略，如何让顾客看一眼就想购买自己的产品。很多人都想在任何时候与所有人达成交易，其实是不可能的事情。做微商做好的境界是，让顾客主动与你达成交易，购买产品，而不是你主动要求顾客购买产品。一切财富都来自于不断地达成交易，只有懂得达成交易的秘密，才能获取大量的财富。

### 成交终极秘密一：拥有个人品牌

一个人只有拥有个人品牌，才能与更多的顾客达成交易，个人品牌是身份的象征。为什么有那么多的商家请明星、名人代言自己的品牌？就是因为这些明星、名人拥有个人品牌，可以为企业充当品牌信任的背书。只要有明星代言，就可以带动产品的销售，这就是个人品牌的作用，明星用自己的个人品牌来做信任背书，与人达成交易便是一件很轻松的事。

### 成交终极秘密二：利他

一个人只有利他，做到无我，即站在顾客的角度为顾客着想，才会得到顾客的认可，顾客才会购买产品。随着社会的发展，人越来越聪明，在顾客面前玩一些小把戏，把顾客当傻瓜，每一个顾客都可以感觉到，做到无我，顾客才会感觉到你的真诚，从而选择购买你的产品。

有很多销售人员，为了销售更多的产品使用各种方法欺骗顾客，只知道为了自己的利益，却忽视了顾客的利益。

**案例解析**

王强，我的一个学员，之前在广州日报社工作，因为报业的转型，他辞掉了工作自己创业，做微商，卖自己老家的农产品，卖得非常好，可是自己却总是不知道怎样让顾客自愿帮助自己的产品做转介绍，这是一件让他很头痛的事情。有一次我到广州做企业培训课程，在一起聊天时他向我咨询了这个问题，我就跟他分享了利他的策略，马上就看到了效果。

就是当顾客收到产品以后，就要开始做售后服务，问顾客收到的产品怎样，有没有在运输的过程当中，导致产品出现碰伤。如果回答产品非常好，那么可以给顾客发一个6.6 元或者 8.8 元的红包，感谢他对自己的支持，后面加上一句话：如果觉得产品不错，请分享到朋友圈。因为他的产品真的很好，再加上发了红包，结果是很多顾客都主动分享到自己的朋友圈，于是他自己也因为这样的分享给自己带来了更多生意。

其实在我们想获得别人的帮助之前，我们先给别人一些好处，很多人都会很愿意主动帮助我们，因为谁也不想拿对方的好处却不为对方做事。要真正的成交靠的是策略，要想与顾客达成交易，一定要使用正确的方法，只有这样才可以达到自己想要的结果。

如果你准备卖一件产品，如果之前没有设计好成交的策略，是很难把产品卖出去的。就好比一个作者，自己辛辛苦苦写了一本书，靠自己拿去卖很难，如果采取拿到出版社出版，就很容易把书卖出去。通常作者靠稿费很难养活自己，所以就要增加后端的产品，靠后端产品获利，这就是一套完整的成交策略。

**1. 吸引顾客的注意力**

要利用社交与顾客达成交易，首先要吸引顾客的注意力。只有先吸引顾客的注意力，才可能有成交的可能，自己想吸引什么样的人，首先就要变成什么样的人，自己想吸引一群非常有才华的人，那么先必须让自己有才。

**1）展示自己的阳性能量**

每个人都希望跟一个充满正能量的人交往，每个人都希望自己开奔驰、宝马，住别墅，展示阳性能量就是利用人们都追求美好事物的人性。所以只要尽量展示人们追求的东西，就能快速吸引他们的注意力。

### 2）社交认证

如果你拥有很高的社交身份，就能快速吸引人们的注意力。什么是社交认证？就是你身边高能量的人都很认可你、尊敬你：你参加一个很高端的聚会，所有的人都会跟你打招呼，并且很热情地跟你交谈。

## 2. 视觉上的高价值

视觉上的高价值是指你能看见的高价值，例如你的豪车、你的名表、你的衣服、你住的别墅、你开的车，总之一切能看得见的东西。

## 3. 自己语言上的高价值

人们都追求美好的事物，这是人性的本质。例如，我希望获得成功、我希望成为富翁、我希望成为上市公司总裁。你想成为什么样的人，希望过上什么样的生活，通过交谈就能感觉到你是一位高价值的人，因为你的语言足够证明这一切。

## 4. 把握主动权

要想与顾客达成交易，一定要把握主动权，不能让顾客把握到主动权，被顾客牵着鼻子走，因为这样再想达成交易就是一件很困难的事情。要想不被顾客牵着鼻子走，就要做好准备，顾客提出的疑问都可以解决，成为顾客的顾问、专家，牵着顾客的鼻子走，要想成交就成为一件很容易的事情。

## 5. 让成交成为一种习惯

要主动要求顾客不断地成交，让成交成为一种习惯，很多人都不敢主动要求顾客预支成交，就失去了大量的生意。一般都要求与顾客成交3次以上，这就是能量的累积，只有能量累积到了一个点，才能保证交易成功。

## 6. 爱你的顾客

一定要爱自己的顾客，只有爱自己的顾客，他们才会购买企业的产品，一切都是为了爱。人是感情的动物，你做的每一件事情顾客都可以感觉到，你把每一件产品卖给顾客，都是因为你爱他，因为你的产品可以帮助他过上很好的生活。你爱多少人，就能把自己的产品卖给多少人，因为你知道你的产品是最好的、最能帮助到他的产品。

### 7. 感动顾客

只有感动顾客，才能打动顾客的心，就跟恋爱一样，只有感动自己心爱的女生，她才会愿意嫁给你。当产品的特点都一样时，接下来要拼的就是谁能感动顾客、谁能服务好顾客，顾客就愿意跟谁成交，海底捞用热情的服务感动了顾客，海底捞为顾客准备了免费的瓜子、水果让顾客享用，顾客可以开心等待用餐，顾客也就愿意等。所以海底捞的生意好到爆，去用餐都需要排队 2～3 小时才可以用上餐。

### 8. 用事实证明

顾客只相信事实，所以要提供大量的顾客见证，才可以快速取得顾客的信任，从而保证成交。人们都相信自己亲眼看到的东西，眼见为实，如果他能亲眼看到一群人对一个产品的好评，他会不做任何的考虑去选择这一件产品，因为人人都有从众的心理，都喜欢跟着群体做同样的事情，做同样的决定。

如果你身边有 6 位朋友告诉你一款产品非常好，那么我相信你也会决定购买这一款产品。所以做社交生意，一定要提供海量顾客见证，这样才能获得顾客的信任，快速成交顾客。

### 9. 快速降低顾客的风险

顾客在购买产品之前，都害怕各种各样的风险，都怕自己花了钱买到的却不是好的产品，怕自己上当受骗。如果想提高销售量，就要降低顾客的风险，最好的方式就是提供退款保证。

① 无条件退货保证。7 天或者 30 天或者 3 个月退货保证，在 30 天内顾客可以无条件地退货。

② 终身退款保证。顾客可以任何时候进行退货，让顾客没有任何的风险，承担所有的风险。

每个人都要想办法快速成交，只有不断地成交，才能创造大量的财富。

### 10. 成交能量守恒定律

笔者发现在成交之前所需要积累的动力能量是固定的，也就是说，不管你们相互之间认识 3 年还是 3 天甚至只有 3 小时，成交之前都需要等量的动力能量累积，例如，至少要关注你 7 天以上或者 7 次以上、必须要求顾客 3 次以上，顾客才会有感觉并产生行动，这个顾客才可能做出成交的决定。

能量积累是有一定顺序的，要从小的能量开始，线上沟通 3 次，线下至少沟通过一次，相互之间产生一次共鸣，才可以很容易地与该顾客成交。

### 11. 成交模式设计

一个好的成交模式，能快速与顾客成交，可是一个没有设计好的成交模式却很难成交。其实成交模式每天都发生在我们的身边，例如家长要说服孩子好好读书，如果使用的是恐吓的方式，告诉他如果不好好地读书，就找不到工作，将会穷苦一生，如果好好读书，将来可以考上好的大学，过上好的生活。这样说服孩子，他是不听话的，这样的成交模式设计是不合理的。

现在你可以改变模式。孩子不听话，都是因为没有体验过生活的不易，没有吃过苦，教育孩子最好的方式就是让孩子去体验辛苦的工作，让他们暑假去打工，靠自己辛苦的劳动换来工资，这样孩子就慢慢地懂得了生活的不易，自己今天拥有的一切都是靠自己的父母辛苦得来的，所以他会努力工作。

这就是两种成交模式的设计产生的不同结果，一种是恐吓式销售，是现在很多销售员都使用的方式，很难成交；另一种方式是体验式销售，让顾客亲身体验到产品所带来的好处，让顾客自己说服自己，成交就变成了一件非常容易的事情。

### 1）先聚人气，再聚财气

要想使更多的人跟你做生意，先要吸引更多的顾客进店，只有这样才能把生意做起来。有人的地方就有财，现在很多美食店在门口都放咖啡机，可以免费喝咖啡，就能吸引大量的顾客进店。顾客进了店，并且喝了免费的咖啡，自然就记住了这一家店，下次就会进店里来消费。

先做大前端，把前端产品做好就是一个鱼饵类的产品，让成千上万的顾客使用企业的产品，建立起信任，再销售后端产品就变成了一件很容易的事情。

### 2）先做朋友，再做生意

如果刚开始接触顾客就想成交是非常困难的，因为顾客不相信你。如果开始先不急着成交，而是慢慢地跟顾客沟通，使顾客产生依赖感，把顾客变成朋友，后期的成交就容易得多了。

做社交生意，更要注重顾客的长期培养，这个培养过程是需要一个时间段的，一般都在 3 个月至半年的时间。

### 3）先免费，再收费

手机免费赠送给你使用，靠后面不断地充话费营利，一部手机最多几百块钱，可是你一年的话费就要达到上千元；微信、QQ 号是给你免费使用的，可是你想升级 QQ 会员就要收费。微信使用是免费的，全世界有 8 亿多人在使用，如果微信一开始就收费，肯定没有这么多人使用，更不要谈营利了，因为使用是免费的，后面的营利模式就多了，靠游戏、理财、金融等均可创造利润。

当把成交模式设计好以后，成交就很容易了，所以当自己做微商时，一定要先设计好成交模式，使用那些很难成交的方法会把自己累死，并且不能把产品卖出去获得大量利润。做生意是这单不挣下单挣，前端产品不挣钱，后端产品挣大钱，玩商业模式是亏 5 年赚两年，资本运作时这个项目全亏，而那个项目可以赚回来，各个成交模式设计都不一样。

### 案例解析

我有一个学员是一家韩国产品的总代理，因为微商的到来，他遇到了一些问题，就跑来找我。因为他所有的代理都遇到了一个问题，就是很难把自己现在的产品销售出去，沟通当中笔者发现了问题的所在，就是因为他前端的产品价格很高，一套化妆品的价格达到了几千元。

我们知道产品的销售价格越高，销售阻力就越大，同时表明顾客需要承担很大的风险，几千元的产品要想在很短的时间里使顾客建立信赖感，是非常困难的，所以光在设计产品成交模式上面就存在很大的问题。微商靠的就是跟顾客之间的关系，只要关系维护得好，后面就可以销售更多的产品给顾客，以获得更多的利润。所以一定要把前端产品和后端产品设计好，前端产品价格通常比较低，是大众化的产品，人人都可以买得起，后端的产品才是企业真正实现营利的产品。

根据他的情况，我帮他设计了前端产品的价格在 86 元左右，后端产品的价格设计为 168 元、1 680 元。我们知道，顾客在没有购买产品之前，要说服顾客购买是非常困难的，所以就设计出了试用体验小包装，让顾客先体验产品。很多顾客使用体验装以后感觉很好，还有很多顾客在朋友圈里晒自己的使用心得，通过让顾客体验试用装成交就变得很容易，当月整个团队销售额就达到了 300 万元。

通过让顾客体验的方式，让顾客说服自己跟你购买，你就不用再担心生产出来的产品卖不出去了，随着体验的顾客越来越多，购买产品的人就会越来越多。

# 第9章
# 互联网+，传统企业的转型之路

很多传统企业都在向"互联网+"转型，可是他们都不知道怎样转型才是正确的，都非常迷茫。很多关于"互联网+"的书籍都只是谈了一些概念的东西，很难真正进行落地，笔者也参加了很多"互联网+"的论坛，听者都很兴奋，可是听完以后，都不知道怎么去做，去听课也只是赶时代潮流而已。"互联网+"到底给企业带来了什么？其实简单说来就是，挖掘顾客身上的潜在价值，原来一个商场只能挖掘顾客身上的购买价值，加上了互联网就可以挖掘身上的金融价值、数据价值。

一个咖啡店，原来的价值就是卖咖啡的价值，加上互联网现在可以变成一个创客中心，为创业者提供办公室、融资圈子、创业学校等；一家餐饮店，原来的价值就是给顾客提供吃饭的价值，加上互联网现在可以变成一家美食企业、一家美食培训学校等。

所以本章围绕各行各业的企业转型给出了完整的转型方案，包括教育、金融、餐饮、农业等。

# 9.1 互联网 + 教育培训 + 圈子 + 风险投资 + 金融

中国能在很短的时间里取得经济的发展，都在于国家高度重视教育，提高了整个国民的素质及智慧，才带来了中国经济的高速发展。我国的改革开放带来了市场经济的高速发展，使商业得到繁荣，创业成为了这个时代最好的选择，成为了这个时代的潮流。创业能改变每个人的命运，使创业者将来可能会拥有百万、千万财富，成为亿万富翁。

创业不是一件简单的事情，需要学习太多的东西，要学管理、营销、领导力、人脉管理、资本运作等。一个公司的创始人，要领导一个1000人的团队，就要不断地学习，否则很难领导这个团队。在我们身边有很多这样的例子，随着公司的不断壮大会遇到瓶颈。所以我们经常在很多论坛会议上，看到一群群的创业者在疯狂地学习，在机场看到很多买书学习的都是创业者。

可是到现在没有一家企业培训机构在资本市场上市，是什么原因导致这样的结果呢？其实还是因为没有选对模式。

### 1. 永远要寻找客户

永远要不断地去寻找顾客，因为学员学完以后，再次购买的机会很少，所以要招大量的业务员每天不停地打电话以获得学员，它不像一款产品一样可以卖给百万、千万的顾客，可以重复获取利润，卖的次数少，利润自然就少，一次课程最多卖给1 000人。

讲课还是采取很传统的方法，老师在上面讲，学员在下面听，根本不了解整个学员的情况，所以很多学员听完课以后都不知道怎么去执行。学生上完课以后，跟老师没有任何关系，求量却忽视了质，忽视了学员的潜在价值。

### 2. 没有挖掘出顾客更多的价值

对于这些创业者而言，可以从他们身上挖掘出更多的价值，可是培训公司却没有发现并满足他们，还停留在传统的模式上，所以很难获得资本市场的认可。互联网的到来，给企业培训机构带来了新的机会，可以借助互联网进行转型。笔者也是做培训的，笔者是这样设计自己的商业模式的：互联网＋培训＋圈子＋风险投资＋金融。

#### 1）互联网＋培训

培训行业需要解决的问题，就是客源的问题，那么通过互联网获得顾客是一种非常好的方法。例如，可以通过网络传播，让百万、千万甚至上亿的人知道你，这就是互联网的神奇之处，在现实中你要让100万人知道你，就需要投入大量的人力、物力，而利用互联网只要录一段有价值的视频，就能吸引10万、100万的人观看、传播。

（1）视频、音频＋平台

吴晓波、罗振宇、高晓松，每一集视频的播放量都达到了百万，所以很容易就解决了粉丝的问题，因为人们现在越来越喜欢看视频，一段视频可以达到过亿的播放次数，你到优酷网看那些视频播放的次数就知道了。

同时录制视频的好处就是，可以转换成音频，重复利用，因为自媒体的爆发，出现了很多音频自媒体平台，像喜马拉雅、荔枝这样的音频平台，已经达到了两亿用户。所以又可以通过录音频来获得大量的用户，并且不需要投入任何成本，一旦自己可以为这些平台提供价值，就可以靠这些平台获得大量的粉丝。

（2）文章＋平台

写文章也可以获得大量的粉丝，因为在互联网上有大量的平台，能使你的文章获得大量的曝光度，同时可以获得大量的粉丝。当你写的文章达到了一定的量时，还可以拿到出版社进行出版，这样通过出版自己的作品也可以获得大量的粉丝。再把这些粉丝吸引到自己的微信当中，建立自己的"鱼塘"，再通过"鱼塘"成交，为培训机构提供源源不断的客户。

笔者通过写文章获得粉丝，不用每天都为客源担心，有时间就写作，或者做企业咨询，做培训，这都是笔者坚持长期写文章获得的回报。

### 2）互联网 + 培训 + 圈子

"物以类聚，人以群分。"有着相同价值观的人喜欢聚在一起，他们相互认可、赞美、支持。对于创业者来说，他是这个社会当中的另类，因为他一生都需要面对大量的风险，因为有更多的人喜欢过比较安稳的日子，不喜欢创业，他们的价值观跟创业者的价值观是不一样的。

如果把这群创业者组织在一起，就能创造更多的价值，因为创业者可以相互整合资源，可以相互交流、沟通创业的方法。很多创业者拥有大量的资本，可是自己手上没有好的项目来放大自己的财富，而有些创业者，手中有好的项目，可是自己手中却没有大量的资金把项目做大，这两者相互整合，就可以满足双方的需求。我们可以看到，现在有一小部分培训企业已经在这样操作了，搭建平台在学员当中招生，就达到了 1 亿的销售额，实现了很好的资源整合。

笔者就组织了建华创业者俱乐部，为创业者提供了一个交流平台。当然，对俱乐部的会员都是有要求的，以保证会员的质量，保证会员之间的价值相等，不会相差太多，相互之间都可以满足对方的需求。

- ⊙ 自己必须是企业的法人，年营业额必须达到 1 000 ～ 5 000 万元，申请时会审核企业的情况。
- ⊙ 要阅读过笔者的所有著作，创业者之间要有相同的价值观。
- ⊙ 要遵守政府的法律、法规。
- ⊙ 每年的年费为 2 万元，每年都要续费。

会员可以得到以下服务：

- ⊙ 可以免费参加笔者在一年的时间里举办的线上和线下的任何课程，价值 10 万元。

**177**

⊙ 可以得到笔者在一年当中提供的 3 次免费企业咨询，价值 6 万元。

⊙ 可以得到笔者利用自己的平台帮助企业免费宣传 3 次，价值 10 万元。

想入会的会员，可以加笔者的微信进"建华创业者俱乐部"会员群。通过圈子挖掘更多学员身上的价值。

### 3）互联网 + 培训 + 圈子 + 风险投资

对于培训企业，每一天都接触大量的企业家，在这些企业当中，一定有具备很大潜力的企业值得自己投资、入股，并且借助培训机构的资源能把企业做大，做到一定的规模还可把企业推上市，获得回报。随着商业的发达，资本市场越来越繁荣，人无股权不富的时代到来。对于大量的创业者来说，需要大量的资金，因此可以举办一次风险投资峰会，把创业者跟天使投资人对接，帮助创业者获得更多的资金。

对于很多培训老师，培训了很多企业，可是当企业获得成功后却跟老师没有任何关系，但如果入股企业就可以长期获得企业产生的利润回报、上市的分红。如果培训老师用自己的专业水平、智慧帮助 10 家企业成功上市，靠这 10 家企业就可以获得大量的利润分红，也就不用长期靠讲课来获得收入了。

### 4）互联网 + 培训 + 风险投资 + 众筹

对于好的项目，笔者会对学员发起众筹，借助大家的力量把这个项目做起来，把 100 家企业的客户、资源、财富集中起来为这个项目服务，因此要把这个项目做起来很容易。

众筹就是在整合社会资源，聚集智慧，由 100 家企业帮助企业设计商业模式，并且由笔者辅导企业做营销策划、战略的布局，企业遇到任何问题都有老师帮助他解决。

⊙ 众筹资金：有 100 家企业入股，就可以快速在 100 家城市开分店、开公司，拥有大量的资金支持，企业的项目就很容易在一个很短的时间里做起来。

⊙ 众筹客户：每个企业都有自己的客户，把所有的资源集中到一个项目，就为这个项目解决了客户的问题，解决了客户的问题，快速获利就很容易了。

这样，一家培训机构就增加了多个营利点。

# 9.2 互联网 + 书店 + 读书会 + 培训

面临互联网的冲击，已经有很多书店纷纷关闭了，面对互联网应如何转型，这是每家书店都应认真思考的事情。借助互联网进行转型，创造书店的全新玩法，开拓新的商业模式，是传统书商们的当务之急。

观察传统的书店可以发现：大家都是把利润锁定在前端，靠卖出每一本书来获利，如果你仔细观察互联网 + 就会发现，他们都是尽量把利润锁定在后端，只有如此才能玩转互联网 +——靠后端在每一位顾客身上挖掘出更多的价值。企业都在想怎样抢占入口，其实书就是一个很好的入口，因为一本书可以连接成千上万的读者，得入口者得天下，利用大数据技术，可以挖掘读者身上更多的价值。

对于书店不能把利润仅锁定在前端，不能只靠卖书创造利润，还可以靠后续的产品、服务获得更多的利润。

## 1. 互联网 + 书店 + 读书会

爱看书的人都是非常热爱学习的人，如果能把这群人聚在一起就可以产生大量的价值，因为这群人都是有着相同价值观的人，他们可以相互认识成为好朋友并合作，从而产生更多的价值，单身一族还可以找到自己喜欢的伴侣。

作为书店只要搭建一个平台就可以了，因为这个平台是书店提供的，读者从书店获得到了自己想得到的价值，一定会感谢书店，当然会在书店购买更多的产品。

对于那些已经购买过创业类书籍的读者，可以组建一个创业者读书圈，相互推荐好书，相互交流、整合资源，从中可以收取一定的会员费；对于那些已经购买过孩子教育方面的书籍的读者，可以组建一个"好妈好爸"读书圈子，相互交流怎样教育自己的孩子；对于那些已经购买过投资理财方面书籍的读者，可以组建一个"投资理财"读书圈子，让大家相互交流自己投资的心得。

一旦读者圈子人数达到了 10 万人，将可以无限放大读者圈子里的价值，组建 10 万的读者一起做公益、一起跑步，都穿上读者会的衬衫，将可以给书店带来巨大的品牌价值。

读书会一定要做成收费的读书会，收费可以为书店创造利润，同时可以把人群进行筛选，提高读书会的质量，如果只做免费读书会就不会有人去珍惜，也做不长久。

### 2. 互联网＋书店＋读书会＋教育培训

每家书店都有成千上万的顾客来买书，而培训机构每天却在为寻找顾客而烦恼，如果将这两者完美地结合，将会产生完美的商业模式，为书店创造更大的利润。当每位读者看完一本书时，远远不能满足自己的需求，他们需要有更专业的老师指导。例如家长给孩子买了英语书籍，一定是希望自己的孩子能把英语学好，可是很多孩子都学不好，所以书店可以针对那些已经买过英语书籍的小朋友推出快速学英语的课程，或者推出英语家教辅导。

书店只要整合一下这方面的老师，那么一家英语培训机构就做起来了，对于那些购买企业书籍的读者，可以提供关于经营企业的培训课程。一家书店可以根据市场的需求，提供相应的培训课程，关于营销、心理学、管理、团队建设等。所以每位读者买书后都要把读者的资料记下来，如电话、地址等，并且要求他们关注微信，便于跟读者建立长期的联系，提供培训课程。

书店这样转型就可以比培训机构做得更好，在北京这样拥有两千多万人的城市，要组建一个拥有 10 万人的读书会，是一件非常简单的事情。

我们知道，很多书店都经常举办读者见面会，只能卖一些书，可是书店没有很好地利用这个机会。如果利用读者会销售老师的课程，也很容易，可是很多书店都没有去做，其实书店不需要投入任何成本就可以做到。我们知道，书店卖一本书只能在一位读者身上赚几块钱，可是如果做培训课程就能赚几百元甚至几千元。如果有 10 万的读者，平均在每个人身上通过培训赚到 100 元，就达到了 1000 万；一个书店有 1000 万读者，平均在每个人身上赚到 1000 元，就达到了 1 个亿。

书店成为了一个超级产品的入口，通过入口可以挖掘潜在顾客身上更多的价值，一个书店可以成为一个巨大的商业平台。

## 9.3 互联网＋报业（深圳特区报）＋培训＋农业＋电商平台

随着手机媒体的到来，阅读报纸的人已经少了，纸质媒体面临全面转型，不转型将会被整个社会淘汰，没有人愿意阅读已经过期的新闻，没有哪个商家会在没有人阅读的报纸上投放广告。我们知道，报纸原来的盈利来自于商家在报纸上做广告的费用。

一则数据显示，中国目前约有 357 万家网站、6 亿个微博账号、1 000 多万个微信公众号，新媒体市场已饱和，行业正面临生存权争夺的丛林法则，因此，新媒体由"量变"转向"质变"就成为逻辑必然。而在这个过程中，行业洗牌，"大浪淘沙"

不可避免，未来新媒体行业进入转型攻坚的长跑阶段也是大势所趋。需要注意的是，近年来新媒体的商业价值链有不断拉长的趋势，成本的回收周期也越来越长。因此，在关口面前，新媒体人既要有"咬定青山不放松"的勇气，又要有"觉今是而昨非"的风度，只有这样才能真正实现固有思维的突破，在市场和自身之间寻找到最大公约数。

可是现在的媒体变成了手机媒体，不可能在这么小的版面上投放广告，所以要靠广告模式获利是一件非常困难的事情。所以必须借助互联网进行转型，把整个商业模式锁定在后端才能创造利润，整个中国都到了一个转型期，李克强总理已经把互联网＋提升到国家发展战略的高度。

在互联网的冲击下，报社面临转型，在人人都可以拥有自己媒体的时代，报纸媒体已经慢慢失去了它的价值。一家报社、杂志社，天天用传统的方式做媒体，人员有上万人，一年的订阅用户达不到 10 万人，一个草根达人，做一期草根脱口秀视频在一天的时间就能达到 100 万的订阅用户。传统媒体活在昨天，草根达人活在今天。你呢？是活在今天，还是昨天？

笔者受深圳特区日报社的邀请，讲授新媒体课程，下面列出一些笔者对报社新媒体转型提出的方法和观点。

## 1. 没有报纸媒体，只有新媒体

现在的媒体几乎没有什么太大的区别，报纸媒体也可以做视频媒体、声频媒体，用视频做节目、用音频做广播；对于电视媒体也可以做传统的文字媒体（用微信公众号运作），电视媒体把视频转化成音频就变成了音频媒体；同时又可以把纸质媒体的内容做成音频媒体、视频媒体，所以在互联网的冲击之下，对于媒体没有什么本质上的区别。

我们看到那些非常优秀的自媒体人，都是将纸质媒体、视频媒体、声频媒体一起运作，做得好的有中央人民广播电台"中国之声"节目主持人青音，做了 10 多年的音频，面临新媒体的冲击，从音频转到纸媒体（把音频内容转成文字出书、运营微信公众号），音频在喜马啦雅、荔枝电台播放，录制的视频在爱奇艺得到了大量粉丝的好评，每次音频和视频的播放量都过百万。

对于纸媒体要想转型成功，就要全面转型，将文字媒体、音频媒体、视频媒体一起运作，那些优质的自媒体人都是这样做的。

在不久的将来，电视媒体也将面临巨大的挑战，因为现在有很多网络达人都拥有几百万、几千万的粉丝，都开始做视频节目。任志强的《大炮有约》、罗胖的《罗辑思维》、吴晓波的《财经频道》等，都在大量抢占人们的注意力。传统的媒体人制作一期电视节目需要投入几十万甚至几百万，现在达人们只要投入一些时间就可以做到，并且能获得百万的粉丝观看。

现在人人都可以做自媒体，百花齐放，给很多人带来了机会，每个人都可以拥有自己的自媒体。

### 2. 做大粉丝团队，跟粉丝建立关系

对于传统的纸媒体运作方式，报社跟粉丝不会产生任何联系，不知道粉丝喜欢什么样的内容，报社具体不知道是哪些人买走报社报纸的，所有的报纸都是通过渠道卖出去的，报社只要负责出版报纸就可以了。现在这样运营是不行的，因为现在的利润都来自于后续粉丝购买产品，所以只有经营好粉丝才能获得利润，对于报社来说，打造百万、千万的粉丝团队最重要。有了足够的粉丝才能支撑后面强大的商业模式。

笔者跟很多媒体人接触过，他们都有那种高高在上的感觉，因为之前读者没有什么选择，我写什么内容你爱看不看，跟我无关，媒体根本不用去考虑读者的感受。现在读者有了更多的选择，开始可以通过各种渠道阅读自己喜欢的内容。

#### 1）线上获得粉丝

对于一家传统的报社而言，经过几十年的累积已经拥有了大量的资源，所以通过线上就可以获得大量的粉丝，只把所有的粉丝吸引到公众账号上就可以了。可以跟那些本地非常有影响力的公众号进行联盟推广，很容易在短的时间里获得大量粉丝。

要保持后续有源源不断的粉丝关注，就要做好内容，有了高质量的内容才能吸引大量的粉丝关注，并且维持很好的关系。

#### 2）线下升级关系

如果你在线上认识了一位女孩，谈了一年，如果不走到线下进行关系升级，那么这段关系就很难维持下去，因为线下才是一个真实的社会。对于报社来说，如果不对线上的粉丝进行关系升级，同样是很难维护的。所以可以组织深圳特区报读书

会、深圳特区报企业家协会、深圳特区报公益社、深圳特区报健身俱乐部等。

现在很多媒体都犯了一个大的错误：一直在线上做推广、做内容，可是一直没有升级相互之间的关系，粉丝在关注一段时间以后，就会取消公众号，会越做越困难。对于报社一定要安排专业的人员，组织线下的活动，把线下的活动做起来。

### 3. 互联网＋培训＋农业＋电商平台

当通过各种方式获得大量的粉丝以后，就可以利用互联网来变现了，利用互联网可以形成一个超大的平台，利用这个平台变现。

#### 1）互联网＋媒体＋培训

在社会分工越来越细的情况下，人们的时间越来越宝贵，要把一件事情做好或者经营好自己的人生，最好是由一个老师来教你，通过老师的培训可以掌握正确的方法，减少自己慢慢摸索的时间。人人都需要培训的时代已经到来，在学校里学的那些知识已经远远不能适应这个时代，只有通过培训才能跟上这个时代。

培训市场很大，报社的粉丝人人都需要，故可以根据市场的需求组织相应的培训，针对企业的转型举办互联网＋论坛峰会、企业家峰会、经济峰会、财富论坛峰会等。报社有资源、人脉，很容易把培训做起来，即通过卖课程门票而营利。

#### 2）互联网＋媒体＋农业

农业是未来一个巨大的市场，也是中国未来新的经济增长点，现在很多人都投资农业。联想集团的柳传志进军农业并且非常成功，褚时健进军农业靠卖"励志橙"成为亿万富翁，这些都证明了未来农业的潜力。

可是很多农民都不知道怎样利用互联网把自己的产品销售出去，或者他们没有资源，即使有好的产品也卖不出去，这是一件让他们很痛苦的事情。对于报社来说，很简单，只要跟农民对接一下就可以创造利润，对于农民来，这些产品如果卖不掉就会烂掉。

现在很多媒体平台看到了农业产品的巨大价值，纷纷进入农业。黑龙江省政府携手新浪网联合打造互联网农业品牌"小饭围"，在不到一天的时间就众筹到20万元，在不到3天的时间就众筹到了50万元。

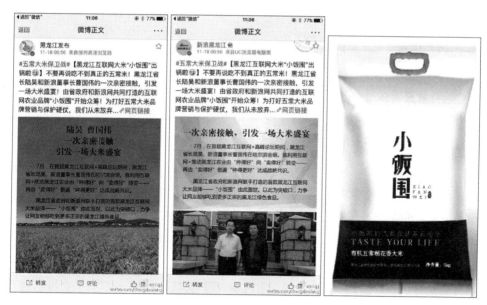

因为农业产品是大众化的消费品，很好借助媒体渠道销售出去，新浪网就是使用以下方法推广"小饭围"大米的。

（1）找到一批种子用户

利用种子用户建立情感的联络，让其自然为你发声，这批用户需要活跃在各类社会化媒体，如微博、微信、论坛、贴吧里，且发言踊跃，能带动一批人。不夸张地说，找准这批种子用户，是产品成功的基础。对于创业企业，更是其生死命脉，对于新产品来说也最重要。"小饭围"采用的方式就是众筹，培养种子客户，因为以很优惠的价格就可以购买到，真正的五常大米，大量的粉丝都在微博上晒五常大米使其得以宣传。

（2）找到几个明星用户

找到几个明星用户，这里的明星不仅指娱乐明星，还有很多社会公众人物，或者说意见领袖，让他们喜爱你的产品，"小饭围"就找到了，李冰冰、崔永元、曹国伟、任志强，这些明星帮忙宣传，就吸引了大量的粉丝关注，这些明星都是微博上粉丝数较多的人。

（3）找到一批民间评论家

崔永元和陈里都是微博上的评论专家，你要有一定的写作和辩论能力，才能够让他们经常在网上为你发声。有很多媒体人、行业人士在业余时间经营自媒体，他们的评论也往往能起到较好的传播效果。

**（4）找到一批忠实的记者用户**

找到一批忠实的记者用户，及时响应他们的产品需求，让记者成为你的粉丝。记者的背后有媒体平台，具有一定的传播优势，他们的信息通过媒体这个大分子传递出去，辐射面更大，衰减时间长，容易形成较大范围的扩散。新浪网就是一个最好的记者，都在传播五常大米的信息。

**（5）找到热爱你产品的员工**

这点很多企业经常忽略，其实员工是第一线的产品体验员，是最了解企业的人，也是重要的传播小分子。有些企业的员工在外面，碰到生人能夸夸其谈一番，碰见熟人，就说其实某某某产品更好一点。如果员工都不热爱公司的产品，这个产品必然走不远。

因为是黑龙江政府推荐的产品，在微博上那些黑龙江人就是五常大米的客户，同时也是传播者。他们吃过自家的五常大米，因为自己工作在外没有机会再吃到五常大米，现在有机会了，作为五常人当然会主动帮忙宣传。

**（6）互联网＋媒体＋平台**

很多本地的商家，希望借助更大的平台使自己的生意越做越好，可是却苦于没有好的宣传平台。这些传统的商家都是做本地人的生意，也不可能借淘宝、京东这些平台获得客源，所以他们急需这样一个本地的电商平台。报社只要搭建这样一个平台，就能满足很多商家的需求，报社不仅可以获得利润，商家也得到了好的平台。

**（7）鼓励创新**

现在的内容越来越个性化，传统的内容已经很难得到大家的认可。读者越来越喜欢那些个性化的内容，所以报纸应鼓励内部创新，谁有好的构思就可以几个人组建一个团队，做一个节目，可以是视频，也可以是音频类。

随着手机媒体的兴起，纸媒体将会被这个时代淘汰，只有转型才能生存下来，对于新生一代，他们接触的就是手机媒体，却从来没有接触过报纸。

通过与特区报的新媒体工作人员沟通发现，现在很多编辑自己运营的公众号推送的一篇文章就达到了30万的阅读量，作为传统媒体的报纸负责人应挖掘这些优秀的人才，鼓励他们在内部进行创新。海尔在这方面就做得就非常好，鼓励员工在内部进行创新，并取得了很好的成绩。

# 9.4　互联网 + 餐饮 + 美食产品店 + 投资

"民以食为天。"餐饮行业面对新的互联网一族，也要在经营策略上做出调整，全面跟互联网进行连接，才能更好地服务伴随着互联网长大的孩子们。

传统的餐饮行业只注重一个顾客在店里的用餐消费，却没有挖掘每位顾客背后更多的价值，满足顾客更多的需求，其实一家餐饮店还可以是一家美食产品店、一家投资公司等。因为餐饮行业是一个可以长期跟顾客产生连接的企业，所以很容易建立信任感，销售后续的产品，可以为餐饮企业创造利润。

一家餐饮店只要能连接到更多的顾客，就能产生大量的价值。顾客在餐饮店吃完美食以后，还可以带回家去自己慢慢享用。笔者辅导的一家牛肉火锅店，顾客吃完牛肉火锅以后，还可把店里的包装牛肉火锅肠带回家慢慢享用。

对于企业，只需要做一个简单的动作，在店里的菜单上做一个推荐就可以做到。

## 1. 互联网 + 餐饮

餐饮企业不只是单单跟互联网进行连接，更多的是互联网思维的转变，要想玩转互联网就要懂得群的思维。对于一家餐厅而言，服务的是一群人，面向 80、90 后或者 00 后的餐厅，他们更注重参与感，并且带有文艺性质。不仅能满足顾客的用餐，还需要满足他们深层次的需求——好玩、有趣，自己可以参与菜品的制作，并且可以和与自己有着相同价值观的人做兄弟姐妹。

企业需要有社群思维。如果你能把全市或者一个地区的80、90、00后集合在一起组建一个社群，将能产生更大的价值；如果你能把一群创业者集合在一起组建一个社群，产生的价值将远远大于餐厅给顾客提供的价值。对于这群80、90后或者创业者，他们都希望找到跟自己有着相同价值的人交流、沟通。对于80、90后这类社群，那些60、70后中的很多人都不认可他们，这是由时代的代沟造成的。

那些创业者更需要跟更多的创业者一起交流，例如你在北京经营一家餐厅，如果你能把在江西、安徽、湖南、湖北等创业者组织在一起组建一个社群，那么价值将更大。可以组织他们在一起爬山，参加创业交流会，因为在外面奋斗的创业者都希望跟人沟通、交流。

### 2. 互联网 + 餐饮 + 美食品店

餐饮企业可以打造一款爆款美食，让那些用完餐的顾客买一款美食带回家，这样企业就可以靠销售美食获得利润。笔者辅导的企业就可以让顾客把美味的牛肉肠带回家。这对于餐饮企业来说，不需要投入任何成本，就可以创造大量的利润。那些拥有餐饮连锁店的企业拥有大量的顾客群体，只要生产出一款爆款美食，就能创造大量的利润。

美食产品是消费品，人人都需要。在餐饮企业销售是一件很容易的事情，那些想再次购买的顾客可以在微信上下单，直接订购就可以。

特别是连锁店，如果一个店一个产品一个月产生5万元的利润，那么100家店就可以产生500万元的利润，而企业不需要投入任何人工成本。

### 3. 互联网 + 餐饮 + 投资

那些高端的餐饮企业可以推出高端的理财服务，推出企业基金或者跟投资公司进行合作或者通过入股的形式，进入投资理财。随着中国经济的高速发展，人们手中的钱越来越多，每一个人都希望自己的钱能增值，而不是放在那里越来越不值钱，通过投资理财的方式，就可以获得大量的回报。

王老吉利用联网 + 转型做得就非常好。随着互联网不断渗透进传统企业去改变着人们的生活方式，越来越多的企业开始拥抱互联网。也正是从政府工作报告中提出"互联网 +"计划后，各行各业开始了一场有史以来极其盛大的互联网化行动，包括地产、金融、快消等多个行业纷纷加入其中。正是在这样的大背景下，被认为是凉茶始祖的王老吉也开始调整策略，发布"超吉 +"战略。

首先是超级媒介。王老吉凉茶 2014 年销量达 200 亿元，售卖出约 60 亿罐王老吉。产品即媒介，60 亿罐王老吉本身就是超级媒介，也意味着 60 亿人次的高频次品牌曝光。未来，王老吉 60 亿罐身拟对外开放，将成为超级媒介。

其次是超级入口、超级平台。即以王老吉罐身条形码为入口，以每年 60 亿罐消费为流量做基础基于移动互联网打造的互动和服务平台。这个平台将连接一切，目前主要分为电商入口、内容通道和互动、服务四大部分。消费者可在该平台实现电商购买、美食分享、吐槽交流、游戏互动、定制化服务等功能。

王老吉已实现"一罐一码"技术，这在快消行业尚属首例。这意味着消费者所买的每一罐王老吉都有单独的身份证。通过移动互联网平台的扫码技术，识别这一"身份证"，客户可以实现与会员卡相同的积分功能。积分达到一定额度，就可以获得兑换机票、商品、美食打折等优惠。

王老吉互联网 + 企业转型的过程，是从产品即媒介当中入手，把王老吉变成了一个超级媒介，把这个媒介变成了资源，拿出去整合资源或者进行资源交换，这些都是王老吉无形当中拥有的财富，60 亿罐王老吉是一个最好的媒介、最好的产品入口。再利用互联网技术给王老吉进行增值服务，累积积分可以兑换一系列的产品或者服务，更加提高了产品的竞争力。

# 9.5 互联网 + 传统媒体人 + 圈子 + 培训 + 旅游

对于传统的媒体人而言，随着整个媒体的变革，媒体人也面临着转型。媒体企业大量裁员，已经有大量的人员应聘到了一些新型的企业做新媒体工作，也有大量的名人选择了经营自己的自媒体进行创业，都取得了很大成功。

高晓松为什么能在视频里大谈各国的历史、政治、人文？都是因为高晓松这个才子长期累积知识的结果。如果高晓松不了解美国的历史，没有在美国居住过，那么他怎么能谈美国的制度、美国的历史？

作为一个出色的媒体人，每天都要写文章、做节目，都是在做输出的工作，都需要做大量的知识累积。在很短的时间里就能写出一篇文章，面对镜头就能出口成章，都是长期累积的结果。互联网给媒体人提供了一个巨大的平台，借助互联网展示自己的价值可以让更多的人知道自己。而在传统媒体机构做媒体就会受到大量的限制，不能尽情展示自己独特的一面，现在脱离了传统媒体机构，我们都可以根据自己的特长、优点，打造出拥有自己的基因的自媒体。

互联网为媒体人提供了大量的曝光平台，一篇热门的文章可以达到 10 万的曝光度，一段视频可以达到百万、千万的播放量。媒体人很容易通过这种方式获得大量的粉丝。

### 1. 互联网 + 传统媒体人

传统媒体人知道怎样做好媒体，因为他们已经在传统的媒体当中累积了 5 ～ 10 年的经验，这些是一般人不具有的，很多人写出的文章的观点不够吸引人，面对视频很不自在，而媒体人身上不存在这些缺点。他们写的文章能马上打动读者，在视频面前可以很自然地展示自己的才华。

吴晓波推出《吴晓波频道》、王凯推出《凯叔讲故事》、青音推出《听青音》，到现在每一集视频都达到了几百万的播放量。从传统媒体人转型成功的案例中，我们可发现它们的一个共同的特点：都是转战视频媒体才取得成功的。

因为文字和视频传播有着巨大的差别。一篇文章的阅读量一般都只能达到 1 000，只有被大量的平台推荐才可以达到一万的阅读量。可是视频一旦被视频平台推荐，就可以达到百万、千万的播放量。

我们知道，要想玩转自媒体成功，就必须拥有大量的粉丝才能实现盈利。现在很多传统媒体人转型没有成功，都是因为在做文字媒体，在一些专栏写文章，就很难获得大量的粉丝，自然营利就变了一件很困难的事情。

### 2. 互联网＋传媒体人＋圈子

　　一个优秀的自媒体人，一旦吸引了大量的粉丝关注，就会形成一个巨大的圈子。粉丝可以在圈子里找朋友、谈对象、谈生意、相互合作，这都是圈子的价值。例如，罗振宇吸引了爱学习的知识类的粉丝、吴晓波吸引了一群企业家粉丝、青音吸引了一群文艺青年粉丝。

　　吴晓波在全国组建的吴晓波书友会就是一个很好的例子，加入读书会就可以认识一群喜欢看吴晓波频道视频的朋友。圈子就是社群，这些有着相同特质的人，很容易通过互联网的平台聚在一起，组建成一个很大的社群。经营社群者可以靠社群里的成员购买产品创造利润。

### 3. 培训

　　每个企业转型时都非常迷茫，不知道从哪里入手，需要一个懂得互联网思维的人来指导他们进行转型。吴晓波是一个财经类作者，推出了互联网转型的培训课程，一年的营业收入可以达两亿元。先用财经类的视频吸引大量的企业家粉丝关注，再借助视频自媒体的力量进行课程招生，这样自媒体就发挥了它的价值。

互联网＋让招生等都变成了自动化，已不需要像传统的教育培训企业那样招大量的销售员疯狂地打电话卖课程，并且成本接近零，如果自己花一些时间录一些财经视频则会变得更容易。

### 4. 旅游

随着人们生活水平的提高，每一个人都希望走出去看一看，以开阔自己的视野。现在在当当卖得最好的就是旅游方面的书籍。很多人靠旅游一举成名，拥有了百万、千万的粉丝。小鹏就是一个很好的例子，他现在已经成为了一位职业旅行家。

如果能跟自己喜欢的名人一起旅游是一件令人高兴的事情，现在很多媒体名人都在做高端的旅游，吴伯凡组织北极游就取得了成功；吴晓波用自己的自媒体卖旅游，旅游费用达到了 12 万元。

## 9.6 互联网＋律师＋金融

随着互联网的冲击，越来越多的律师开始借助互联网开展自己的生意，所以律师事务所的竞争越来越激烈。很多事务所处在不能营利的状态下，还要支付高额的办公室租金费用，一般的律师事务所，为了体现自己的实力，往往把办公室租在高端的写字楼里。互联网给律师这个行业带来了很大的机遇，律师不需要租用高端的办公室，只需要拥有一个公众号、微信号就可以坐在家里办公，你只需要为一些有法律疑问的粉丝提供服务，就会有人找你做生意。因为每个人都喜欢跟那些帮助过自己的人做生意，并把他们看成最值得信任的人。

### 1. 互联网＋律师

法制社会要求每位公民都必须懂法、守法，才能拿起法律的武器维护自己的权利，所以一个律师的价值就是利用互联网传播法律知识，从而获得大量的粉丝关注。律师做的就是一个服务型的工作，只有他为越来越多的人提供价值，他自己才越来越有价值。

如果一个律师写了一篇文章，有 100 万人阅读，那么自己就为这 100 万人提供了价值，自己获得的价值就是有 100 万人知道了自己的名字；如果一个律师很自私，不把自己知道的知识分享出来，那么这个律师一辈子也很难让 100 万人知道自己。

笔者身边有很多律师方面的朋友，在跟他们沟通时，发现他们都存在以下问题：

#### 1）定位出了问题

每个律师都希望自己成为一个万能的律师，其实这是错误的定位。律师是一个很专业的行业，需要从业人员专业水非常高，所以最好的方式就是打一类官司，如刑事、经济、民事、离婚纠纷等，这样更能体现自己的专业性。一个人只有长期专注于某一行业，才能在一个行业里取得成就，得到更多人的认可。

#### 2）价格不透明

很多律师都是随意开价的，价格非常不透明，有的律师报价 6 000 元，有的律师报价 6 万元，有的律师报价 60 万元，报价根本没有依据，这样很难得到顾客的信任。所以律师对于每项的报价，都要把自己能提供的服务写清楚，让顾客一看就知道自己能得到什么样的帮助。不要在那里随便要价，以免顾客有上当受骗的感觉，有些律师办理一个会员就收 10 万元，这是不正当的做法，这些律师会越来越没有生存空间。

#### 3）营利模式单一

律师营利模式单一，收入均来自于服务费，所以很难为一家律师所事务带来新的利润点。其实律师可以根据自己顾客的特点，设计多种营利模式。很多律师所不懂营销，根本没有为企业设计营利模式。

律师这个行业是服务业，只有服务了更多的人，才能让更多的人知道自己的价值，并且认可自己的价值，跟自己做生意，所以应组建律师服务团队。这些律师是为高级律师服务的，就相当于律师助理，可以开一个免费的法律知识普及课程，邀请那些企业法人来听课，再利用课程与顾客达成交易，为企业提供法律咨询服务，从而增加企业的利润。

### 2. 互联网＋律师＋金融

我们知道，一些刑事、民事等较大的官司，可能要打上一两年的时间，服务费达到 10 万元甚至 100 万元。对于这些案子，可以重新设计营利模式，打赢了就收钱，没有打赢就把钱退回，这样就降低了顾客的风险，就会有大量的顾客主动找上门，永远有做不完的生意。

在这两三年的时间里，可以拿服务费做金融投资，即使是支付宝也可以达到 6% 的投资利润。对于正规的 P2P 金融投资公司，可以达到 20% 的利润，100 万元一年就可以产生 20 万元的收入，两年就是 40 万的收入，所以律师事务所没有任何风险。

在这方面做得好的要算海尔了，海尔推出"0 元购"的活动，海尔"0 元购"30 天带动门店销售 3 亿元，很好地跟金融进行结合了。海尔宣布将在全国范围内启动"0 元购"活动，通过 0 首付、0 利息、0 手续费的方式，帮助人们提前将心仪的家电产品搬回家。

海尔"0 元购"活动不限人群，只要有稳定工作、稳定收入者凭带银联标志的借记卡到海尔专卖店即可申请。还可先将家电搬回家免费试用一个月，再开始分月还款。在资料齐全的情况下，两小时内即可分期办理成功；消费者也可灵活选择 6 期、12 期、24 期、36 期等多种分期方式，每月仅需数百元即可体验到海尔家电带来的智慧生活。同时，在资金宽裕的情况下，消费者也可以申请提前还款，享受自由还款的便捷。

## **9.7** 互联网＋影视媒体＋电商＋名人

现在是互联网时代，任何行业都受到互联网的冲击，因此必须跟互联网进行连接，未来才会有出路。现在是眼球经济，人人都在利用互联网吸引人们的眼球，经营自己的生意。传统的影视媒体企业也面临着巨大的冲击，网络微电影、自媒体视频等都在跟影视媒体抢占人们的注意力。

现在家里的电视机几乎已经成为摆设，很少有人通过电视来观看电视剧，因为网络给人们更多的选择空间，而且电视只局限于那几个电视台，并且在观看电视剧时还会插入大量的广告，没有人愿意在自己看电视剧时看到精彩之处突然被插入广告。观看电视剧的人越来越少了，自然影视媒体企业的收入就越来越少了，手机媒体的诞生更加快了这个速度。

可是影视媒体却可以利用互联网放大自己原来的优势。一部电影、电视剧一旦播放，就可以在电视台、影院播放，从而获得大量的曝光。对于传统的媒体企业，电视剧、电影播放完以后就跟他们没有任何关系了，忽视了观众和粉丝后续带来的价值。影视媒体很容易获得大量的粉丝，一部热播电视剧或者电影就可以获得100万粉丝，10部电视剧或者电影就可以获得1 000万粉丝。

### 1. 互联网＋电影或电视剧＋电商

影视媒体企业可以根据电视剧、电影的情况，打造爆款服装、玩具等。美女偶像剧可以打造爆款服装，一旦作为主角的美女明星穿上此服装，就能吸引粉丝的注意力，再提供移动电商平台，让粉丝扫描二维码实现购买；对于儿童剧，则可以打造儿童爆款服装；对于校员园来说，可以打造大学生爆款服装、情人礼物。这一点影视媒体企业很容易做到，只要入股一家服装企业就可以或者相互整合资源就可以跟任何公司进行合作。

### 2. 互联网＋电影或电视剧＋卖明星

你可以卖明星演唱会的门票；可以卖高端的明星旅游，因为一定有很多粉丝想一起跟明星去某个地方旅游；可以卖明星正在用的化妆品，粉丝一定想知道自己喜欢的明星都在用什么化妆品使自己变得这么漂亮。还可以拍卖明星午餐，就像巴菲特拍卖午餐一样——跟明星共进午餐费用是多少。

现在的影视媒体商业思维还停留在传统的影视媒体的商业思维阶段，没有融入互联网类的商业思维，不能为企业创造大量的利润。一部电视剧或电影的收入来源都很单一，只靠拍卖电视剧播放版权和卖电影票获得收入，通过影视媒体企业＋互联网，可以设计多种商业营利模式。

任何行业跟互联网进行连接，都可以快速实现跨界，进行商业的升级。一家媒体影视企业，同时可以是一家电商企业、旅游企业、服装企业、餐饮企业等。

现在所有的企业都想吸引人们的注意力，电视剧、电影可以做到这一点，如果跟电商结合，就很容易把产品卖出去，获得大量的利润。现在影视剧还是停留在广告植入的方式，还没有走到产品模式，其实产品模式最有价值，因为它可以为成千上万的人提供价值，企业也可以获得大量的财富。一款手机如果购买人数达到了一千万，就可以创造几十亿的销售额，并且还可以挖掘这群顾客背后更大的价值。

一部热播剧获得 1 000 万的粉丝是一件非常容易的事情，要知道这 1 000 万的粉丝可以创造几十万亿甚至上百亿的价值，可是很多影视企业却忽略了这一座大金矿。

## 9.8 互联网＋农场＋包养＋体验亲子游＋电商

一块地有什么样的价值，取决于经营者的思维。传统的农民的经营方式还是很单一的，在他们看来，一块地的价值取决于在这一块地里播种了种子能收获多少果实。其实这块地的价值远远不只这些，如可以把一块地经营成一个庄园，让人来承包它。因为生活在城市里的人们，都想拥有一个自己的庄园，在庄园里种上自己喜欢的花花草草，吃上自己种的果树上的苹果。

农村电子商务是转变农业发展方式的重要手段，是精准扶贫的重要载体。通过大众创业、万众创新，发挥市场机制的作用，加快农村电子商务的发展，把实体店与电商有机结合，使实体经济与互联网产生叠加效应，对于促消费、扩内需，推动农业升级、农村发展、农民增收具有重要意义。

一是培育农村电子商务市场主体。鼓励电商、物流、商贸、金融、供销、邮政、快递等各类社会资源加强合作，参与农村电子商务发展。二是扩大电子商务在农业农村的应用。在农业生产、加工、流通等环节，加强互联网技术的应用和推广，拓宽农产品、民俗产品、乡村旅游等市场，为农产品进城拓展更大的空间。三是改善农村电子商务的发展环境。加强农村流通基础设施建设，加强政策扶持和人才培养，营造良好的市场环境。

随着社会的转型，农业成为了未来中国一个新的经济增长点，联想进军农业现在一年的收入就达到了 10 亿元，这一切都说明农业里面蕴藏着巨大的商机。

### 1. 互联网＋农场＋包养

在新西兰最富的人群是农民，因为农民把农业当作生意来做，他们把土地都经营成庄园，创造出了更大的价值。城市人的心里都有"一亩田"，梦想做"庄主"——在一片绿意中醒来，享用自己种的健康蔬菜，让孩子和爱犬在田野中奔跑、放风筝、垂钓，或是穿越植物王国慢跑，甚至种下一棵树，纪念生命中某个重要的时刻，这一切对于当下的中国都市人来说似乎很遥远。

对于生活在城市里的人们，他们越来越担心自己吃的蔬菜瓜果喷了太多的农药，吃了对自己和家人的身体有害。

有一家企业做得就非常有特色，宝苞农场为市民提供了一块私家菜园，实现家庭的绿色田园梦想。拥有优质农田空间：500 平方米公共种植、166 平方米主人自耕。四周的篱笆可以铭刻田园主人的名字，标志着这是尊享的家庭空间。农场内的田间灌排设施完善，土壤肥力高，自耕地上可完全按照个人意愿安排耕作。你可以租下一块地，选择喜欢的植物进行栽种，或当一回"城市农夫"事必躬亲，或可让工作人员为你日常浇灌打理，收成后直接打包送到家里。甚至可以把田边用大型集装箱货柜改建的休闲小屋也租下，自办家具并搭配软装，闲下来"偷偷菜"，或邀请三五知己欣赏田头的日出日落。

当农场的主人随手从瓜棚上摘下几根黄瓜，随便用清水洗洗就能与同行的友人分食时，答案似乎便初见分晓。当一群都市人成群结队地行走在满眼田园春色的农场里时，一边闲逛，一边品尝随手摘取的新鲜的小番茄时，答案便已然明了。只要成为"一亩空间"的庄主，便可拥有用竹篱笆围起来的菜园子，里面有菜地、瓜棚、鸡窝或兔子窝，还可租用货柜客栈。庄主周末可以体验自己耕作，平时可以委托农场代耕，只要应季，想种什么就种什么。作物成熟时，庄主可以来采收，也可以委托农场管家帮忙打包快递到城里。

在这里，一块地每年的租金是 18 000 元，交够租金就可以成为庄园的主人，这是很多生活在城市里的人最希望过上的生活，即在保护了家人健康的同时，还拥有了一个庄园，有时间就可以带自己的孩子到这里来玩，体验田园的生活。

农业跟互联网进行连接，可以挖掘出更多的价值。传统的企业虽然有好的农产品，但顾客不知道产品的质量，并且缺少宣传渠道，但现在这些问题都可以解决了，通过互联网宣传就可以吸引大量的粉丝关注，体验产品的价值——租一块地，你想吃什么就种什么，一亩地足可以满足一年里自己对蔬菜、瓜果的需求。

农业是未来一个最有潜力的市场，农业带来的经济增长是可以持续的，也是中国未来经济增长的主要来源。

其实"互联网 +"带来的最大价值就是把有需求的人跟提供需求的人进行了很好的连接，生活在都市里的人希望能体验到农村里的生活，而农村却有大量的土地放在那里没有发挥它应有的价值，现在通过互联网 +，土地就变得越来越有价值。

### 2. 互联网 + 体验亲子游

生活在都市里的孩子每天都面对电脑、呼吸城市里被污染的空气，并且都没有参加过劳动，不知道每粒米、每棵蔬菜都必须靠自己的辛苦劳动才可以获得，对此农场可以推出亲子体验游。

孩子可以自己采摘蔬菜，为蔬菜浇水，这样在增长知识的同时，还培养了孩子的动手能力，也让孩子体验到了农村里不一样的生活。

把农场经营成孩子学习、游玩的乐园，为更多的家长和孩子带来更多的快乐，就提升了农场的价值，不只是靠种蔬菜、瓜果获得利润。在这方面宝苞农场就做得非常有特色，农场已经在新三板上市，已经完成 A 轮融资 3 000 万元，估值 6 亿元。

### 3. 互联网＋农场＋电商

要发生商业行为产生交易，就必须解决信任问题，对于那些已经来农场玩过的粉丝，他们都知道了产品的质量，想吃什么蔬菜直接在农场的电商网站下单就可以，通过物流把蔬菜送到粉丝的家里即可。

宝苞农场通过举办各种节日，单日就可以吸引上万人参加活动，通过这种方式还可以获取大量的顾客购买农产品。用户累积时间长了就会达到 10 万、100 万人，而这 100 万人每天都要吃蔬菜，即使是在每一个顾客身上挣到 1 元钱，一天的营业额就可以达到 100 万元，一个月的营业额就可以达到 3 000 多万元，并且可以采取会员制，一年交多少钱成为年卡会员，顾客可以选择每天的菜，办一次卡把一年的吃菜问题都解决了。

在农村里，因为有大量的农民工进城打工，农村里的土地都被荒废了，都没有挖掘出它的价值。未来那些有远见的企业家都去进军农业，将会把农村里的土地变成一块块宝地，在里面生长出更多的"金子"。

借助"互联网+"可以解决农产品的销售问题，就能够创造大量的财富。

# 9.9 互联网+物业+超市

现在的人越来越宅，同时人们的时间也越来越宝贵了，每分钟都要创造价值。因为互联网的诞生，可以不出家门就买到自己生活所需的生活用品，就不愿把那些宝贵的时间浪费在那些琐碎的事情上，因为自己可以利用这些时间产生更大的价值。

### 1. 互联网+物业

一个住在小区里的住户都有什么样的需求呢？帮他接送小孩上学、帮他做保洁、帮他照顾小宠物、帮他做代驾、帮他接朋友等。

如果一个物业公司能满足用户这些需求，就能获得更多的利润增长点。每个人都有很多需求，满足得越多，价值就越大。物业公司把能提供的服务以价格表的形式做出来，让用户自己进行选择，物业公司只要安排相应的人来做这件事情即可。

　　一个物业公司通常管理几百家小区的物业，一旦全部运作起来，将会带来大量的经济效益。

## 2. 互联网 + 物业 + 超市

　　每个居民每天的生活都会跟超市打交道，如果一家物业公司在自己管理的小区里开了一家超市，300 个物业公司就可以开 300 家超市，这些居民有时间可以来超市自己购物，如果没有时间，只要在物业公司的超市移动端下单，就会有物业工作人员把你购买的产品送到你家里。再也不需要开着车，到大的商业区去购买生活日用品了，自己可以把这些节约出来的时间用来工作或者陪自己的家人。

　　如果有一年一个用户在物业公司购买的金额达到了两万或者 3 万元，就可以免掉物业管理费用的优惠。我相信很多住户都会选择在物业公司的超市购买产品，因为它不仅方便，并且可以每年都不交物业管理费。一家物业公司，拥有 300 家超市，公司的价值将会增加 10 倍，甚至 100 倍。

　　一个物业公司不只是一家物业公司，它可以变成一家超市，还可以变成一家幼儿园等。因为作为一家公司主要的目的就是营利，利用物业公司的优势可以操作多个项目，获得更多的利润。对于物业公司，有一个最大的特点就是，长期跟小区的住户生活在一个环境当中，并且经常接触就很容易为他们提供更多的服务，创造更多的价值。

　　笔者就有一个学员在经营一家物业公司，现在公司的利润全部来自于增值服务，物业费却全部免费。

# 附录
## 建华老师智慧语录

■■■■■■■■■■■■■■■■■■■■■■■■■■■■■■■■■■■■■■■■

高手只做一件事情——卖结果，卖人们想要的结果，成为美女、成为超人、成为富人，就是你心中一直渴望的梦想。你的顾客的梦想是什么？

**总结**：顾客不关心产品的成分，他只关心使用产品以后可以带给他什么样的结果。

怎样快速帮助最多的人？利他。最好的办法就是分享你知道的、懂得的，分享智慧。分享越多，福报越多，记住：利他，你能成就多少人，就有多少人成就你。

**总结**：你懂得的、知道的就是你的价值，把它分享出去。

如何做生意更容易成交？改变你的身份，老师跟学生、专家跟粉丝、作者跟读者、名人跟普通人、大师跟信徒。记住：改变了身份就改变了你的价值，就改变了社会对你的认可。

**总结**：这些人有一个特点，就是都能为对方提供价值，每个人都喜欢跟那些能提供价值的人做生意。记住：每一个人都喜欢正能量，就像人们喜欢太阳一样，因为它能给所有的人都带来温暖、力量、希望。一个人的正能量越大，他的吸引力就越大，磁场就越来越强，磁场越强大，好运自然被你吸引。你认为呢？

**总结**：人们永远都向往美好的事物，而正能量正是每个人都向往的美好事物。

如果您想变得越来越优秀，就要去关注更优秀的人，这样就有很多榜样激励你不断地前进，变得更优秀。如果你连优秀的人都没有见过、关注过，你怎么可能变得更优秀？只有你看见、听到的才可能变成事实。让自己活在优秀的人群中，你一定会更优秀。

**总结**：有了榜样，你才能变得越来越优秀。

微商如何卖产品？从不卖到卖，不要介绍自己的产品有多么棒、多么好，你只要证明给他们看，你是多么优秀、产品是多么受欢迎即可。你不卖，也会有人想跟你买。记住：卖产品就是卖证明，证明越多越有威力。我从来不想卖产品，是你要跟我买。好产品不卖，别人抢着买！

**总结**：只要你证明你非常优秀，就不用担心，别人不跟你买产品。

如何把自己卖出去，并且卖出天价？记住：讲自己的故事，即通过讲故事的方法展示自己的高价值。潜力股、实力股讲自己努力奋斗的故事，讲自己努力工作的故事，讲自己努力学习的故事，讲自己创业的故事等。你准备讲什么故事给粉丝听呢？

**总结**：通过讲故事的方式，能够让更多的人认可自己。

你知道得越多越自信，就越能散发出你的人格魅力，跟总统聊治国之策，跟企业家聊如何成为亿万富翁超过马云，跟家庭主妇聊如何经营美好的家庭，跟创业者聊如何拿到风险投资，跟美女聊如何找到一个好男人。想知道得更多，就要去开"天眼"，成为一个智者。

**总结**：你知道得越多，就越能跟别人有话题聊，就能跟他们建立很好的关系。

成功没有秘诀，我天天干活：白天工作、晚上工作甚至睡觉都在工作。你做了多少工作，决定了你的生活、职位、身价。记住：起来干活，想得到更多就要付出更多，再加上合适的方法你才可能梦想成真。每天叫醒我的不是闹钟，而是梦想。

**总结**：成功都要靠每天一步一个脚印，脚踏实地才能成功。

为什么你产品卖不动？因为你不会作秀，怎么秀，粉丝才会喜欢你的产品？怎么秀，才能证明自己真的优秀？怎么秀才能诱惑你的粉丝？不秀怎么知道你有多优秀、产品有多棒？

**总结**：好的产品要秀出来，才会有人知道它的好。

这个世界上聪明的人很多，但是有耐心的人相对较少。唐家三少每天写 8 000 字，至今已坚持了 10 年，出版小说 130 本、繁体小说 500 本，每年版税收入超过 2 500 万元，成为了亿万富翁作家，并且还拥有自己的上市公司。

**总结：**做推广工作，需要长期地坚持做下去，才会产生结果。

什么样的人才能吸引更多的粉丝？只有领袖，领袖就是王，你要成为行业里的王，一个圈子里的王。要成为王者你就要比别人多付出 100 倍、1 000 倍的努力。成为森林之王，你要有本领。你练书法，即使不能练到全国第一，也一定要做到全市第一。你没有核心的本领做到顶尖，怎么会有粉丝崇拜你？一切都是因为你做得更好！高考第一名不需要自己宣传，就有百万、千万的粉丝。你没有亮点，又谈什么粉丝？要学会发掘自身的价值，你有价值别人才能认同你、跟随你。

**总结：**好产品，不需要做任何宣传。

有人跟我说："老师，我要粉丝！我要粉丝！"请问你做了什么？我在睡觉时都有人加我，希望成为我的粉丝；我在睡觉时都有人邀请我讲课，为什么？因为我写了 600 多篇原创文章、出了 3 本书，大年三十、初一至十五都在写作。粉丝是累积出来的，只有累积经过考验的粉丝才有价值，不投入时间、金钱，怎么会有粉丝？我不只在讲我更在做，而且我做得比你多，你只看到我在讲，没看到我在做。

**总结：**做得足够多，才会得到你想要的结果。

你努力了好久，在别人眼里却只是幸运。努力了 10 年，成为了老师、作家、创业者，在别人的眼里都是因为好运，而不是努力的结束，但越努力，越幸运。

**总结：**你付出了多少努力、代价，只有你自己知道，人们只关注你取得的结果，而不是过程。

创业如何才能成功？要一天 24 小时都想着创业，成为创业的疯子，才有可能成功，要睡觉都在想着创业。哪位创业者，不是这样做的？我见到的所有成功创业者，都是这么做的。记住：成为创业疯子。

**总结：**创业者的时间播种在哪里，收获就在哪里。

要学会用影响力去做生意，只要跟我接触马上就被我的人生价值观吸引，对生活、对爱情、对创业、对家庭、对孩子，都达到了一定的高度，成为了她人生的导师，这时生意还不好做吗？谈人生你能谈上 3 天，谈健康你能谈上 6 天，谈创业你能谈上 10 天。

总结：每个人都喜欢跟那些能帮助自己的人做生意。

老师的梦想就是成就学生、领袖的梦想是成就团队的梦想、团队的梦想是成就顾客的梦想，当你成就了更多人的梦想时，那些人就会成就你的梦想。你能帮助多少人，就会有多少人来成就你。

总结：你能成就谁，谁就来成就你。

"我不会"跟"我去做"有什么区别？"我不会"，说明你只会在那里等；"我去做"，说明自己会去找方法！这两种人的人生有天壤之别。不怕做错，就怕不做！

总结：成功者找方法，失败者在等待。每一个人都会犯错，犯错才会成长，不犯错就永远不会成长。

当你找不到神一样的对手时，你就成功了。我能分享自己的价值3年（1095天，天天分享并且坚持原创，你却只看了3条就放弃了，因为你没有耐心，我坚持3年，你只能坚持3秒。伟大都是努力奋斗得来的，没有人能随随便便成功，要想成功必须努力，努力更容易成功！

总结：所有的成功都必须经过长期的累积，终有一天才会爆发，推广需要天天做。

拿出3～5年的时间去大量地阅读，之后你身边的朋友会问你为什么会这么能写、这么会说，其实他不知道，这就是你阅读的结果！一写惊人，一个会写、会说的人，此生一定是一个幸运的人！

只要你看上1 000本书，什么都能写，什么话都知道怎么讲，好运自然来了。

总结：脑子里没有货，拿什么跟别人聊天，所以一定要大量地阅读，才有话题跟别人聊，才有东西可写，要努力去打造你的智慧资产。我开一辆价值800万元甚至5000万元的跑车，只能证明现在我很优秀，但可能只是一个暴发户。如果我写10本书或者1万篇文章，你会认为我是一个有头脑、有思想、拥有智慧的人。

做自己，做一个真实的自己，展示自己的真、善、美，就会吸引人喜欢你、爱上你。永远记住：做自己，不管自己是多么渺小，都要为自己而活，小人物也要活出自我的精彩。

总结：一个人只有做真实的自己，就会有无限的魅力，农民有农民的魅力，富人有富人的魅力，人们永远喜欢一个真实的你。

人脉是互惠的，人脉没有办法高攀，也没有办法低就，无互惠非人脉。

总结：如果自己没有交换价值，请不要混圈子。

人脉就算重要，也不是万能的。如果你自身没有价值，所谓"友谊"实际上只不过是"交换关系"。专心打造自己，把自己打造成一个优秀的人、一个有用的人、一个独立的人，比什么都重要。一个人幸福的程度，往往取决于他多大程度上可以脱离对外部世界的依附。

总结：人与人之间的关系，大多是建立在价值交换上面的，不要去听别人的忽悠，你人生的每一步都必须靠自己的能力完成。自己没本事，认识再多的人也没用。人脉只会给你机会，但抓住机会还是要靠真本事。所以，修炼自己，比到处逢迎别人重要得多。人脉都是交换、交易的产物，请问你拿什么东西跟人交换？钱也是人与人需要交换产生的产物，你都不值钱，人脉怎么会值钱？

读书，会在不知不觉中影响你的思想、谈吐、容貌，以及为人处世、精神气质。现在读书的厚度，决定你今后远行的长度。忙累了容易迷失，不如停下来读一本好书，静下心给自己一段灵魂修炼的时光。

总结：读书可以开阔自己的眼界，增长见识。

一个人只有把一件事情做好了，才会得到身边人和社会的认可，一旦你获得了认可，你就会越来越自信，只要相信自己，就有可能超越身边的人，成为社会当中的精英，人生从此改变。记住：把一件事做好是你成功的开始。

总结：要成功，就要从一件件小事做起，把小事做好。

所有成长的秘诀在于自我克制，如果你学会了驾驭自己，你就有了一位最好的老师。能管住自己，你一定会越来越优秀，因为这个世界上99%的人都需要别人来管。成功从管住自己、克制自己做起。

总结：每一个成功者，都能管好自己。

马克·吐温经常出去演讲。开车的司机觉得他的演讲内容全都一样，觉得自己也能讲。一天，由司机上台替他演讲，果然掌声雷动，司机得意地看看马克·吐温。突然有听众问了一个问题，司机不知道如何回答，他灵机一动指着马克·吐温说："让我的司机回答你吧！"人与人有距离不可怕，可怕的是你不知道和别人有距离。

总结：很多人与人之间的差距，是你看不到的。

经营一份事业，不是为了要赚多少钱，而是为了让自己的人生变得独立精彩。看似追求物质财富，实则追求自我成长。走过一段路后才发现，当内心强大、修养足够时，赚钱只是顺便的事，成功也是优秀的附属物！做一个值钱的人比做一个有钱的人更重要！

总结：一个人优秀了，赚钱的机会自然就来了。

年轻的时候都认为看了几本好书就可以天下无敌。有人说："习惯决定了命运。"自己兴奋得睡不着觉，以为这就是成功的秘诀，其实成功哪有那么容易。年轻人容易冲动，慢慢地长大了以后，懂得了人生需要平常心，书只是给你指路，让你少犯错，但书不是万能的，更需要自己去实践。

总结：一切都是努力的结果，书只能为我们指路，却不能帮助我们成功。

律师不想告诉你的秘密：事实证明，当你准备拿法律的武器去维护自己的权利时，律师帮助你寻找更多的事实证明，可能是一件物证、一个指纹、一个报告、一个视频等；视觉证明，律师指出最好的证据是一个目击者证明；权威证明，他会说根据我国某条法律犯了哪些罪。想一想怎样运用证明说服顾客疯狂地购买产品吧。

总结：要想让更多的人相信你，就要证明给别人看。

如何卖自己？在书里卖自己、在文章当中卖自己、在群里卖自己、在舞台上卖自己、在电视上卖自己、在圈子里卖自己、在视频当中卖自己。记住：卖自己可以卖出天价、卖出领袖身份、卖出帝王般的能量。

总结：人生就是一个巨大的舞台，在各个小的舞台上卖自己，就能提高自己的身价。

人们都喜欢听故事，小时候喜欢听童话故事，长大了喜欢听成功人的故事，每部电视剧、电影、小说都是在讲故事。越会讲故事的人越会做生意，宝妈要讲宝妈的故事，一个励志、充满正能量、有爱心的宝妈，她的奋斗是为了自己的孩子、家人过上好的生活。

总结：利用讲故事的方式，打造自己的个人品牌，想一想自己的身上发生了哪些感人的故事，并讲出来给顾客听。

每个人都要学会展示自己，不展示自己，没有人愿意关注你，跟你成为朋友，你会变得越来越孤独，没有人缘、情缘，这个世界没有人会记住你。做微商你知道如何展示自己吗？那就是让人喜欢上你！

总结：明星为什么可以打造出自己的品牌？就是因为他向全世界的人来展示自己，让全世界的人都记住她。

没有交易价值，你如何在圈子里立足？所以要先提升自己。

总结：你有高价值，才能在圈子里立足，跟更多的人交换价值，当有一天你已经成为某个领域的专家后，你会惊喜于真正意义上的有价值的所谓高效的人脉居然会破门而入。你所遇到的人将来自完全不同的层面，来自各种各样意想不到的方向。而你自己也不再是过去一无是处的你，你不再是"索取者"，你扮演的是"乐于助人"的角色——很少有人讨厌善意的帮助，更何况你是被找来提供帮助的。

什么是个人品牌？就是你的名字值多少钱。品牌是商业化的产物，可以用金钱来衡量。例如笔者的名字：方建华，现在知道这个名字的人已不在少数。

总结：在商业社会里，品牌的价值是由金钱来衡量的。

您只有成为一个行业里的专家，粉丝就会争相购买你的产品，你从来不需要说卖。如果你成为了一个情感专家，卖化妆品是一件很容易的事情。女人可以成为情感专家、心理学专家、家教专家、服装搭配专家等，男人可以成为营销专家、恋爱专家、心灵专家。如果你已是一个行业专家，你只要不断扩大它，成为明星专家即可。你只有定位成一个专家的身份，才更有价值，才能吸引更多的粉丝关注！

总结：努力成为一个行业里的专家。

要想成功，就要跨出你人生的第一步，第一次在面对1 000人、10 000人的讲台做演讲，以及第一次写作、第一次创业、第一次投资、第一次做主持、第一次成为领袖。人生的成功取决于你的第一次。

总结：只有努力尝试，自己才能学会更多，拥有更多的机会。

如果我说分享100次，就可以暴增粉丝10万，分享300次，你的人生就开始走好运，你是否会认同呢？其实方法就是执行——简单的事情重复做。

总结：知道方法但不行动，不去执行就永远等于0。

一家报社、杂志社，天天用传统的方式做媒体，虽工作人员有上万人，但一年的订阅用户达不到10万人；一个草根达人，做一期草根脱口秀视频就能在一天的时间累积达到100万的订阅用户。传统媒体活在昨天，草根达人活在今天。你是活在今天，还是昨天？

总结：新媒体已经完全取代了传统媒体的传播方法，传统媒体现在要做的事情，就是要跟上这个时代，而不是沉浸在昨天的成功当中。

除了爱情，你们之间还能聊什么？记住：共频才能共爱！所谓共频就是共同成长，你懂我的世界，我懂你的世界。

**208**

　　**总结**：要想跟每一位顾客都建立关系，就需要不断地提升自己，跟不同的顾客聊不同的话题，产生共鸣：跟白领能聊职场圣经，跟创业者能聊如何用新媒体创业，跟自由职业者能聊如何获得财富自由。

　　服务的人越多，就会得到越多人的支持、帮助，大家都希望你成功，成功就变成了一件很容易的事情。记住：全心全意地为人民服务，好人有好报。我有 1 000 万的粉丝，都希望我成功，都支持我、帮助我，我不成功都不可能，所以你不要急，你可以试着去服务更多的人。他们为什么要支持、帮助我？因为我给他们提供了一个独一无二的服务。

　　**总结**：让自己变得有价值，再为更多的人提供自己的价值。

　　怎么跟更多的人建立连接，去服务更多的人呢？写一篇文章、写一本书、录一段音频、拍一段视频，如果一篇文章、一段视频、一个产品有 100 万人、1 000 万人来看，那么你就可能跟 1 000 万人建立了连接，身价也立刻增加 1 000 万倍，能为多少人服务，就能跟多少人建立连接。记住：做好了服务，就做好了生意。

　　**总结**：要想跟更多的人结缘，就需要建立一个可以连接的关系点，一篇文章、一本书、一段语音、一段视频、一个产品，就可以跟百万、千万甚至几十亿人建立连接。

　　人与人之间该如何建立关系？寻找你们之间可以连接的点，点越多越牢固，这个点可以是你们之间的爱好、价值观、人生观或者是你们之间的利益。有人愿意主动跟你建立连接，说明你有价值，让自己值钱就能吸引更多的人跟你建立连接。

　　**总结**：人与人之间的连接，都是建立在价值上的，那些主动跟你建立连接的才是最好的连接。

　　知道现在的微信群为什么越来越不受人欢迎吗？因为都在线上做，其实只要搞一次线下聚会就可以。不要太迷恋线上了，线下才是王道。

　　**总结**：所有的关系，都必须到线下进行升级，才能维护相互之间的关系，线下才是一个真实的世界。

　　成为老师的好处是，你可以到处讲课，线上讲、线下讲、群里讲、台上讲、书里讲、视频里讲，讲多了就成了名师、大咖，无数人想跟你成为好朋友、成为你的粉丝。记住：成为老师，机会自然多了，生意自然也就好起来了。

　　**总结**：成为了老师，就成为了一个价值输出者。

　　做微商，会讲课就会卖货，就能吸引粉丝关注，并且能招到更多的代理组建自己的团队，卖产品不如卖方法、卖观念、卖思想。任何一家公司都可以成为一家培训公司。因为人人都希望获得生命的成长、过上美好的生活，只有学习才能让他梦想成真。

**总结：**一旦开始讲课，人们马上就会对你产生崇拜，成为你的粉丝。

很多人都想获得更多人的关注，可是不知道怎么做？其实很容易，只要点一个赞，对方就会注意到你，并且想了解你：这个人是谁？是做什么的？为什么要给我点赞？可能他是我一位很重要的客户。记住：交友从点赞开始。

**总结：**其实网络社交跟现实社会是一样的，当你赞美一个人的时候，他就会注意到你。

你知道为什么我每天都有东西可写吗？因为我每天都在感悟人生，生活就是素材，只要你去感悟就有写不完的内容，关于创业、关于财富、关于金钱、关于人生、关于投资、关于友谊、关于成长、关于爱情、关于亲情等。并且你写下的感悟可以帮助到 10 万、100 万的人，因为与你的分享，他们的生命得到了成长！

**总结：**每个人每天的生活就是最好的写作素材，优秀的写作素材都来自于真实的生活。

很多人都想知道为什么自己主动加那么多人，为什么别人都不通过，因为人家一看你的朋友圈就知道，你的人生没有亮点及高价值。如果你的人生闪耀，自然能够吸引大量的粉丝主动加你、爱上你。

**总结：**展示面一定要展示自己的高价值，没有人会加一个没有任何价值的人。

很多企业 O2O 做不好，是因为他们没有弄懂线上应该做什么工作、线下应做什么工作，不分重点的结果是乱做。O2O 正确的做法是：线下引流，线上传播；线上引流，线下传播；线下认识，线上维护关系，线下升级关系。

**总结：**O2O 的关键在于线上、线下形成循环。

怎么让粉丝喜欢你，甚至想嫁给你？要想得人先得心，你喜欢跟什么样的人聊天？一定是能跟你产生共鸣、思想共频的人，或者价值观、思想都一样的人，在一起有聊不完的话题。例如你俩都喜欢看我写的书、都喜欢创业、都喜欢写作、都喜欢旅游、都很喜欢做梦等。一个人很难在现实社会找到这样的知己，多数人都不认可他、不支持他的梦想，如果你能做到，那么粉丝一定会喜欢你甚至想嫁给你，交集越多共鸣越强，记住：共鸣就能"偷心"。

总结：想"偷"走顾客的心，就要跟顾客产生共鸣。

企业转型没有单品就没有特色，就不能吸引粉丝的注意力，把产品做到极致，单品打天下，赚天下人的钱。极致就是要有区别，对产品只有两个评价：垃圾跟极品。

总结：只有把产品做到极限，才能满足所有人的需求。

未来最好的生意是流动的店铺、流动的老板。人就是门面，嘴就是营业窗口，缘分就是顾客，手机就是收银台，生意就在游山玩水间接洽，成交就在谈笑风生中雄起，你若有缘你就可以早点成为赢家！你若看不明白，就只能独守空店，如果还是看不明白，就永远来不及了，机会绝对不是所有人都叫好的时候来，奇迹是在不认可中产生的。在互联网时代，一切都面临改变！

总结：互联网将改变一切，同时改变了财富的分配。

你读100本书，不如跟能量超过你1 000倍的人沟通一次或者喝一次下午茶，因为言教不如身教。你能从他们身上学到很多优点，只有亲身感觉到了，你才会马上去改变！英雄识英雄，一旦你被英雄认可，推你一把，成功是一件水到渠成的事情。

总结：人是一切智慧的载体，读书不如读人。

要成名，你得有才，才能继续维持名气，成为闪耀的明星。有才代表你有众人需要的价值，可以和众人进行交换，一旦交换你就赚到了钱。看那些演得好、唱得好、弹得好、画得好、吹得好的人均有机会出名了。记住：一才震天下。

总结：成名的前提是你要拥有一技，让这个社会认可你的价值。

怎样爱自己？爱自己首先要投资自己，让自己越来越值钱，谁站在你身边你都能照亮他。记住：人都是被你的价值吸引的。

总结：自己才是最大的投资，自己才是最大的财富。

总结：好的生意，来自于好的商业模式，一个企业的商业模式决定了企业的成败。

人生的意义就在于"折腾"。只有"折腾"才会有人注意到你，你才会有更多的机会。只有"折腾"，人们才知道你的所在，否则没有人会记住你。"折腾"成首富，全世界的人都知道你；"折腾"成名人，到哪里都会受到追捧；"折腾"成伟人，历史就会记住你。

总结：生命不息，"折腾"不止，人生的意义在于"折腾"。

创业就是一所社会大学，通过创业你将更了解这个社会，知道如何维护人与人之间的关系、如何得到更多人的认可和称赞、如何得到更多人的支持、如何实现自己的人生价值等。在创业过程中你将学到更多，所以成长更快，创业就是人生的修行，不创业你永远不知道、学不会这些方法。

**总结**：创业是最好的人生锻炼，你可以在创业的过程当中不断地成长。

努力挣钱，你才能体验丰富的人生，你才可以骄傲地对别人说我的人生不是为钱而活，而是为了使人生更有意义。挣到足够的钱，可以去做任何你想做的事情，旅游、享受生活、和最聪明的人在一起影响这个世界。挣钱的能力，决定了你在这个社会里的价值。

**总结**：在商业社会里，你拥有钱的多少能够影响你的社会地位。

一定要让员工有暴富的机会，这样的企业才有希望——打天下、分天下。企业成功上市，一夜之间可能会诞生大量的百万、千万、亿万富翁，一定要让员工觉得跟你干什么都会有的。老板能给员工的，就是不让其努力白费、有成功的机会。

**总结**：每个人都希望可以一夜暴富，这就是为什么那么多人在买股票、买彩票。

有一个笑话，说中国有13亿人，如果每个人给你一块钱，那么你就发大财了，你就会拥有过亿的财富。可是你思考过没有，为什么每个人要拿一块钱给你？他愿意给你是因为他拿一块钱可以交换到他想要的价值，想致富、发财、成为亿万富翁。你有没有想过拿什么去跟别人交换呢？因为财富来自于交换，你不拿东西跟别人交换，别人是不会轻易把手中的钱给你的。

**总结**：如何生产出价值？那就是跟更多的人交换。